项目：本书由重庆市社会科学规划项目“重庆市农产品上行与直播电商协同发展的机制研究”（项目号：KJQN202000820）、重庆市教育科学规划项目“基于大数据的高校创新创业教育质量评价体系构建研究”（项目号：2021－GX－023）、重庆工商大学高层次人才启动项目“在线平台销售模式中电商平台的运作策略研究”（项目号：1955064）、重庆工商大学管工文库学术著作资助等项目资助，是重庆市管理科学与工程重点学科、重庆工商大学电子商务一流本科专业、重庆市智能商务学科群的建设成果。

■ 文 悦 等/著

在线平台销售模式中电商平台的运作策略研究

Research on E-commerce Platform's Operational Strategies in Online Platform Selling Model

中国财经出版传媒集团
经济科学出版社
Economic Science Press
· 北京 ·

图书在版编目（CIP）数据

在线平台销售模式中电商平台的运作策略研究 / 文悦等著. -- 北京 : 经济科学出版社，2024. 3

ISBN 978 -7 -5218 -5697 -2

Ⅰ. ①在… Ⅱ. ①文… Ⅲ. ①电子商务 - 经营管理 - 研究 Ⅳ. ①F713. 365. 1

中国国家版本馆 CIP 数据核字（2024）第 056064 号

责任编辑：杜　鹏　武献杰　常家凤

责任校对：郑淑艳

责任印制：邱　天

在线平台销售模式中电商平台的运作策略研究

ZAIXIAN PINGTAI XIAOSHOU MOSHI ZHONG DIANSHANG PINGTAI DE YUNZUO CELÜE YANJIU

文　悦　等/著

经济科学出版社出版、发行　新华书店经销

社址：北京市海淀区阜成路甲 28 号　邮编：100142

编辑部电话：010 - 88191441　发行部电话：010 - 88191522

网址：www. esp. com. cn

电子邮箱：esp_bj@ 163. com

天猫网店：经济科学出版社旗舰店

网址：http：//jjkxcbs. tmall. com

固安华明印业有限公司印装

710 × 1000　16 开　11. 5 印张　200000 字

2024 年 3 月第 1 版　2024 年 3 月第 1 次印刷

ISBN 978 -7 -5218 -5697 -2　定价：88. 00 元

（图书出现印装问题，本社负责调换。电话：010 - 88191545）

前　言

在线销售的不断发展使得越来越多的企业纷纷通过天猫、京东等电商平台进行销售，在这类销售模式中，电商平台为卖家和消费者提供一个买卖平台，并收取一定的佣金。在线平台销售模式的迅猛发展给电商平台带来了诸多运作问题亟待解决，比如渠道竞争问题、契约设计问题、博弈结构策略问题。实践方面，这些问题的解决将促进电商平台企业及线上经济的发展；理论方面，这些传统供应链中的关键性运作都会因在线平台销售模式成员间的纵向竞争关系产生一系列新的实践与科学问题。因此，研究在线平台销售模式中电商平台的运作策略具有一定的现实和理论意义。

所以，根据不同市场条件下，围绕在线平台销售模式，本书中首先运用多阶段决策相关理论和方法，研究了电商平台的渠道竞争策略。其次运用信息甄别和机制设计相关理论和方法，研究了成本信息对称与不对称下电商平台的最优服务契约设计。最后运用不完全信息动态博弈模型相关理论和方法，研究了电商平台的博弈结构策略。具体研究内容如下。

（1）研究了电商平台自营和零售商自建平台的多渠道竞争策略（第3章）。在“电商平台—零售商”在线平台销售模式中，考虑电商平台有意自营产品、零售商有意自建平台渠道，电商平台自营必然与零售商销售渠道（通过平台销售的渠道或自建平台渠道）产生竞争，零售商自建平台必然与电商平台自营渠道产生竞争，研究这种渠道冲突及电商平台和零售商的多渠道竞争策略具有现实及理论意义。因此，此部分在四种情境下（平台不自营、零售商不自建平台，平台自营、零售商不自建平台，平台不自营、零售商自建平台，平台自营、零售商自建平台）分析了电商平台和零售商的均衡结果。然后在此基础上，利用博弈论基本原理，得到电商平台和零售商的渠道竞争策略间的博弈结果，并对其进行分析。研究发现，零售商自建平台成本较低时，电商平台应自营，零售商将自建平台且通过电商平台销售；此时如果零售商两条渠道竞争力都强，双方陷入囚徒困境，否则，电商平台利润改善，零售商利润降低。自建平台成本适中时，电商平台应自营，零售商将只经营自建平台渠道；此时，如果零售商两条销售渠道竞争力都强，或平台渠道竞争力适中但自建平台渠道竞争力强，双方陷入囚徒困境，否则，电商平台利润改善，零售商利润降低。自建平台成本较高时，如果自建平台渠道竞争力强，双方将陷入斗鸡博弈。否则，电商平台应自营，零售商将不自建平台；此时，电商平台利润改善，零售商利润下降。

(2) 研究了自营物流型电商平台的多渠道竞争策略（第4章）。在“电商平台—零售商”在线平台销售模式中，考虑电商平台自营物流且有意自营、零售商有意通过平台的自营物流进行配送，产品控制因素和物流因素的差异导致此模式下存在四个潜在的分销渠道，因此，产生了一种新形式的渠道冲突，研究这种渠道冲突及自营物流型电商平台的销售策略及物流策略具有现实及理论意义。此章利用消费者效用模型找出潜在情形，分析了潜在情形存在的条件和均衡结果。通过比较得到均衡结果，从而再得到最终均衡结果，即自营物流型电商平台的最优渠道竞争策略。研究结果表明，自营物流竞争力不强时，销售方面，自营物流型电商平台应自营；物流方面，自营物流型电商平台不应向零售商开放自营物流，而自营物流成本是其是否用自营物流配送自营产品的重要参考，成本偏低时，电商平台应选择用自营物流配送自营产品，否则应用外包物流配送自营产品。自营物流竞争力强时，最终均衡结果变得更加复杂，需同时考虑各渠道的竞争力及自营物流的单位成本，此时自营物流型电商平台的最佳选择始终都在以下三种情形中，即“电商平台自营且用外包物流配送，不开放自营物流给零售商”“电商平台自营且用自营物流配送，不开放自营物流给零售商”“电商平台自营且用外包物流配，开放自营物流给零售商”。

(3) 研究了成本信息对称与不对称下电商平台最优契约设计(第5章)。在“电商平台—双渠道零售商”在线平台销售模式中，考虑双渠道零售商拥有私有成本信息，基于电商平台的两个典型的收入模式（广告模式和经纪人模式）设计了两种服务契约（广告型和经纪人型)，得出了信息对称与不对称下的最优契约参数。在两种契约下，考察了双渠道零售商成本信息不对称对电商平台最优契约设计的影响。在两种信息结构下，考察了契约类型对电商平台和零售商收益的影响。研究发现，双渠道零售商成本信息不对称的存在会使最优契约参数发生变化，且总是造成高成本双渠道零售商、电商平台和供应链整体绩效损失，而仅低成本双渠道零售商能够获得额外的信息租金。成本信息对称时，契约类型对双渠道零售商和电商平台的收益没有影响。但成本信息不对称时，高成本双渠道零售商收益在两种契约下绩效相同；对于低成本零售商和供应链整体而言，广告型契约下绩效始终较优，且优势程度随市场中低成本零售商比例的增加而增加；对于电商平台而言，经纪人型契约下绩效始终较优，且优势程度也随市场中低成本零售商比例的增加而增加。

(4) 研究了需求信息不对称下电商平台博弈结构策略与零售商信息共享策略（第6章)。在“电商平台—第三方物流—零售商”在线平台销售模式中，考虑电商平台拥有博弈结构的决定权、零售商拥有私有需求预测信息，分别在三种博弈结构下（NASH均衡博弈、电商平台领导的Stackelberg博弈、3PL领导的Stackelberg博弈）建立了四种需求预测信息共享策略（不共享、只与电商平台共享、只与3PL共享、都共享）的优化模型，通过模型求解得到了各方均衡利润，并对电商平台博弈结构策略与零售商需求预测信息共享策略进行了博弈分析。研究结果表明，当电商平台服务效率较低时，电商平台应选择先于3PL决策，此时零售商将选择不共享信息。当电商平台服务效率较高时，或当电商平台服务效率适中且需求预测信息准确性较高时，电商平台应选择后于3PL决策，此时零售商将选择只与电商平台共享信息。

本书由重庆工商大学文悦副教授统稿，并撰写了第3章、第4章、第5章、第6章；硕士研究生周沁瑶撰写了第1章；硕士研究生李璐璐撰写了第2章；硕士研究生慕婷婷撰写了第7章。在此一并向所有帮助过我们的朋友表示由衷的感谢！

刘　悦

2024年2月

目　录

第 1 章

绪　　论

1.1　研究背景及意义

随着互联网普及率和网络购物用户的不断增长，诸多企业都考虑通过天猫、京东等在线平台销售产品，电商平台与相关企业形成了在线平台销售模式（罗春林等，2017）。在这类销售模式中，电商平台为卖家和消费者提供一个买卖平台，并收取一定的佣金。在短短十几年间，在线平台销售模式已发展成为我国电子商务的主体模式之一。在线平台销售持续发展，对其进行研究以求给予相关企业理论指导，日益迫切。但大多研究仅借用双边市场理论研究了电商平台之间的横向竞争（Hagiu，2004；Armstrong，2010；Lin et al.，2011；Dou et al.，2016），很少有研究从在线平台销售模式的角度，考虑平台与用户之间的纵向竞争，这使得对纵向竞争下电商平台的最优决策，以及纵向竞争如何影响在线平台销售模式的运作知之甚少。特别是传统供应链内部的一些关键性运作，例如，渠道竞争、成本信息不对称下契约的设计、供应链成员间的博弈结构策略，会因在线平台销售模式中各个成员的纵向竞争关系产生一系列新的实践与科学问题，这些都亟待解决和研究，因此本书将围绕在线平台销售模式的这三方面问题展开研究。

首先，消费者的在线购物意愿不断提高，使得越来越多的电商平台不再只做匹配买方和卖方的服务提供者，开始自营产品，在自己的平台上与自己的客户争夺市场份额。比如，2015 年 7 月，阿里巴巴宣布全面进军商超领域，在全国范围内分阶段力推旗下天猫超市的发展，力争用三年时间实现年销售额超过1000亿元、成为全国最大网络销售超市的目标。2016年7月，阿里巴巴在上海宣布启动“双20亿计划”，进一步持续优化消费者的体验和服务质量，提升天猫超市的竞争力。另外，在京东商城购物时不难发现，消费者既可以选择各品牌零售商官方旗舰店的产品，也可以选择京东商城的自营产品。消费者在苏宁易购、当当网、亚马逊等电商平台上购物时，也是如此。与此同时，为了改善自己的弱势地位和对电商平台的依赖程度，品牌零售商们也纷纷开始自建网络平台进行销售。比如，百丽集团在各大电商平台上进行销售的同时，于2011年建立了自己的电商平台——优购时尚商城，现已成为国内优质的时尚鞋服类电商平台。另外，Zara、C&A等也是如此，依托天猫商城等电商平台销售的同时，也分别建立了自己的直销网站。这就产生了一种新形式的渠道冲突，这种渠道冲突下电商平台及各品牌零售商的渠道策略问题亟待研究。

其次，电子商务与物流紧密相连，越来越多的电商平台认识到了物流的重要性，因此，其中部分建立了自主经营管理的物流体系，为消费者提供更快、更优质的物流服务。例如，电商平台京东商城于2007年开始建设自营物流，在中国已经建立了多个仓库中心和大型仓库，并开展了“211物流服务”（即上午11点前提交的现货订单将在同一天交付；上午11点至晚上11点提交的现货订单将在第二天交付）。凭借自营物流，京东商城始终保持着较高的增长速度。对于这些自营物流型电商平台而言，在销售方面，这些平台中的一些平台不再只做匹配买方和卖方的服务提供者，开始自营产品，在自己的平台上与在自己的平台上进行销售的零售商争夺市场份额。在物流方面，这些平台在早期并没有向第三方卖家开放自营物流，而近些年来，他们中的一些相继向零售商开放了自营物流，如亚马逊、京东商城等运营商。因此，考虑到产品的控制因素和物流因素，有四个潜在的分销渠道，即平台自营产品且自营物流配送渠道、平台自营产品且外包物流配送渠道、零售商销售产品且自营物流配送渠道、零售商销售产品且外包物流配送渠道。不同的渠道会给客户带来不同的采购成本，不同的采购成本会影响客户的交付价值，影响客户对竞争产品的选择。因此，在零售商和电商平台间产生了一种新形式的渠道冲突，这种渠道冲突下自营物流型电商平台的销售模式和物流模式策略决策亟待研究。

再次，以淘宝、天猫商城为代表的电子商务平台飞速发展，越来越多的企业开始通过电商平台的服务开辟网络渠道进行销售（Han et al.，2016；王滔等，2017；李佩，2018），如 Nike、Zara 等企业，不仅通过在各大线下商场开设的实体直营商店进行销售，也通过在天猫商城等电商平台设立的虚拟商店进行销售。因此，电商平台与双渠道零售商间的合作或博弈机会也日益增加。在供应链管理中，信息非对称现象普遍存在（王新辉等，2013），特别是需求信息非对称和成本信息非对称尤为常见。在由电商平台和双渠道零售商组成的供应链中，需求信息方面，由于电商平台积累了大量的销售与客户数据，对于产品的需求有着比制造商更为准确的认识（罗春林等，2017），因此双渠道零售商很难对平台隐瞒需求信息。而在成本信息方面，双渠道零售商的非电商平台销售渠道（比如线下渠道）的成本难以观测，从而导致逆向选择问题，使平台的决策和绩效产生扭曲，甚至使平台和整个供应链的利益受损，影响供应链效率。另外，如今的电商平台企业存在两个典型的收入模式，广告模式（比如 Taobao. com）和经纪人模式（比如 eBay. com、Tmall. com）（Chen et al.，2016）。广告模式下，商家入驻平台且运用平台的基础服务是免费的，但若需要其他增加曝光率的服务，则需支付相应的服务费用，比如 Taobao. com 的“掌柜热卖”“每日好店”。经纪人模式下，平台向入驻卖家收取固定的入驻费用，且每成交一笔还收取单位佣金，比如天猫商城和京东商城的入驻模式。综上所述，双渠道零售商成本信息不对称下，电商平台如何设计契约，应该选择广告模式进行定价还是经纪人模式定价，将对电商平台及在线销售模式的绩效产生影响。所以，双渠道零售商成本信息不对称下电商平台最优契约设计及契约策略问题亟待研究。

最后，在线平台销售过程中，电商平台提供匹配电商和消费者的服务，第三方物流提供物流配送，电子零售商为消费者提供产品。其中，电商平台和第三方物流作为在线平台销售模式中重要的服务提供商，经过多年的发展，竞争博弈模式也日趋多样化，其中电商平台作为领导者最为常见，而第三方物流的迅速发展，使得第三方物流的市场能力日益增强，出现了电商平台和第三方物流市场能力相当（比如京东到家和达达），甚至是第三方物流作为领导者的合作模式（比如网易严选这类稍小电商平台，在建立初期需通过顺丰物流的高质量物流服务打开市场，此时顺丰将会处于领导地位）。不同的博弈结构关系直接决定了供应链成员在市场中的决策顺序，进而影响供应链成员的利益（王滔等，2017）。电商平台作为网络平台销售模式中拥有资源最多、权力最大的成员，如何利用博弈结构使自身利益最大，也是各大电商平台亟待解决的问题。另外，随着电商平台的迅速发展，越来越多的大型企业开始通过电商平台的服务变成电商，如小米、华为、海尔、李宁等（田林等，2015）。同时，为了更好的市场销售和运营，这些企业会使用各种先进技术和数据分析手段来预测市场需求。特别是在发售新产品或者进入新市场时，其中一些大型企业往往会进行充分的市场需求调查（Desrochers et al.，2003），如 Zara 设计了一种预测新产品需求的复杂系统来指导它的下属和授权公司进行销售（Carro et al.，2011）。所以，对于不确定性需求，特别是新产品的不确定需求，这些大型企业往往拥有比其他供应链成员更精准的预测信息（陈琳等，2016）。对于这些企业而言，如何在在线平台销售中合理共享此类需求预测信息以最大化自身利益也日益重要。综上所述，在零售商、电商平台和物流企业组成的销售模式中，电商平台的博弈结构策略和零售商的需求预测信息分享策略也亦会相互影响、相互制约。所以，在线平台销售模式中电商平台博弈结构策略、零售商需求预测信息共享策略亟待研究。

因此，本书将针对以上实际背景和问题，研究在不同市场条件下的在线平台销售模式中，零售商自建平台下电商平台的多渠道竞争策略、自营物流型电商平台的多渠道竞争策略、成本信息不对称下电商平台最优服务契约设计、需求信息不对称下电商平台博弈策略与零售商信息分享策略。在理论层面上，本书的研究是对电商平台相关研究、渠道竞争相关研究、成本信息不对称下的契约设计相关研究、供应链中博弈结构策略研究、需求信息共享相关研究的扩展和补充。在实践层面，本书的研究回答了在线平台销售实践中所面临以及亟待解决的问题，为了电商平台及在线平台销售的进一步发展提供了理论上的指导和支持，也进一步推动了我国电商平台及在线平台销售管理水平的提高。因此，本书的研究不仅具有一定的理论价值，也具有一定的现实意义。

1.2 研究思路及方法

正如前面部分所述，在线平台销售模式高速发展，在线平台销售模式，特别是电商平台面临诸多问题亟待解决：部分在其平台上销售的零售商自建平台销售，此时自身是否应自营产品？自营物流的电商平台日益增多，应如何利用自营物流使利益最大化？线上线下同时经营的零售商越来越多，其线下成本难以观测，应如何设计契约及选择契约类型？与第三物流同为零售商的服务提供商，应如何处理与第三方物流的关系？因而，针对在线平台销售模式环境，本书中首先研究零售商自建平台背景下电商平台的渠道策略。其次，自营物流的电商平台日益增多，其渠道策略也亟待解决，所以本书中进一步研究自营物流型电商平台的渠道策略。然而，前两部分均是在完全信息假设下进行研究，不完全信息也是影响在线平台销售模式中各成员决策的重要因素。由前两部分的研究发现，零售商的成本是影响电商平台经营策略的重要因素，因此，电商平台在进行契约策略选择时应充分考虑零售商的成本信息，所以，本书中接着在考虑成本信息不完全的情况下研究电商平台的契约策略。最后，第三方物流也是在线平台销售中的重要参与方，与其之间的博弈结构是影响电商平台绩效的重要因素，所以，本书的最后在考虑需求信息不完全的情况下研究电商平台与第三方物流的博弈结构策略。

本书的研究以定量分析为主，定性分析方法为辅，采用由浅入深、由表及里、逐层递进的方式。首先采用定性分析方法，运用经济学、管理学、运筹学和心理学等学科知识对相关问题进行分析，提炼问题的关键因素，建立数学模型，其次运用定量分析方法对模型进行求解和分析，得出相关结论并讨论其在管理学上的意义；并借助计算机仿真工具进行数值模拟，以检验和直观展示部分理论研究结果。在具体研究过程中，本书主要采用了逆向归纳法、博弈论、委托代理理论等方法。其中，第3章、第4章研究内容主要涉及多阶段决策，因此整体上采用逆向归纳法进行求解。第5章主要解决的是在线平台模式中的逆向选择问题，因此，这一章主要采用的是信息甄别模型，通过运用显示原理构建了一个具有激励相容约束和个人理性约束的最优化问题，最后采用不等式约束的最优化理论进行求解。第 6 章主要解决的是需求信息不对称下电商平台的博弈策略问题及零售商的需求预测信息分享问题，因此，这一章主要运用的是不完全信息的动态博弈模型，通过求解其精炼贝叶斯均衡等得到相应的均衡结果。

1.3 研究内容及框架

如前面所述及图 1.1 本书研究框架所示，本书研究内容分为三大部分，第一部分从渠道竞争的角度研究了在线平台销售模式中的渠道策略问题，这一部分内容主要包括本书的第 3 章和第 4 章。其中，第 3 章主要针对电商平台可能自营、零售商可能自建平台的在线平台销售模式，研究了电商平台和零售商的渠道策略；第 4 章主要针对电商平台自建自营物流的在线平台销售模式中，研究此类电商平台的渠道策略。在上述两章的基础上，第二部分，即第 5 章，在

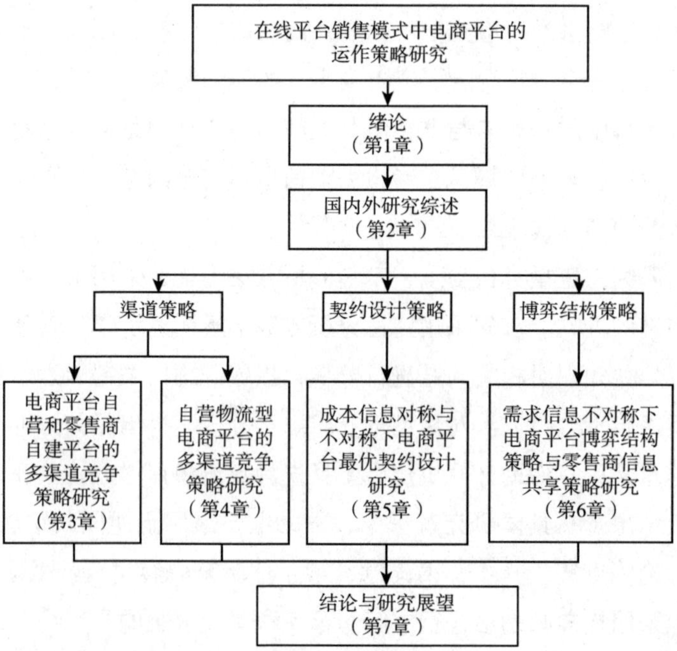

图 1.1 研究框架

双渠道零售商成本信息对称和不对称的在线平台销售模式中，研究了电商平台最优服务契约设计。第三部分，即第6章，则在零售商需求信息不对称的在线平台销售模式中，研究了电商平台与第三方物流间的博弈结构策略及零售商的信息分享策略。

本书的主要内容共分7章，安排如下：

第1章为绪论。首先，介绍了本书的研究背景；其次，提出了本书研究的问题；再次，阐述了本书研究内容及框架，介绍了研究方法；最后，提炼出了本书的创新点和贡献。

第2章为国内外研究综述。第一，综述了有关电商平台经营策略的相关研究；第二，对供应链中渠道策略的相关文献进行了梳理和分析；第三，介绍了供应链中成本信息不对称下契约设计的相关文献；第四，分析了供应链中需求信息不对称下信息分享相关研究；第五，对供应链中博弈结构的相关文献进行了分析；第六，对所有整理的文献进行了评述。

第3章为电商平台自营和零售商自建平台的多渠道竞争策略研究。在“电商平台—零售商”在线平台销售模式中，考虑电商平台有意引入自营渠道、零售商有意自建平台，分别分析了电商平台不自营、零售商不自建平台，电商平台自营、零售商不自建平台，电商平台不自营、零售商自建平台，电商平台自营、零售商自建平台四种情境下电商平台和零售商的均衡决策。在此基础上，利用博弈论基本原理，得到了电商平台和零售商的最终博弈结果，并对此结果进行了分析。

第4章为自营物流型电商平台的多渠道竞争策略研究。在“电商平台—零售商”在线平台销售模式中，考虑电商平台自营物流，在销售方面，此类电商平台可以自营可以不自营；在物流方面，可以不向卖家开放自营物流也可以开放；考虑零售商目前通过外包物流型电商平台销售产品，但可以选择与自营物流型电商平台签订合同，在其上销售并使用自营物流服务。首先，利用消费者效用模型找出潜在情形，并分别对不同分销渠道之间的需求分配进行了描述。其次，利用这些需求特征，分析了潜在情形存在的条件和均衡结果。最后，通过比较得到的均衡结果，推导出逻辑树，得到最终均衡，即自营物流型电商平台的最优渠道竞争策略。

第5章为成本信息对称与不对称下电商平台最优契约设计研究。在电商平台和双渠道零售商组成的在线平台销售模式中，考虑双渠道零售商拥有私有成本信息，基于电商平台的两个典型的收入模式（广告模式和经纪人模式）设计了两种服务契约（广告型和经纪人型），得出了信息对称和不对称下的最优契约参数。首先，在这两种契约下，本书分别考察了双渠道零售商成本信息不对称对电商平台最优契约设计的影响。其次，在两种信息结构下，分别对比分析了两种契约，以考察契约类型对电商平台和零售商收益的影响。

第6章为需求信息不对称下电商平台博弈结构策略与零售商信息共享策略研究。在“电商平台—第三方物流—零售商”在线平台销售模式中，考虑电商企业拥有私有需求预测信息、电商平台与第三方物流间存在多种博弈结构，分别在三种博弈结构下（NASH均衡博弈、电商平台领导的Stackelberg博弈、3PL领导的Stackelberg博弈）建立了四种需求预测信息分享策略（不分享、只与电商平台分享、只与3PL分享、都分享）的优化模型，通过模型求解得到了各方收益，并对电商平台博弈结构策略与零售商的需求预测信息分享策略进行了博弈分析。

第7章为结论与研究展望。本章对全书的研究工作进行总结，归纳出主要结论，并对后续研究进行了思考与展望。

1.4 研究创新及贡献

随着互联网普及率和在线购物用户的不断增长，在线平台销售模式迅猛发展，而传统供应链内部的一些关键性运作，例如渠道竞争决策、成本信息不对称下契约设计、供应链成员间的博弈决策及需求信息分享策略，都会因在线平台销售模式涉及的各个成员间的纵向竞争关系产生一系列新的实践与科学问题。本书围绕在线平台销售模式，重点研究了上述运作策略与在线平台销售模式间的互动关系，得到了一些有价值的研究结论。具体来说，本书的创新与贡献主要有以下几点。

（1）近年来，电商平台自营产品和零售商自建平台已非常普遍。电商平台的自营行为，必然会产生与零售商销售渠道（通过平台销售的渠道或自建平台渠道）的竞争问题；零售商的自建平台行为，必然会产生与电商平台自营渠道的竞争问题。这种全新的渠道竞争行为非常值得研究，但是鲜有文献对其进行研究。针对这种不足，本书第3章对这种现象进行了研究，并得到了电商平台和零售商的渠道竞争策略及两者间的博弈结果。研究发现，零售商自建平台成本较低时，电商平台应自营，零售商将自建平台且通过电商平台销售；此时如果零售商两条销售渠道竞争力都强，双方陷入囚徒困境，否则，电商平台利润改善，零售商利润降低。自建平台成本适中时，电商平台应自营，零售商将只经营自建平台渠道；此时，如果零售商两条销售渠道竞争力都强，或平台渠道竞争力适中但自建平台渠道竞争强，双方陷入囚徒困境，否则，电商平台利润改善，零售商利润降低。自建平台成本较高时，如果自建平台渠道竞争力强，双方将陷入斗鸡博弈。否则，电商平台应自营，零售商将不自建平台而只通过电商平台销售；此时，电商平台利润改善，零售商利润下降。

（2）以京东商城、亚马逊为代表的部分电商平台企业建立了自己管理经营的物流体系，产品的控制因素和物流因素的差异导致此模式下存在四个潜在的分销渠道，因此，产生了一种新形式的渠道冲突，但是鲜有文献对其进行研究。针对这种不足，本书第4章对这种现象进行了研究，并得到了自营物流型电商平台的渠道竞争策略。研究结果表明，自营物流型电商平台自营产品始终是有利可图的。当自营物流竞争力不强时，销售方面，自营物流型电商平台始终有动力自营商品；而物流方面，自营物流型电商平台没有动力向零售商开放自营物流，而自营物流的单位成本是自营物流型电商平台是否用自营物流配送自营产品的重要参考，当自营物流单位成本偏低时，电商平台应选择用自营物流配送自营产品，否则应用外包物流配送自营产品。当自营物流竞争力强时，最终均衡变得更加复杂，需同时考虑各渠道的竞争力及自营物流的单位成本。但是，无论如何自营物流型电商平台的最佳选择都在以下三种情形中，即“电商平台自营且用外包物流配送，不开放自营物流给销售商”“电商平台自营且用自营物流配送，不开放自营物流给销售商”及“电商平台自营且用外包物流配，开放自营物流给销售商”。

（3）以淘宝、天猫商城为代表的电子商务平台飞速发展，越来越多的企业开始通过电商平台的服务开辟在线渠道进行销售，而在契约设计过程中，电商平台不仅面临着双渠道零售商成本信息不对称的风险，还面临着契约类型的选择问题。虽然传统供应链中成本信息不对称下契约设计问题的研究已较为丰富，但研究成本信息不对称下电商平台契约设计的文献屈指可数。针对这种不足，本书第5章对这个问题进行了研究，并在两种契约下分别得到了成本信息不对称对电商平台最优契约设计的影响，在两种信息结构下分别得到了契约类型对电商平台和零售商收益的影响。研究发现，双渠道零售商成本信息不对称的存在会使最优契约参数发生变化，且总是造成高成本双渠道零售商、电商平台和供应链整体绩效损失，而仅低成本双渠道零售商能够获得额外的信息租金。成本信息对称时，契约类型对双渠道零售商和电商平台的收益没有影响。但成本信息不对称时，高成本双渠道零售商收益在两种契约下绩效相同；对于低成本零售商和供应链整体而言，广告型契约下绩效始终较优，且优势程度随市场中低成本零售商比例的增加而增加；对于电商平台而言，经纪人型契约下绩效始终较优，且优势程度也随市场中低成本零售商比例的增加而增加。

（4）“电商平台—第三方物流—零售商”在线平台销售模式中，电商平台和第三方物流作为在线电商平台销售模式中重要的服务提供商，经过多年的发展，博弈竞争模式日趋多样化；而零售商作为产品提供商，如何在供应链中合理共享分享需求预测信息以最大化自身利益，也是亟须解决的重大问题。同时，在零售商、电商平台和物流企业组成的销售系统中，电商的需求预测信息共享策略和电商平台的博弈结构策略也会相互影响、相互制约，但鲜有研究在这个销售系统中讨论电商平台的博弈策略、零售商的需求信息分享策略及这两种策略间的博弈关系。针对这种不足，本书第6章对其进行了研究，并通过分析得到了电商平台博弈结构策略、零售商需求预测信息共享策略及二者间的博弈结果。研究发现，当电商平台服务效率较低时，电商平台应选择先于3PL决策，零售商将选择不共享信息。当电商平台服务效率较高时，或当电商平台服务效率适中且需求预测信息准确性较高时，电商平台应选择后于3PL决策，零售商将选择只与电商平台共享信息。

第 2 章

国内外研究综述

本书探讨了在线平台销售模式中的渠道竞争策略问题（第3章、第4章）、成本信息不对称下最优契约设计问题（第5章），需求信息不对称下博弈结构策略与信息共享策略问题（第6章），因此，电商平台经营策略研究、供应链中渠道策略的研究、成本信息不对称下契约设计研究、需求信息不对称下信息分享研究，以及供应链中博弈结构研究都为本书的研究提供了理论基础。下面将分别回顾上述五方面的研究文献，并且重点对比分析本书研究内容的贡献。

2.1 电商平台运营策略相关研究

由于电商平台具有双边市场特征，因此，关于电商平台的研究，现有文献大多都是借助双边市场理论研究电商平台定价策略和经营策略，比如，哈吉优（Hagiu，2004，2006）、阿姆斯特朗（Armstrong，2010）、林等（Lin et al.，2011）、王和赖特（Wang and Wright，2015）、窦等（Dou et al.，2016）、哈吉优等（Hagiu et al.，2019）的研究。而本书内容主要与从供应链角度针对在线平台销售模式研究电商平台运营策略的相关研究相关，所以只详细综述、分析此类文献。

目前，电商平台运营模式主要分为三类：市场模式（marketplace format），即电商平台作为一个服务商，提供匹配卖方和买方的服务，卖方通过市场中介的服务将产品直接卖给消费者；转售模式（reseller format），即电商平台作为一个在线零售商，直接向消费者销售产品；混合模式（hybrid format），即电商平台同时具有市场模式和转售模式（Hagiu and Wright，2014）。相关研究主要集中在三种经营模式的对比分析、经营模式对电商平台及其合作者的影响方面。

部分文献在单个电商平台面临单个制造商组成的单渠道供应链结构下探讨了电商平台经营模式的选择策略。哈吉优（Hagiu，2007）比较了三种运营模式下电商的利润，分析了市场中介应该如何在三种模式中发挥作用，研究发现卖方产品之间的互补程度更高时，转售模式更为有利可图；当卖方投资激励很重要或存在卖方产品质量信息不对称时，优先采用平台模式。姜等（2011）分析了电商平台和制造商之间的战略互动，研究发现转售模式对平台不利，但是制造商可以从中获益。谭等（2016）以电子图书市场为例，分析了市场模式的优势及其战略意义。

大多数文献在电商平台与制造商组成的双渠道供应链结构下研究了电商平台经营模式的选择策略。约翰逊（Johnson，2003）研究了两个在线零售商在三种运营模式间的动态竞争。亨德绍特和张杰（Hendershott and Zhang Jie，2006）考虑上游企业既可以在线直销又可以通过平台进行销售，研究发现上游企业的在线直销渠道会损害电商平台的利益，但是会增加消费者的福利。曼廷等（Mantin，2014）研究了在线零售商开放在线销售平台的战略理由，研究表明建立在线销售平台对在线零售商有利而对制造商不利。科沃克等（Kwark et al.，2014）研究了在线评论对电商平台运营模式选择的影响，研究发现在线评论在转售模式下有益于零售商，而在电商平台模式下将不利于零售商。陈等（Chen et al.，2015）研究了在线零售商的平台开放问题，研究发现广告成本的降低是促进在线零售商开放电商平台及小规模卖家加入电商平台的重要动力，能有效地促进“长尾现象”。阿布舍克等（Abhishek et al.，2016）研究了电商平台在市场模式、转售模式和混合模式中的选择策略，研究发现如果电商平台会对制造商传统渠道的需求带来负面影响，电商平台更偏爱于选择电商平台模式。谭等（Tan et al.，2016）通过研究一个供应商和两个竞争零售商组成的数字商品供应链，研究了市场模式的战略影响，研究发现市场模式可以通过将协调利润划分为预先商定的收入分成比例来协调竞争零售商。科沃克等

(Kwark et al. , 2017) 研究了第三方信息对电商平台运营模式选择的影响，研究发现第三方信息的质量维度和适合维度会影响电商平台在批发模式和电商平台模式间的选择。李晓静等构建了两个供应商与两个电子平台商存在交叉交易的供应链博弈模型，在信息对称（李晓静等，2017）和不对称（Li et al. , 2019）下，分析了交叉竞争环境下平台直销与平台分销渠道对供应链各成员决策行为的影响，识别了两种渠道实现上下游企业共赢的条件及其均衡特征。王玉燕等（2018）在制造商、零售商和在线电商平台构成的混合供应链系统中，考虑了混合供应链四种不同模式，分析了消费者需求差异对各个模式运行的影响。田等（Tian et al. , 2018）针对由两个竞争性供应商和电商平台组成的供应链，研究了电商平台经营模式的选择问题，研究发现，高订单履行成本、强竞争时，转售模式更有利；低订单履行成本、弱竞争时，电商平台模式更有利；适中订单履行成本和竞争时，混合模式更有利。严等（Yan et al. , 2018）考虑到从线上到线下的溢出效应，研究了在线零售商引入市场模式的策略问题，研究发现，随着溢出效应的增加，制造商使用市场模式的意愿增加，在线零售商建立平台渠道的意愿降低。桂云苗等（2018）考虑供应商和电商企业双边质量保证努力以及商品质量对需求函数的影响，分别建立了平台型、自营型和综合型三种模式下的博弈模型，比较分析三种运营模式下电商与供应商的最优质量努力水平和商品的最优质量及利润。严等（Yan et al. , 2019）讨论了在需求信息和成本信息不对称下制造商和电子零售商是否应该引入市场模式，研究表明它的引入导致了更高的产量、更低的批发价格和更低的零售价格，从而有利于供应链成员和整体经济。

另外，部分文献将电商平台运营模式作为外生因素，研究其对其合作者决策的影响。申等（Shen et al. , 2017）研究了电商平台运营模式对供应商间竞争的影响，研究发现运营模式可能导致渠道冲突和供应商间的互相排挤。韩等（Han et al. , 2016）研究了电子商务平台采用混合模式下制造商和电子零售商的定价和讨价还价策略。分析表明，固定佣金只对制造商的总利润有影响，而可变佣金则会影响制造商的批发价和电商平台的零售价。研究结果还表明，批发价格和电子零售价格都受服务质量的影响，而这一影响也受可变佣金的影响。孙自来等（2018）在单个制造商和单个 B2C 电子零售商组成的销售系统中，从制造商的视角构建了三种运营模式：网上直销渠道模式、平台旗舰店模式及批发模式。通过比较每两种运营模式的收益，探讨制造商运营模式选择的决策依据。

极少部分文献与本书一样（第3章、第4章），在电商平台与制造商组成的多渠道供应链下研究了电商平台运营模式的选择。瑞安等（Ryan et al.，2012）针对电商平台和零售商组成的供应链，研究了电商平台自营及开放电商平台给第三方卖家的条件、第三方卖家转向另一电商平台销售的条件。哈吉优等（Hagiu et al.，2014）在一个平台与多个供应商组成的供应链中，研究了平台在市场模式和转售模式间的选择。

2.2 渠道策略相关研究

随着电子零售业的快速发展，在线零售渠道的影响越来越显著，渠道扩张已成为制造商和零售商的重要营销策略，这对企业和企业绩效有长期影响（Chu et al.，2007）。因此，是否进行渠道扩张方面的渠道策略问题一直是学术界和业界关注的话题。

部分文献研究了供应链成员建立新渠道的条件，以及建立新渠道对于供应链成员的影响。米尔斯（Mills，1995）考虑到零售商为了在制造商的垂直结构中获取更多的利益可能会引入自有品牌，研究零售商引入自有品牌对供应链的影响。研究发现，零售商引入自有品牌可以减少分销渠道中的双重边际化程度。米尔斯（Mills，1999）又继续深入研究了零售商自有品牌引入后制造商的应对策略。蒋等（Chiang et al.，2003）构建了一个消费者选择模型，研究包含制造商和零售商的双渠道供应链定价博弈，研究发现制造商可以通过开通直销渠道来缓解双重边缘化。提赛和阿格拉瓦尔（Tsay and Agrawal，2004a）假设制造商和零售商都付出销售努力以提高各自渠道的市场需求量，并且假设该销售努力具有正的外部性。研究同样表明，制造商开通直销渠道后并不总是对零售商不利。事实上直销渠道开通后，制造商会降低零售商渠道的批发价以激励零售商付出更高的努力水平，对制造商与零售商双方均有利。穆克帕杰伊等（Mukhopadhyay et al.，2008）认为，零售商对产品的增值可能导致产品对消费者的差异化，从而开通直销渠道会增加制造商和零售商的利润。蔡（Cai，2010）对比分析了只有传统分销渠道、只有制造商开通的电子渠道、拥有传统分销渠道和电子直销渠道的双渠道、拥有传统及电子分销渠道的双渠道四种供应链结构的绩效，发现制造商是否采用进入策略取决于渠道基本需求量、渠道运行成本和渠道间的替代性等参数的大小。陈等（Chen et al.，2011）研究了制造商新增直接渠道对零售商和供应链的影响，发现双渠道供应链可以提高制造商和供应链的利润。肖等（Xiao et al.，2014）建立了一个零售商领导的定价模型，研究了一个循环空间市场中制造商的产品品种和渠道结构策略。研究发现，制造商使用双渠道的动机随着单位生产成本的降低而降低，但随着品种的边际成本、零售商的边际销售成本的增加而增加。陆和刘（Lu and Liu，2015）通过对比分析发现，制造商开通电子渠道能否获利取决于电子渠道的相对有效性。当电子渠道有效性低于一定阈值时，制造商采用进入策略开通电子直销渠道反而会降低自身利润。陆和陈（Lu and Chen，2016）将消费者分为传统渠道消费者和电子渠道消费者两类进行研究，发现当从电子渠道消费者获得的利润非常高或者非常低的两种情况下，制造商更倾向于分散的电子渠道结构；而当从电子渠道消费者获得的利润比较适中时，制造商更倾向于采用电子渠道进入策略，以致侵占传统零售商部分市场份额。杨等（Yang et al.，2017）考虑到拥有渠道引入策略的上游供应商的产能受到限制，研究了产能限制对供应商渠道策略的影响。研究发现，当上游供应商不开通直销渠道时，下游零售商投向市场的产品数量可能少于订购量。特别是当市场需求为随机变量时，保留部分产品不出售是零售商唯一最优决策。此时，零售商的额外订货决策对上游供应商有利并且会促使供应商放弃开通直销渠道。

部分文献研究了新渠道建立后的定价、服务等策略问题。赛曼等（Sayman et al.，2002）则利用博弈模型研究了自有品牌的定位问题，并指出自有品牌的定位尽可能接近竞争力较强的制造商品牌是零售商的最优策略。崔等（Choi et al.，2006）采用博弈模型同时研究水平定位和垂直定位时发现，自有品牌的最佳水平定位取决于制造商品牌的竞争性质和它的质量水平，如果制造商品牌差异化程度大，高质量的自有品牌应该靠近领导品牌，低质量的自有品牌应该靠近弱势制造商品牌；如果制造商品牌无差异，自有品牌应该定位不同于制造商品牌。卡塔尼等（Cattani et al.，2006）对比了保持批发价格不变、保持零售格不变、利润最大化三种定价策略。研究结果表明，利润最大化定价策略往往也是传统零售商和消费者的最优定价策略。杜姆龙西里等（Dumrongsiri et al.，2008）、丹等（Dan et al.，2012）、季和于（Ji and Yu，2014）考虑渠道间服务质量差异下的定价策略。库甲等（Khouja et al.，2010）将消费者分成传统渠道偏好大于电子渠道、对商品渠道来源不敏感两类，分析了制造商的渠道选择及渠道定价问题，并得到不同结构供应链中渠道选取的主要影响因素和均衡定价。郭等（Kuo et al.，2013）从货架空间有限性的角度，在单个制造商品牌和单个自有品牌的渠道结构中探讨自有品牌定位战略（含质量定位和特色定位）对渠道利润分配产生的影响。研究发现，当制造商品牌和自有品牌之间的交叉弹性不是太大时，零售商应该将质量设定为与制造商品牌相近，而在特色定位上，与相对弱势制造商品牌要有更大差异，与相对强势制造商品牌要更接近。松井等（Matsui et al.，2016）讨论了制造商开通直销渠道后定价顺序对自身利润的影响，研究表明，制造商先确定直销渠道售价再确定批发价格，不仅可以构成制造商和零售商的非合作博弈子博弈完美纳什均衡，还可以提高自身利益。陈等（Chen et al.，2017）研究了双渠道供应链的价格和质量决策问题，结果表明，零售商引入新渠道可以提高产品的质量；当同时考虑价格和质量决策时，新渠道的引入可以提高供应链的绩效。萨哈（Saha，2017）考察了一个三层的供应链系统中，零售商的单渠道和双渠道策略选择问题。研究结果表明，双渠道的引入不总是有利于渠道成员，单零售渠道中产品的最优价格比双渠道中更高。周等（Zhou et al.，2018）考虑制造商通过自己的在线渠道和传统零售商销售产品，零售商为客户提供一些售前服务，对市场需求有积极的影响。分别使用差分和非差分定价方法研究新建渠道如何影响两个成员的定价、服务策略和利润。

还有部分文献研究了渠道策略带来的渠道冲突及协调问题。艾莉亚（Arya）及其合作者在给出双渠道优于传统渠道的条件和系统总利润增加的条件的基础上，考虑到制造商间的竞争和需求量的变化，在市场潜在需求相等的假设下，对制造商增加或取消直销渠道时，供应链系统和博弈各方的获利变化趋势进行分析，并对供应链的协调机制问题进行初步探索，并指出，在传统渠道下如果转移价格超过边际成本将会严重减少零售商的利润（Arya et al.，2007，2008，2015）。陈等（Chen et al.，2012）研究了制造商在双渠道供应链中的定价策略，其中制造商是Stackelberg模型的领导者，零售商是跟随者。研究发现制造商以批发价和直接渠道价签订的合同能够协调双渠道供应渠道，对零售商有利，对制造商不利。而具有互补协议的合同，如两部收费或利润分享合约，可以协调双渠道供应链，使制造商和零售商双赢。马等（Ma et al.，2013）发现，当需求与零售商营销努力程度和制造商质量改进努力相关时，两部定价契约不能达到双渠道供应链的有效协调。为了达到有效协调，马等对两部定价机制进行了改进，加入零售商营销努力和制造商努力因素。大卫等（David et al.，2015）考虑到制造商既有直接渠道，又通过多个不同的零售商销售其产品，研究了其中的竞争和协调问题，研究表明，已知的几个协调单渠道供应链的合同并不协调双渠道供应链，因此，提出了一个线性数量折扣合同，并证明其有完美协调双渠道供应链的能力。

2.3 成本信息不对称下契约设计研究

在成本信息不对称方面，学者们主要研究的是激励合同设计问题，但研究时间会有所不同，主要有以下三个方面：一是研究零售商边际成本信息不对称；二是考察制造商生产成本信息不对称；三是考察零售商或制造商的努力成本信息不对称。

首先，关于零售商边际成本信息不对称，科贝特等（Corbett et al.，2004）考虑到零售商边际销售成本信息不对称，从制造商角度设计了批发价合同、两部定价合同和两部定价合同菜单，并对三种合同进行了对比分析。马飞等（2009）在零售商的运营成本是不对称信息的闭环供应链中研究了制造商的最优激励合同设计问题，该合同由批发价、回收转移价格和补贴组成。曹等（Cao et al.，2013）在零售商拥有私有成本信息的双渠道供应链中，基于批发价格契约设计了信息对称和不对称下制造商的最优契约。魏等（Wei et al.，

2015）在制造商依赖零售商回收的闭环供应链中，分别在回收成本信息对称和不对称情形下，研究制造商作为领导者和零售商作为领导者时供应链成员的最优决策。赵等（Zhao et al.，2016）在存在模糊变量的闭环供应链中分别在零售商的回收成本信息是对称和不对称两种情形下，从制造商的角度探讨了供应链的协调合同，并通过算例的方式对两种情形下的均衡结果进行了对比分析。

其次，关于制造商生产成本信息不对称。刘等（Lau et al.，2007）在零售商主导的两级供应链中，当制造商的生产成本信息不对称时，分别在线性和弹性需求曲线下，求得了零售商在先动和后动时的最优决策，然后分析了零售商向制造商提供数量折扣合同时的最优决策。王等（Wang et al.，2009）在零售商主导、制造商生产成本信息不对称的两级供应链中，设计了四种不同的合同，分析了零售商的最优合同设计问题。查坎伊等（Cakanyi et al.，2010）在制造商和零售商组成的供应链中，研究制造商生产成本不对称时，零售商应如何设计合同以对制造商进行信息甄别，并讨论该合同菜单对供应链的协调作用。吴忠和等（2013）在面临随机性市场需求且零售商的运营成本信息是不对称的闭环供应链中，从供应链协调的角度，分别在正常情况和突发情况下探讨了制造商最优回购契约设计问题。颜波等（2015）建立了一条由一个共同零售商主导的包含一个拥有双渠道的制造商和一个仅拥有分销渠道的制造商的混合渠道供应链，对成本信息不对称下且零售商主导的混合渠道供应链决策进行了分析。

最后，关于零售商或制造商的努力成本信息不对称。韩小花和薛声家（2008）研究了在闭环供应链中，当零售商回收的固定投资参数是对称和不对称信息时供应链的合作机制，并对两种情形下的合作机制进行了比较分析。穆克霍帕迪亚等（Mukhopadhyay et al.，2008）考虑到双渠道供应链中，零售商对其销售渠道销售的产品有增值的作用且增值信息成本对制造商不对称，在此信息不对称情况下，为制造商设计了一个可以避免零售商谎报行为的契约，并将这个契约与完全信息下的协调契约进行了对比分析。朱等（Zhu et al.，2009）在服务供应链中，考虑到零售商增值服务成本信息不对称，研究了制造商的最优契约设计。但斌等（2012）研究了在服务商努力成本信息不可观测的情况下，客户企业如何设计服务外包菜单式合约以激励服务商付出最优努力水平，并显示努力成本信息。徐鸿雁等（2012）分析了不对称信息下，当制造商制订的产品销售价格和销售商付出的销售努力共同作用于需求时，制造商该如何决策产品销售价格并设计合适的多周期激励合同。谢等（Xie et al.，2014）在朱等（Zhu et al.，2009）的研究基础上，进一步考虑制造商也可以提高服务质量，研究零售商增值服务成本信息不对称情况下制造商最优激励合约设计。黄河等（2015）考虑到供应商有关于供应初始可靠性的私有信息，同时还可以通过流程改进提高初始可靠性。在内生风险下，运用委托代理理论，研究制造商如何设计采购合同，同时激励供应商付出努力以降低风险。

2.4　需求预测信息不对称下信息共享问题研究

已有不少文献研究了供应链成员间的需求信息共享问题，一些学者已从不同的角度对信息共享问题进行了综述（Chen，2003；Kong et al.，2017；Shamir and Shin，2017；Dukes et al.，2017；Ha et al.，2017）。需求信息共享研究可分为两方面：水平需求信息共享和垂直需求信息共享。水平信息共享方面，克拉克（Clarke et al.，1983）、卡尔 - 奥尔（Cal-or，1985）、严和裴（Yan and Pei，2015）研究了信息共享的价值；维维斯（Vives，1984）、卡洛尔（Calor，1986）、姜和郝（Jiang and Hao，2016）研究了需求信息共享激励问题；柯比（Kirby，1988）、吴等（Wu et al.，2008）、纳塔拉詹等（Natarajan et al.，2013）、姜和郝（Jiang and Hao，2014）研究了需求信息共享策略问题。本书第6章内容主要与供应链中垂直信息共享相关，所以下面将主要对其相关文献进行归纳分析。

单个上游企业和单个下游企业构成的单个供应链方面，早期陈（Chen，2003）、卡翁（Cachon，2003）已经对这方面文献进行了综述。何等（He et al.，2008）考虑到供应链成员都有私有需求信息，研究了供应链成员间的垂直信息共享激励问题。米什拉等（Mishra et al.，2010）研究了在订货型生产和备货型生产两种生产模式下零售商需求预测信息共享对供应链成员的价值。研究发现，订货型模式下信息共享对制造商有利但对零售商有害，而在备货型模式下所有参与企业均可能获益。杜克斯等（Dukes et al.，2011）考虑供应链企业均拥有需求预测信息，分析了双边信息共享对供应链成员利润的影响。厄泽尔等（Özer et al.，2011，2014）分析了信任对需求信息共享的影响。聂佳佳等（2013）研究了需求预测信息共享对制造商回收模式的影响，聂佳佳等（2014）还研究了需求预测信息共享对再制造策略的影响。严等（Yan et al.，2015）以两个企业可以分别获得需求信息为基础，研究了两个企业在Stackelberg博弈和Bertrand博弈两种决策方式下信息共享的价值和策略。研究发现，Bertrand博弈下参与企业均能从信息共享中获益；而Stackelberg博弈下却不一定获益。李等（Li et al.，2015）在备货型生产模式下，详细分析了供应链成员间的垂直需求信息共享问题。张等（Zhang et al.，2017）在备货型生产和订货型生产两种生产模式下，分别研究了需求预测信息共享对闭环供应链成员的价值，研究发现当制造商回收效率高时，两种模式下零售商均有可能自愿共享信息。

双渠道供应链方面，岳等（Yue et al.，2006）比较了电子渠道对于渠道成员需求预测信息共享的影响，发现电子渠道对于共享信息的零售商的收益具有负面影响。艾兴政等（2008）研究了传统零售商渠道与制造商控制的电子渠道竞争环境信息共享的绩效问题，揭示了市场风险、渠道间竞争、预测信息精度、潜在市场份额对制造商、零售商信息共享的选择范围。陈忠和艾兴政（2008）考虑到零售商和制造商都有需求预测信息，应用贝叶斯推断原理构建电子渠道与传统渠道信息共享与基于电子渠道的收益分享合作机制，探讨了该合作机制的实施环境和范围，并分析了市场竞争、市场风险、市场潜在规模、信息预测能力对双渠道信息共享与收益分享策略选择的影响。滕文波等（2011）探讨了电子渠道信息收集能力如何影响渠道成员收益及渠道模式、信息共享策略，研究发现经销商总是选择不共享私有信息，而厂商的渠道模式选择受电子渠道需求预测精度、市场波动、电子渠道潜在消费者比例等因素的影响。滕文波等（2012）还研究了产品替代度、市场波动以及渠道成员需求预测精度对店中店模式和传统模式下渠道成员收益的影响。严等（Yan et al.，2015）在双渠道供应链中，研究了零售商和制造商进行合作广告的价值及其对供应链信息共享的影响。研究发现，雇用一个广告代理商有助于制造商激励零售商进行信息共享。

在竞争供应链方面，哈和童（Ha and Tong，2008）在两条竞争供应链下，研究了两部定价合约菜单和线性批发价合同对于零售商信息分享策略的影响。哈等（Ha et al.，2011）在竞争供应链中研究了生成成本规模不经济对零售商信息共享策略的影响。尚（Shang，2015）考虑到两个有竞争关系的制造商生产可替代产品并销售给同一家零售商，研究发现零售商信息共享动机取决于非线性成本、信息契约以及竞争的激烈程度对信息共享策略的影响。边等（Bian et al.，2016）在两条竞争型供应链中，研究了竞争激烈程度和预测误差对信息共享价值的影响，研究发现，两条供应链间竞争激烈程度越大，信息共享的价值就越高。姜等（Jiang et al.，2016）考虑到制造商能获取需求预测信息，基于不共享、自愿共享及强制共享三种信息分享模式，分析了制造商和零售商对各个模式的偏好。哈等（Ha et al.，2018）在两条竞争型供应链中，考虑到零售商有私有信息且信息共享能够降低生产成本，研究了此信息的价值。

2.5 供应链中博弈结构研究

供应链中博弈结构的改变将影响供应链成员间的决策顺序，进而影响供应链的绩效。崔（Choi，1991）较早针对两个差异化竞争制造商和一个零售商组成的供应链，分别构建了制造商领导、零售商领导和双方均势三种博弈结构模型。埃特克等（Ertek et al.，2002）给出了现实中不同博弈结构的例子，比如微软和英特尔公司，制造商处于主导地位；像沃尔玛和特斯科公司，零售商占据主导地位。在此基础上，大量学者的研究中开始考虑成员的权力差异带来的博弈结构改变对供应链的影响。

多数文献从供应链角度出发研究了博弈结构对供应链运作决策及企业绩效的影响。张等（Zhang et al.，2012）在双渠道供应链中，在三种不同博弈结构下，研究了产品替代性与渠道权力结构对供应链运作的影响。研究发现，当产品替代性较小（或适中，或较高）时，纳什博弈（或零售商 Stackelberg 模型、或制造商 Stackelberg 模型）下的供应链系统是最优的。史等（Shi et al.，

2013）考虑消费者产品需求波动，研究了博弈结构与产品需求结构对供应链经济业绩的影响。研究表明，博弈结构对供应链成员是否收益起决定性作用，而博弈结构对供应链系统效率的影响依赖于期望需求与需求波动。赵等（Zhao et al.，2014）考虑了两个竞争制造商和一个零售商组成的供应链系统，得出供应链成员在两个制造商不同竞争策略及不同供应链权利结构下的最优定价策略。薛等（Xue et al.，2014）针对单个制造商和单个零售商组成的供应链，分析了制造商主导、零售商主导和双方均势三种博弈结构对消费者剩余和供应链绩效的不同影响。罗等（Luo et al.，2017）考虑了两个制造商分别向一个零售商销售差异化品牌产品的情形，研究了制造商相互竞争与博弈结构对供应链成员运作决策的影响。

部分文献从供应链特点出发研究了博弈结构对供应链运作决策及企业绩效的影响。服务供应链方面，边等（Bian et al.，2016）针对一个零售商和一个制造商构成的供应链，在制造商领导、零售商领导和双方均势三种博弈结构下研究了制造商的服务外包策略。姚树俊等（2016）针对一个制造商和两个零售商构成的产品服务供应链，研究了在三种博弈结构下零售商的产品售后服务能力运营策略。闭环供应链方面，高等（Gao et al.，2016）研究了不同博弈结构下闭环供应链的定价和回收努力程度决策问题，考虑了集中决策和三种分散决策模型，随着主导力量从制造商转移到零售商，零售商的利润总会增加，而当需求扩张的效果足够大时，制造商也会从中收益。王玉燕和申亮（2014）、李新然等（2014）针对单个制造商和单个零售商构成的闭环供应链，考察了博弈结构对供应链均衡的影响。销售互补品的供应链方面，魏等（Wei et al.，2012）针对两个互补品制造商和一个零售商，分析了五种不同的博弈结构下的价格决策，研究表明，当两个制造商同时决策时，最优决策不受市场能力的影响，而处于主导地位的成员（制造商或者零售商）将会获得更多的利润。王等（Wang et al.，2017）也对互补品中的市场能力问题进行了研究。

2.6 文献总结与评述

通过对电商平台运营策略相关研究、供应链中渠道策略相关研究、成本信息不对称下契约设计相关研究、需求信息不对称下信息共享相关研究及供应链中博弈结构相关研究的梳理，本书中的研究与以往文献中研究在以下几个方面存在较大差异：

（1）电商平台经营策略方面。首先，大多关于电商平台的研究仅考虑了平台之间的横向竞争，然而，很少有研究考虑平台与用户之间的纵向竞争，因此，对合作竞争下平台的最优决策以及合作竞争如何影响电商平台的运作知之甚少。总的来说，双边市场运作与传统供应链里的合作竞争机制，产品、服务和资金的流动方向，以及决策过程都有所不同，因此需要重新思考合作竞争下的电商平台运作，这是进行本书中研究的最主要原因。其次，从供应链角度研究电商平台的现有文献大都只涉及两种渠道间的冲突，而本书第 3 章在考虑研究零售商可能自建平台的前提下研究了三种渠道间（电商平台自营渠道、零售商通过电商平台销售渠道、零售商自建平台渠道）的渠道冲突问题。再次，现存文献大都研究都不考虑电商平台自营物流，而第 4 章则在考虑电商平台拥有自营物流的前提下研究了电商平台的销售和物流策略。最后，现存文献大都是假设完全信息，而本书的第 5 章中研究了双渠道零售商成本信息不完全对称下电商平台的最优合约设计及决策，第 6 章中研究了需求信息不完全对称下电商平台的博弈结构决策。

（2）渠道策略方面。现有关于渠道策略的研究大都是针对传统购销模式，但随着在线平台销售模式的迅猛发展，带来了新的渠道竞争问题，比如，越来越多的电商平台不再只做匹配买方和卖方的服务提供者，而开始引入自营渠道，在自己的平台上与自己的客户进行竞争。所以，第 3 章中在考虑零售商会自建平台的情况下，研究了电商平台引入自营渠道的策略，涉及了三条渠道间的竞争；第 4 章中则进一步研究了自营物流型电商平台关于销售和物流的渠道策略，涉及了四条渠道间的竞争。以上都是对渠道策略相关研究的扩展。

（3）成本信息不对称下激励契约设计方面。现有文献研究大都是针对传统购销模式中的制造商和零售商展开，而在线平台销售模式中各个成员的纵向竞争关系给成本信息不对称下契约设计带来了新的问题，比如，在电商平台上销售的双渠道零售商越来越多，且此类零售商的线下成本难以观测。所以，本书第 5 章对于此类文献的贡献在于，研究了在线平台销售模式中零售商成本信息不对称对电商平台最优契约设计的影响，这是对成本信息不对称下激励合同设计文献的补充。

（4）需求信息共享方面。现有文献大都是针对传统购销模式，基于“完全共享、完全不共享”的视角进行研究。同样，在线电商平台销售模式也给需求信息不完全情况下的信息分享带来了新的问题。所以，本书第6章对于此类文献的贡献在于，研究了零售商需求预测信息共享策略对在线电商平台销售模式中各成员绩效及电商平台博弈结构选择的影响，这使得对信息共享的研究从只有“完全共享、完全不共享”的视角，变成了如何选择信息共享策略（只与电商平台共享、只与3PL共享、都共享）的视角，这是对需求预测信息共享研究的进一步扩展和补充。

（5）供应链中博弈结构研究方面。现有文献中大都是针对传统购销模式，将博弈结构作为影响供应链绩效和决策的外生因素进行研究。本书中研究对于此类文献的贡献在于，针对在线电商平台销售模式，不仅研究了博弈结构作为外生因素对零售商需求预测信息共享策略的影响，还将博弈结构的策略作为电商平台的内生决策进行研究，即研究零售商需求预测信息分享策略对电商平台博弈结构策略的影响。

综上所述，针对在线平台销售模式中平台与用户之间的纵向竞争的研究虽日益增多，但结合多渠道竞争以及信息不对称的研究却很少。因此，本书针对已有文献的不足，重点探讨了在线平台销售中的渠道策略、成本信息不完全下的契约设计及需求信息不完全下博弈结构策略和信息分享策略，既丰富了在线平台销售模式的研究，也扩展了供应链中渠道策略、契约设计、博弈结构策略及信息分享策略的研究。

第 3 章

电商平台自营和零售商自建平台的多渠道竞争策略研究

3.1 引　　言

近年来，消费者在线购物意愿的不断提高促使电商平台不再只做匹配买方和卖方的服务提供者，而开始自营产品，在自己的平台上与自己的客户争夺市场份额。不难发现，在苏宁易购、当当网、亚马逊等电商平台上购物时，消费者既可以选择各企业的官方旗舰店产品，也可以选择平台自营产品。与此同时，为了改善自己的弱势地位及对电商平台的依赖程度，部分通过平台销售的零售商也纷纷开始自建在线平台进行销售。比如，百丽集团、Zara、C&A 等，依托天猫商城等电商平台销售的同时，也分别建立了自己的电商平台进行销售。电商平台的自营行为会产生与零售商销售渠道（通过平台销售的渠道及自建平台渠道）的竞争问题；零售商自建平台行为会产生与电商平台自营渠道的竞争问题。鉴于此，就产生了一种新形式的渠道冲突，研究这种渠道冲突及电商平台与零售商渠道竞争策略具有现实及理论意义。

所以，本章重点探讨在“电商平台—零售商”在线平台销售模式中，当电商平台有意引入自营渠道，零售商有意自建平台时：电商平台在什么情况下应引入自营渠道？零售商何时可以自建平台？电商平台与零售商渠道竞争策略的博弈结果及其特点是什么？

本章的研究主要在两方面对文献有所贡献：电商平台经营策略相关研究和供应链中渠道策略相关研究。电商平台研究方面，随着电商平台的迅猛发展，越来越多的学者将注意力投向了电商平台及电商平台参与的供应链的研究。前期对电商平台的研究，学者们主要侧重于利用双边市场理论研究电商平台的定价和经营策略，例如巴科斯（Bakos et al.，2008）和陈（Chen et al.，2016）等的研究；以及将电商平台行为作为外生因素以研究供应链其他成员的决策，例如韩（Han，2016）、罗春林（2017）和李佩（2017）的研究。少数文献与本章一样从供应链角度对电商平台进行内生化讨论，而本章的灵感主要源自关于这类研究的文献不断涌现，例如瑞安等（Ryan et al.，2012）、科沃克等（Kwark et al.，2014）、陈等（Chen et al.，2015）、阿布舍克等（Abhishek et al.，2016）、科沃克等（Kwark et al.，2017）、田等（Tian et al.，2018）、王玉燕等（2018）的研究。但是，这些文献大都忽略了零售商的行为，即在现实商业活动中零售商也可以自建平台销售，所以，相对于上述文献本章的贡献在于，综合考虑电商平台可以自营、零售商也可自建平台及两者间的互动关系，得出了电商平台和零售商的渠道竞争策略及其博弈结果，并进一步分析了该结果的性质。

渠道策略是国内外学术界的一个研究热点，众多学者对其进行了深入研究，比如，姜等（Chiang et al.，2003）、卡塔尼等（Cattani et al.，2005）、阿丽雅等（Arya et al.，2007）、蔡刚书（Cai Gangshu，2009）、刘和李（Yoo and Lee，2011）、李等（Li et al.，2014）、赵连霞（2015）、陈（Chen，2016）、范小军等（2016）、李海等（2016）。但已有文献研究仅针对制造商和零售商组成的传统购销模式展开且都只涉及两种渠道间的竞争研究，所以，相对于上述文献本章的贡献在于，考虑在线平台销售模式的特性研究了三种渠道间的竞争行为（一个由电子商务平台控制，两个由零售商控制），这是对渠道策略文献的补充和扩展。

3.2　问题描述和假设

本章考虑一个零售商（R）通过电商平台（P）销售产品（假设为渠道ER）；电商平台也可以通过自己的平台销售同质产品与零售商进行竞争（假设

为渠道 EP)；同时，零售商也可选择自建平台销售（假设为渠道 er)。电商平台和零售商分别决定各自运营渠道的产品价格，也就是说，电商平台决定渠道 EP 的产品价格（p_{EP})，零售商决定渠道 ER 和 er 的产品价格（p_{ER}和 p_{er})。零售商如果在平台上销售，需要向电商平台支付单位产品的服务费用（p_s)。模型的主要假设如下：

（1）假设市场总需求由一组异质消费者构成，消费者对产品的保留价格为 v，均匀分布在［0，1］，消费者对渠道 i 的产品的接受程度为 θ_i($i = er$，ER，EP)，且 $0 \leqslant \theta_i \leqslant 1$。

（2）由于电商平台具有更高的知名度，且在在线销售环节具有绝对优势，消费者总是更倾向于在电商平台上购买。另外，电商平台对于自身自营产品的服务通常会优于第三方卖家在平台上销售的产品。所以，我们假设 $\theta_{EP} > \theta_{ER} > \theta_{er}$，为了简便，我们进一步假设 $\theta_{EP} = 1$。因此，消费者在渠道 EP、ER 和 er 购买产品获得的效用分别为：$U_{EP} = v - p_{EP}$，$U_{ER} = \theta_{ER} v - p_{ER}$，$U_{er} = \theta_{er} v - p_{er}$。

（3）同瑞安等（Ryan et al.，2012）的做法一样，假设渠道 ER 和 EP 的单位产品销售成本为 0。这是因为相对于零售商而言，电商平台在在线销售环节具有优势。

（4）零售商自建平台后，由于该渠道运营不通过电商平台而是零售商独立运营，有利于降低其对电商平台的依赖程度但必须承担运营成本 c_{er}，且 $c_{er} \in (0, \theta_{er})$。

（5）每个消费者至多只能从一条渠道进行购买，且消费者是具有策略性的，只会选择自身效用最大的渠道。本章符号假设如表 3.1 所示。

表 3.1　　符号释义

符号	释义	符号	释义
EP	电商平台自营渠道	ER	零售商通过电商平台销售渠道
er	零售商自建平台渠道	θ_i	渠道 i 消费者接受度，i = er，ER，EP
p_i	渠道 i 的产品定价，i = er，ER，EP	p_s	电商平台服务价格
U_i	渠道 i 的消费者效用，i = er，ER，EP	c_{er}	零售商自建平台成本

3.3 电商平台不自营，零售商不自建平台

电商平台不自营、零售商不自建平台的情况下，零售商只通过电商平台销售产品，其结构图如图 3.1 所示。

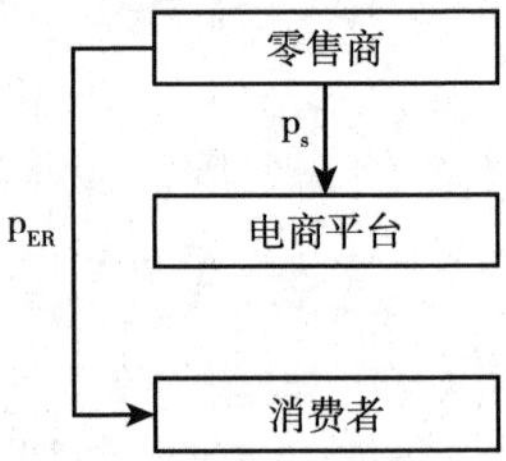

图 3.1 电商平台不自营、零售商不自建平台的结构

3.3.1 需求函数

本情境中，消费者只能通过 ER 渠道购买产品，因此对于消费者来说获得的效用为 $U_{ER}=\theta_{ER}v-p_{ER}$，仅当 $U_{ER}\geqslant 0$ 时，即产品保留价格 θ_{ER} 在 $[0, p_{ER}/\theta_{ER}]$ 之间分布时，消费者才会购买该产品。所以：

渠道 ER 需求函数为：

$$D_{ER}=1-\frac{p_{ER}}{\theta_{ER}} \tag{3.1}$$

电商平台的利润函数为：

$$\pi_P=p_s\left(1-\frac{p_{ER}}{\theta_{ER}}\right) \tag{3.2}$$

零售商的利润函数为：

$$\pi_R=(p_{ER}-p_s)\left(1-\frac{p_{ER}}{\theta_{ER}}\right) \tag{3.3}$$

3.3.2 定价决策

电商平台不自营、零售商不自建平台的情况下，博弈顺序为：第一阶段，电商平台制定服务价格 p_s；第二阶段，零售商确定渠道 ER 的产品价格。通过逆向推导法求解该博弈问题，即求解下述数学模型即可得到引理 3.1。

$$\underset{p_{ER}}{\text{Max}}\ \pi_R = (p_{ER} - p_s)\left(1 - \frac{p_{ER}}{\theta_{ER}}\right) \quad \text{s. t.}\ \underset{p_s}{\text{Max}}\ \pi_P = p_s\left(1 - \frac{p_{ER}}{\theta_{ER}}\right)$$

引理 3.1 电商平台不自营、零售商不自建平台时，平台与零售商均衡结果如下：

$$p_s = \frac{1}{2}\theta_{ER}, p_{ER} = \frac{3}{4}\theta_{ER}; D_{ER} = \frac{1}{4}; \pi_R = \frac{1}{16}\theta_{ER}, \pi_P = \frac{1}{8}\theta_{ER}$$

3.4 电商平台自营，零售商不自建平台

电商平台自营、零售商不自建平台的情况下，电商平台开始自营，零售商仍只能通过电商平台进行销售，其结构如图 3.2 所示。

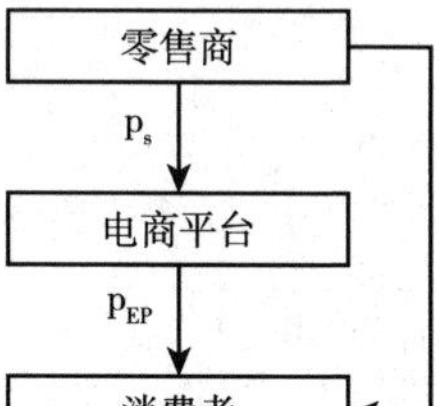

图 3.2 电商平台自营、零售商不自建平台的结构

3.4.1 需求函数

本情境中，消费者可以在渠道 ER 和 EP 中进行选择和购买，此时消费者将

比较 U_{ER} 和 U_{EP}，选择效用较大的渠道进行购买。因此，当 $U_{EP}\geqslant 0$ 且 $U_{EP}\geqslant U_{ER}$ 时，消费者会从渠道 EP 购买；当 $U_{ER}\geqslant 0$ 且 $U_{ER}\geqslant U_{EP}$ 时，消费者会从渠道 ER 购买。因此，引用瑞安等（Ryan et al.，2012）的分析方法，可得：

$$<D_{EP},D_{ER}>=\begin{cases} <0,1-\dfrac{p_{ER}}{\theta_{ER}}> & \text{if } p_{EP}\geqslant(p_{ER}+1-\theta_{ER}) \\ <1-\dfrac{p_{EP}-p_{ER}}{1-\theta_{ER}},\dfrac{p_{EP}-p_{ER}}{1-\theta_{ER}}-\dfrac{p_{ER}}{\theta_{ER}}> & \text{if } \dfrac{p_{ER}}{\theta_{ER}}\leqslant p_{EP}\leqslant(p_{ER}+1-\theta_{ER}) \\ <1-p_{EP},0> & \text{if } p_{EP}\leqslant\dfrac{p_{ER}}{\theta_{ER}} \end{cases}$$

此时，如果电商平台定价过高，即 $p_{EP}\geqslant p_{ER}+1-\theta_{ER}$，会使平台自营产品的需求为0，平台没必要自营，因此平台必然不会如此定价，此情况不予讨论。接下来，分别讨论另外两种情况。

（1）若 $p_{ER}/\theta_{ER}\leqslant p_{EP}\leqslant(p_{ER}+1-\theta_{ER})$，则：

渠道 EP 的需求函数为：

$$D_{EP}=1-\frac{p_{EP}-p_{ER}}{1-\theta_{ER}} \tag{3.4}$$

渠道 ER 的需求函数为：

$$D_{ER}=\frac{p_{EP}-p_{ER}}{1-\theta_{ER}}-\frac{p_{ER}}{\theta_{ER}} \tag{3.5}$$

电商平台的利润函数为：

$$\pi_P=p_s\left(\frac{p_{EP}-p_{ER}}{1-\theta_{ER}}-\frac{p_{ER}}{\theta_{ER}}\right)+p_{EP}\left(1-\frac{p_{EP}-p_{ER}}{1-\theta_{ER}}\right) \tag{3.6}$$

零售商的利润函数为：

$$\pi_R=(p_{ER}-p_s)\left(\frac{p_{EP}-p_{ER}}{1-\theta_{ER}}-\frac{p_{ER}}{\theta_{ER}}\right) \tag{3.7}$$

（2）若 $p_{EP}\leqslant p_{ER}/\theta_{ER}$，则：

当 $p_{EP}\leqslant p_{ER}/\theta_{ER}$ 时，因为 $D_{ER}=0$，无论零售商如何定价，它的利润都必然为0。因此本书中只讨论电商平台的行为。

渠道 EP 的需求函数为：

$$D_{EP}=1-p_{EP} \tag{3.8}$$

电商平台的利润函数为：

$$\pi_P=p_{EP}(1-p_{EP}) \tag{3.9}$$

3.4.2 定价决策

电商平台自营、零售商不自建平台的情况下，若 $p_{ER}/\theta_{ER}\leqslant p_{EP}\leqslant(p_{ER}+1-\theta_{ER})$，博弈顺序为：第一阶段，电商平台确定服务价格 p_s 和渠道 EP 的产品价格 p_{EP}；第二阶段，零售商确定渠道 ER 的产品价格 p_{ER}。因此，通过逆向推导法即可求解该博弈问题，具体模型如下：

$$\underset{p_s,p_{EP}}{\text{Max}}\ \pi_P=p_s\left(\frac{p_{EP}-p_{ER}}{1-\theta_{ER}}-\frac{p_{ER}}{\theta_{ER}}\right)+p_{EP}\left(1-\frac{p_{EP}-p_{ER}}{1-\theta_{ER}}\right)$$

$$\text{s. t.}\ \underset{p_{ER}}{\text{Max}}\ \pi_R=(p_{ER}-p_s)\left(\frac{p_{EP}-p_{ER}}{1-\theta_{ER}}-\frac{p_{ER}}{\theta_{ER}}\right)$$

若 $p_{EP}\leqslant p_{ER}/\theta_{ER}$，电商平台只需确定渠道 EP 的产品价格 p_{EP}，具体模型如下：

$$\underset{p_{EP}}{\text{Max}}\ \pi_P=p_{EP}(1-p_{EP})$$

求解上述两模型可得引理 3.2，如下：

引理 3.2 电商平台自营且零售商不自建平台时，存在两种均衡结果。

①电商平台定价适中时，均衡结果如下：

$$p_{EP}=\frac{1}{2},p_s=\frac{\theta_{ER}}{2},p_{EP}=\frac{\theta_{ER}}{2};E_{EP}=\frac{1}{2},D_{ER}=0;\pi_P=\frac{1}{4},\pi_R=0$$

②电商平台定价足够低时，均衡结果如下：

$$p_{EP}=\frac{1}{2},p_{ER}\geqslant\frac{\theta_{ER}}{2};D_{EP}=\frac{1}{2},D_{ER}=0;\pi_P=\frac{1}{4},\pi_R=0$$

分析引理 3.2 可看出，当电商平台自营、零售商不自建平台时，电商平台的均衡利润始终为1/4，而零售商的利润始终为0。其揭示的管理意义为：电商平台的自营产品对零售商在平台上销售的产品具有替代作用，由于电商平台对于零售商来说是个强大的竞争对手（即处于先动地位，消费者对其产品的接受程度也大于零售商的产品），电商平台加入竞争后，会使零售商在供应链中的利润非常微薄，甚至是将零售商的产品彻底挤出电商平台。

另外，对比引理3.1和引理3.2可知，与初始状态相比，电商平台自营后，导致零售商的利润下降，而电商平台、供应链整体利润提高。平台自营产品的销售量提高，而零售商的产品销售量降低。揭示的管理意义为：电商平台的自营行为会夺走零售商的市场份额，导致零售商利润下降，但对其自身和整个供应链的绩效是有益的。

3.5 电商平台不自营，零售商自建平台

电商平台不自营、零售商自建平台的情况下，其结构如图3.3所示。

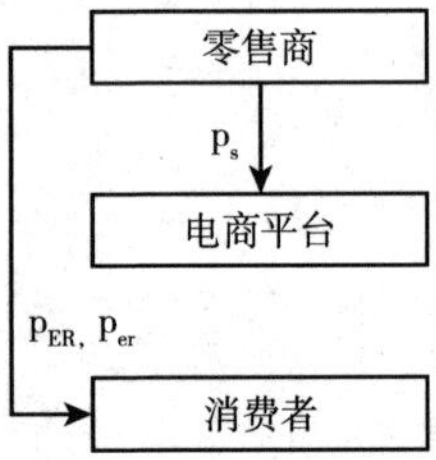

图3.3 电商平台不自营、零售商自建平台的结构

3.5.1 需求函数

电商平台不自营、零售商自建平台的情况下，消费者可以从ER和er两种渠道进行购买，此时消费者将比较U_{ER}和U_{er}，选择效用较大的渠道进行购买。因此，当$U_{er}\geqslant 0$且$U_{er}\geqslant U_{ER}$时，消费者会从渠道er购买；当$U_{ER}\geqslant 0$且$U_{ER}\geqslant U_{er}$时，消费者会从渠道ER购买。因此：

$$<D_{ER},D_{er}>=\begin{cases}<0,1-\dfrac{p_{er}}{\theta_{er}}> & \text{if} \quad p_{ER}\geqslant(p_{er}+\theta_{ER}-\theta_{er})\\ <1-\dfrac{p_{ER}-p_{er}}{\theta_{ER}-\theta_{er}},\dfrac{p_{ER}-p_{er}}{\theta_{ER}-\theta_{er}}-\dfrac{p_{er}}{\theta_{er}}> & \text{if} \quad p_{er}\dfrac{\theta_{ER}}{\theta_{er}}\leqslant p_{ER}\leqslant(p_{er}+\theta_{ER}-\theta_{er})\\ <1-\dfrac{p_{ER}}{\theta_{ER}},0> & \text{if} \quad p_{ER}\leqslant p_{er}\dfrac{\theta_{ER}}{\theta_{er}}\end{cases}$$

如果零售商对渠道 er 定价过高，即 $p_{er}\geqslant p_{ER}\theta_{er}/\theta_{ER}$时，$D_{er}=0$，那么零售商就没有必要自建平台，因此本书中不讨论这种情况。接下来，分别讨论另外两种情况。

(1) 若 $p_{ER}\leqslant p_{er}\theta_{ER}/\theta_{er}$，则：

渠道 er 的需求函数为：

$$D_{er}=1-\frac{p_{er}}{\theta_{er}} \tag{3.10}$$

零售商的利润函数为：

$$\pi_R=(p_{er}-c_{er})\left(1-\frac{p_{er}}{\theta_{er}}\right) \tag{3.11}$$

(2) 若 $p_{er}\theta_{ER}/\theta_{er}\leqslant p_{ER}\leqslant(p_{er}+\theta_{ER}-\theta_{er})$，则：

渠道 ER 的需求函数为：

$$D_{ER}=1-\frac{p_{ER}-p_{er}}{\theta_{ER}-\theta_{er}} \tag{3.12}$$

渠道 er 的需求函数为：

$$D_{er}=\frac{p_{ER}-p_{er}}{\theta_{ER}-\theta_{er}}-\frac{p_{er}}{\theta_{er}} \tag{3.13}$$

电商平台的利润函数为：

$$\pi_P=p_s\left(1-\frac{p_{ER}-p_{er}}{\theta_{ER}-\theta_{er}}\right) \tag{3.14}$$

零售商的利润函数为：

$$\pi_R = (p_{er} - c_{er})\left(\frac{p_{ER} - p_{er}}{\theta_{ER} - \theta_{er}} - \frac{p_{er}}{\theta_{er}}\right) + p_s\left(1 - \frac{p_{ER} - p_{er}}{\theta_{ER} - \theta_{er}}\right) \tag{3.15}$$

3.5.2 定价决策

电商平台不自营、零售商自建平台的情况下，若 $p_{ER} \leqslant p_{er}\theta_{ER}/\theta_{er}$，零售商只需确定渠道 er 的价格，因此，求解如下模型即可得到均衡结果：

$$\underset{p_{er}}{\text{Max}}\ \pi_P = (p_{er} - c_{er})(1 - p_{er}/\theta_{er})$$

若 $p_{er}\theta_{ER}/\theta_{er} \leqslant p_{ER} \leqslant p_{er} + \theta_{ER} - \theta_{er}$，博弈顺序为：第一阶段，电商平台确定服务价格 p_s；第二阶段，零售商确定渠道 ER 和 er 的产品价格 p_{ER}、p_{er}。通过逆向推导法求解该博弈问题，求解以下模型：

$$\underset{p_s}{\text{Max}}\ \pi_P = p_s\left(1 - \frac{p_{ER} - p_{er}}{\theta_{ER} - \theta_{er}}\right)$$

$$\text{s.t.}\ \underset{p_{ER},p_{er}}{\text{Max}}\ \pi_R = (p_{er} - c_{er})\left(\frac{p_{ER} - p_{er}}{\theta_{ER} - \theta_{er}} - \frac{p_{er}}{\theta_{er}}\right) + p_s\left(1 - \frac{p_{ER} - p_{er}}{\theta_{ER} - \theta_{er}}\right)$$

求解上述两模型可得引理 3.3，如下：

引理 3.3 当电商平台不自营、零售商自建平台时，电商平台和零售商的决策均衡结果如下：

①零售商只经营渠道 ER 时：

$$p_{er} = \frac{c_{er} + \theta_{er}}{2}; D_{er} = \frac{\theta_{er} - c_{er}}{2}; \pi_R = \frac{(c_{er} - \theta_{er})^2}{4\theta_{er}}, \pi_P = 0$$

②零售商同时经营渠道 ER 和 er 时，若 $c_{er} \leqslant \theta_{er}(\theta_{ER} - \theta_{er})/(2\theta_{ER} - \theta_{er})$，此情境下存在均衡，且均衡结果如下：

$$p_s = \frac{\theta_{ER} - \theta_{er} + c_{er}}{2}, p_{er} = \frac{\theta_{er} + c}{2}, p_{ER} = \frac{3\theta_{ER} - \theta_{er} + c_{er}}{4}$$

$$D_{er} = \frac{(\theta_{er} - 2\theta_{ER})c_{er} + \theta_{er}(\theta_{ER} - \theta_{er})}{4\theta_{er}(\theta_{ER} - \theta_{er})}, D_{ER} = \frac{\theta_{ER} - \theta_{er} + c_{er}}{4(\theta_{ER} - \theta_{er})}$$

$$\pi_R=\frac{(4\theta_{ER}-3\theta_{er})c_{er}^2-6\theta_{er}(\theta_{ER}-\theta_{er})c_{er}+\theta_{er}(\theta_{ER}+3\theta_{er})(\theta_{ER}-\theta_{er})}{16\theta_{er}(\theta_{ER}-\theta_{er})},$$

$$\pi_P=\frac{(\theta_{ER}-\theta_{er}+c_{er})^2}{8(\theta_{ER}-\theta_{er})}$$

比较零售商引理3.3中只经营渠道er和同时经营渠道ER和er两种情况下零售商的最优利润，发现：

$$\pi_{R(只经营渠道er)}-\pi_{R(同时经营渠道er和ER)}=-\frac{(\theta_{ER}-\theta_{er}+c_{er})^2}{16(\theta_{ER}-\theta_{er})}<0$$

如果零售商选择同时经营渠道ER和er，则必须满足存在该情形均衡的条件。所以可得，当$c_{er}>[\theta_{er}(\theta_{ER}-\theta_{er})/2\theta_{ER}]-\theta_{er}$时，均衡结果如引理3.3①；当$c_{er}\leq[\theta_{er}(\theta_{ER}-\theta_{er})/2\theta_{ER}]-\theta_{er}$时，均衡结果如引理3.3②。揭示的管理意义为：在电商平台不自营、零售商自建平台的情况下，只要自建平台的成本足够低，零售商同时经营渠道er和ER时获利较多。如果成本不够低，零售商将会选择关闭ER渠道而只经营er渠道。

另外，分析零售商同时经营ER和er均衡存在的临界值$[\theta_{er}(\theta_{ER}-\theta_{er})/(2\theta_{ER}-\theta_{er})]$可知，该临界值随消费者对ER渠道接受程度的增加而递增。揭示的管理意义为：从均衡解可以看出，如果零售商关闭渠道ER，则对电商平台十分不利，而均衡存在的临界值随消费者对于渠道ER接受程度的增加而增加，所以此时电商平台可以通过提高服务质量而提高消费者对于渠道ER的接受程度的方法来提高临界值，从而避免零售商关闭渠道ER。

3.6 电商平台自营，零售商自建平台

电商平台自营、零售商也自建平台的情况下，零售商有两种选择：一是自建平台的同时，关闭平台渠道，如图3.4（a）所示；二是同时经营自建平台渠道和电商平台渠道，如图3.4（b）所示。

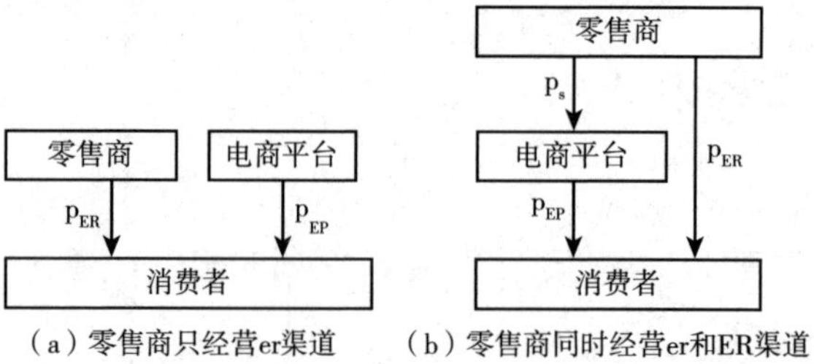

图 3.4　电商平台自营、零售商自建平台的结构

3.6.1　需求函数

（1）零售商只经营渠道 er。在本情境中，消费者可以从 er 和 EP 两种渠道进行购买，此时消费者将比较 U_{er} 和 U_{EP}，选择效用较大的渠道进行购买。因此，当 $U_{EP} \geqslant 0$ 且 $U_{EP} \geqslant U_{er}$ 时，消费者会从渠道 EP 购买；当 $U_{er} \geqslant 0$ 且 $U_{er} \geqslant U_{EP}$ 时，消费者会从渠道 er 购买。类似于前述情形，如果平台对自营产品的定价过高，将会导致渠道 EP 的需求为 0，电商平台必然不会如此定价；如果零售商对自建平台渠道的定价过高，将会导致渠道 er 的需求为 0，零售商也必然不会如此定价。所以，只讨论两个渠道的需求都为正的情况，易知此时定价满足：$p_{er}/\theta_{er} < p_{EP} \leqslant (p_{er} + 1 - \theta_{er})$。此时，

渠道 er 的需求函数为：

$$D_{er} = \frac{p_{EP} - p_{er}}{1 - \theta_{er}} - \frac{p_{er}}{\theta_{er}} \tag{3.16}$$

渠道 EP 的需求函数为：

$$D_{EP} = 1 - \frac{p_{EP} - p_{er}}{1 - \theta_{er}} \tag{3.17}$$

电商平台的利润函数为：

$$\pi_P = p_{EP}\left(1 - \frac{p_{EP} - p_{er}}{1 - \theta_{er}}\right) \tag{3.18}$$

零售商的利润函数为：

$$\pi_R = (p_{er} - c_{er})\left(\frac{p_{EP} - p_{er}}{1 - \theta_{er}} - \frac{p_{er}}{\theta_{er}}\right) \tag{3.19}$$

（2）零售商同时经营渠道 ER 和 er。在本情境中，消费者可以从 EP、ER 和 er 三种渠道进行购买，消费者将从三个渠道里面选择效用最高的渠道进行购买。类似于上一种情形，我们将只讨论三个渠道需求都为正的情况 $\{$即$[p_{ER} + (p_{ER} - p_{er})(1 - \theta_{ER})]/(\theta_{ER} - \theta_{er}) \leqslant p_{EP} \leqslant (p_{ER} + 1 - \theta_{ER})\}$，需求和利润函数如下：

渠道 ER 的需求函数为：

$$D_{ER} = \frac{p_{EP} - p_{ER}}{1 - \theta_{ER}} - \frac{p_{ER} - p_{er}}{\theta_{ER} - \theta_{er}} \tag{3.20}$$

渠道 er 的需求函数为：

$$D_{er} = \frac{p_{ER} - p_{er}}{\theta_{ER} - \theta_{er}} - \frac{p_{er}}{\theta_{er}} \tag{3.21}$$

渠道 EP 的需求函数为：

$$D_{EP} = 1 - \frac{p_{EP} - p_{ER}}{1 - \theta_{ER}} \tag{3.22}$$

电商平台的利润函数为：

$$\pi_P = p_{EP}\left(1 - \frac{p_{EP} - p_{ER}}{1 - \theta_{ER}}\right) + p_s\left(\frac{p_{ER} - p_{er}}{\theta_{ER} - \theta_{er}} - \frac{p_{er}}{\theta_{er}}\right) \tag{3.23}$$

零售商的利润函数为：

$$\pi_R = (p_{er} - c_{er})\left(\frac{p_{ER} - p_{er}}{\theta_{ER} - \theta_{er}} - \frac{p_{er}}{\theta_{er}}\right) + (p_{ER} - p_s)\left(\frac{p_{EP} - p_{ER}}{1 - \theta_{ER}} - \frac{p_{ER} - p_{er}}{\theta_{ER} - \theta_{er}}\right) \tag{3.24}$$

3.6.2　定价决策

（1）零售商只经营渠道 er。在本情境中，博弈顺序为：第一阶段，电商平台确定自营产品价格 p_{EP}；第二阶段，零售商确定 er 渠道的零售价格 p_{er}。逆向推导法可求解该博弈问题，即求解：

$$\underset{p_{EP}}{\text{Max}}\ \pi_P = p_{EP}\left(1 - \frac{p_{EP} - p_{er}}{1 - \theta_{er}}\right) \quad \text{s. t.}\ \underset{p_{er}}{\text{Max}}\ \pi_R = (p_{er} - c_{er})\left(\frac{p_{EP} - p_{er}}{1 - \theta_{er}} - \frac{p_{er}}{\theta_{er}}\right)$$

(2) 零售商同时经营渠道 er 和 ER。在本情境中，博弈顺序为：第一阶段，电商平台确定自营产品价格 p_{EP} 和服务价格 p_s；第二阶段，零售商确定 er 和 ER 渠道的零售价格 p_{er} 和 p_{ER}，进而通过逆向推导法求解该博弈问题，即求解：

$$\underset{p_{EP},p_s}{\text{Max}}\ \pi_P = p_{EP}\left(1 - \frac{p_{EP} - p_{ER}}{1 - \theta_{ER}}\right) + p_s\left(\frac{p_{ER} - p_{er}}{\theta_{ER} - \theta_{er}} - \frac{p_{er}}{\theta_{er}}\right)$$

$$\text{s. t.}\quad \underset{p_{er},p_{ER}}{\text{Max}}\ \pi_R = (p_{er} - c_{er})\left(\frac{p_{ER} - p_{er}}{\theta_{ER} - \theta_{er}} - \frac{p_{er}}{\theta_{er}}\right) + (p_{ER} - p_s)\left(\frac{p_{EP} - p_{ER}}{1 - \theta_{ER}} - \frac{p_{ER} - p_{er}}{\theta_{ER} - \theta_{er}}\right)$$

求解以上模型可得引理 3.4，如下：

引理 3.4 ①$c_{er} \leqslant 2\theta_{er}(1 - \theta_{er})/(4 - 3\theta_{er})$ 时，电商平台自营且零售商只经营自建平台渠道情形均衡解存在，且均衡结果如下：

$$p_{EP} = \frac{2 - 2\theta_{er} - c_{er}}{2(2 - \theta_{er})}, p_{er} = \frac{(4 - \theta_{er})c_{er} - 2\theta_{er}(1 - \theta_{er})}{4(2 - \theta_{er})}$$

$$D_{EP} = \frac{2 - 2\theta_{er} - c_{er}}{4(1 - \theta_{er})}, D_{er} = \frac{(3\theta_{er} - 4)c_{er} + 2\theta_{er}(1 - \theta_{er})}{4(2 - \theta_{er})(1 - \theta_{er})}$$

$$\pi_R = \frac{(3\theta_{er}c_{er} - 2\theta_{er}^2 - 4c_{er} + 2\theta_{er})^2}{16(2 - \theta_{er})^2(1 - \theta_{er})\theta_{er}}, \pi_P = \frac{(c_{er} - 2\theta_{er} + 2)^2}{8(2 - \theta_{er})(1 - \theta_{er})}$$

②$c_{er} \leqslant 2\theta_{er}(\theta_{ER} - \theta_{er})/(\theta_{ER}\theta_{er} - 2\theta_{er} - 4\theta_{ER})$ 时，电商平台自营且零售商同时经营电商平台渠道和自建平台情形存在均衡解，且均衡结果如下：

$$p_{EP} = \frac{2 - 2\theta_{er} + c_{er}}{2(1 - \theta_{er})}, p_s = \frac{(1 - \theta_{ER})c_{er} + 2(\theta_{er} - \theta_{ER})}{2(2 - \theta_{er})}$$

$$p_{er} = \frac{(4 - \theta_{er})c_{er} + 2\theta_{er}(1 - \theta_{er})}{4(2 - \theta_{er})}, p_{ER} = \frac{(2 - \theta_{er})\theta_{ER} + c_{er} - \theta_{er}}{2(2 - \theta_{er})}$$

$$D_{EP} = \frac{1}{2}, D_{ER} = \frac{c_{er}}{4(\theta_{ER} - \theta_{er})}, D_{er} = \frac{[(2 + \theta_{ER})\theta_{er} - 4\theta_{ER}]c_{er} + 2\theta_{er}(\theta_{ER} - \theta_{er})}{4(2 - \theta_{er})(\theta_{ER} - \theta_{er})}$$

$$\pi_R = \frac{[(8+\theta_{ER})\theta_{er}^2 - 12(1+\theta_{ER})\theta_{er} + 16\theta_{ER}]c_{er}^2}{16\theta_{er}(2-\theta_{er})^2(\theta_{ER}-\theta_{er})} + \frac{\theta_{er}[(3\theta_{er}-4)c_{er} + (1-\theta_{er})]}{4\theta_{er}(2-\theta_{er})^2},$$

$$\pi_P = \frac{(2-\theta_{ER})c_{er}^2 + 4(\theta_{ER}-\theta_{er})c_{er} + (1-\theta_{er})(\theta_{ER}-\theta_{er})}{8(2-\theta_{er})(\theta_{ER}-\theta_{er})}$$

分析引理3.4发现比较两种情境存在均衡的条件，零售商只经营渠道er时的临界值大于零售商同时经营渠道er和ER的临界值，即：

$$\frac{2\theta_{er}(1-\theta_{er})}{4-3\theta_{er}} - \frac{2\theta_{er}(\theta_{ER}-\theta_{er})}{\theta_{ER}\theta_{er}-2\theta_{er}-4\theta_{ER}} = \frac{2\theta_{er}^2(2-\theta_{er})(1-\theta_{er})}{(4\theta_{ER}-\theta_{ER}\theta_{er}+2\theta_{er})(4-3\theta_{er})} > 0$$

此结果说明，只要零售商同时经营渠道er和ER情境的均衡解存在，零售商只经营渠道er情境的均衡解就必定存在。另外，比较两种情境下零售商的利润可以发现，零售商同时经营渠道er和ER情境下零售商的利润始终大于零售商只经营er渠道情境下的利润，即：

$$\pi_{R(\text{同时经营渠道er和ER})} - \pi_{R(\text{只经营渠道er})} = \frac{(1-\theta_{er})c_{er}^2}{16(1-\theta_{er})(\theta_{ER}-\theta_{er})} > 0$$

综上所述可得，当 $c_{er} \leqslant 2\theta_{er}(\theta_{ER}-\theta_{er})/(\theta_{ER}\theta_{er}-2\theta_{er}-4\theta_{ER})$ 时，均衡结果如引理3.4②；当 $2\theta_{er}(\theta_{ER}-\theta_{er})/(\theta_{ER}\theta_{er}-2\theta_{er}-4\theta_{ER}) < c_{er} \leqslant 2\theta_{er}(1-\theta_{er})/(4-3\theta_{er})$ 时，均衡结果如引理3.4①所示。揭示的管理意义为：电商平台自营、零售商自建平台情况下，零售商自建平台成本偏低时，零售商会选择同时经营渠道er和ER以最大化自身利益。否则，由于只有零售商只经营渠道er情境的均衡解存在，所以零售商会选择只经营渠道er。

3.7 最终博弈结果分析

上述四种情境中涉及的价格决策问题属于短期决策问题，而渠道结构问题属于比较长期的决策。本部分将在求出四种情境下的利润均衡的基础上，进一步分析电商平台和零售商的渠道决策问题。首先分析电商平台和零售商的最终博弈结果；其次将最终结果与最初状态（电商平台不自营、零售商不自建平台）进行对比分析，以分析博弈结果策略是双赢还是囚徒困境，或是会达到其他特殊博弈状态。为方便分析，将引理中得到的均衡状态用n[n=1，2，3(1)，3(2)，4(1)，4(2)]表示，引理中得到的均衡存在临界成本值用c_{er}^{m}[m=3(2)，4(1)，4(2)]表示。经过分析，可以得到定理3.1~3.3（定理3.1~3.4的具体证明过程均见附录A)。

定理3.1 ①$c_{er} \leqslant c_{er}^{4(2)}$时，电商平台和零售商的最终博弈结果为电商平台自营，零售商同时经营电商平台渠道和自营平台渠道，且均衡结果如定理4②；

②$c_{er}^{4(2)} < c_{er} \leqslant c_{er}^{4(1)}$时，最终博弈结果为（电商平台自营，零售商只经营自建平台渠道)，且均衡结果如定理4①；

③$c_{er} > c_{er}^{4(1)}$时，若$\theta_{er} > \theta_{er1}$，$c < c_{er1}$，电商平台和零售商将陷入斗鸡博弈；若$\theta_{er} < \theta_{er1}$、$\theta_{er} > \theta_{er1}$且$c > c_{er1}$，最终博弈结果为电商平台自营，零售商不自建平台；其中，$\theta_{er1} \in (0, \theta_{ER})$，$c_{er1} = \theta_{er} - \sqrt{\theta_{ER}\theta_{er}}/2$。

定理3.1得出了不同条件下电商平台和零售商的最终博弈结果，接下来，将最终博弈结果与最初状态（电商平台不自营、零售商不自建平台）进行对比分析，可得定理3.2~3.4。

在$c_{er} \leqslant c_{er}^{4(2)}$的情况下，比较分析电商平台自营、零售商同时经营电商平台渠道和自营平台渠道和初始状态电商平台和零售商的收益，可得定理3.2，具体分析如下。

定理3.2 在$c_{er} \leqslant c_{er}^{4(2)}$的情况下，①满足以下任一条件时，$\pi_P^{4(2)} - \pi_P^1 > 0$：

$$\theta_{ER} < (3-\sqrt{5});\theta_{ER} > (3-\sqrt{5}),\theta_{er} < \theta_{er2};\theta_{ER} > (3-\sqrt{5}),\theta_{er2} < \theta_{er} < \theta_{er3},c_{er} > c_{er2}。$$

满足以下任一条件时，$\pi_P^{4(2)} - \pi_P^1 < 0$：

$$\theta_{ER} > (3-\sqrt{5}),\theta_{er} > \theta_{er3};\ \theta_{ER} > (3-\sqrt{5}),\theta_{er2} < \theta_{er} < \theta_{er3},c_{er} \leqslant c_{er2}$$

其中，$c_{er2} = [2(\theta_{er} - \theta_{ER}) + \sqrt{(2-\theta_{er})(\theta_{er}^2 - 6\theta_{er} + 4)(\theta_{er} + \theta_{ER})}]/(2-\theta_{ER})$，$\theta_{er2} = [2(2-\theta_{ER})]/(4-\theta_{ER})$，$\theta_{er3} = 4\theta_{ER}(2+\theta_{ER} - \sqrt{2\theta_{ER}})/(\theta_{ER}^2 + 2\theta_{ER} + 4)$。

②$\pi_R^{4(2)} - \pi_R^1 < 0$。

接着，在$c_{er}^{4(2)} \leqslant c_{er} < c_{er}^{4(1)}$的情况下，比较分析电商平台自营、零售商只经营自建平台渠道策略和初始策略电商平台和零售商的收益可得定理3.3。

定理 3.3　在 $c_{er}^{4(2)} \leqslant c_{er} < c_{er}^{4(1)}$ 的情况下，①满足以下任一条件时，$\pi_P^{4(1)} - \pi_P^1 > 0$：

$$\theta_{ER} > 0.92, \theta_{er4} < \theta_{er} \leqslant \theta_{er5}, c_{er} > c_{er3}; 0.76 < \theta_{ER} \leqslant 0.92, \theta_{er} > \theta_{er4},$$
$$c_{er} > c_{er3}; \theta_{ER} \leqslant 0.76;\ \theta_{ER} > 0.76, \theta_{er} < \theta_{er4}$$

满足以下任一条件时，$\pi_P^{4(1)} - \pi_P^1 < 0$：

$$\theta_{ER} > 0.92, \theta_{er4} < \theta_{er} \leqslant \theta_{er5}, c_{er} < c_{er3}; 0.76 < \theta_{ER} < 0.92,$$
$$\theta_{er} > \theta_{er4}, c_{er} < c_{er3}; \theta_{ER} > 0.92, \theta_{er} > \theta_{er5}$$

其中，$c_{er3} = 2\theta_{er} - 2 + \sqrt{\theta_{ER}(\theta_{er} - 1)(\theta_{er} - 2)}$，$\theta_{er5} = 4(3\theta_{ER} - 6 + \sqrt{4 - 2\theta_{ER}}) / (9\theta_{ER} - 16)$，$\theta_{er4} \in (0, \theta_{ER})$。

②$\pi_R^{4(1)} - \pi_R^1 < 0$。

为了更清晰地展现电商平台与零售商的博弈结果，综合定理 3.1 ~ 定理 3.3，可得电商平台与零售商的多渠道竞争策略博弈分析图，如图 3.5 所示。

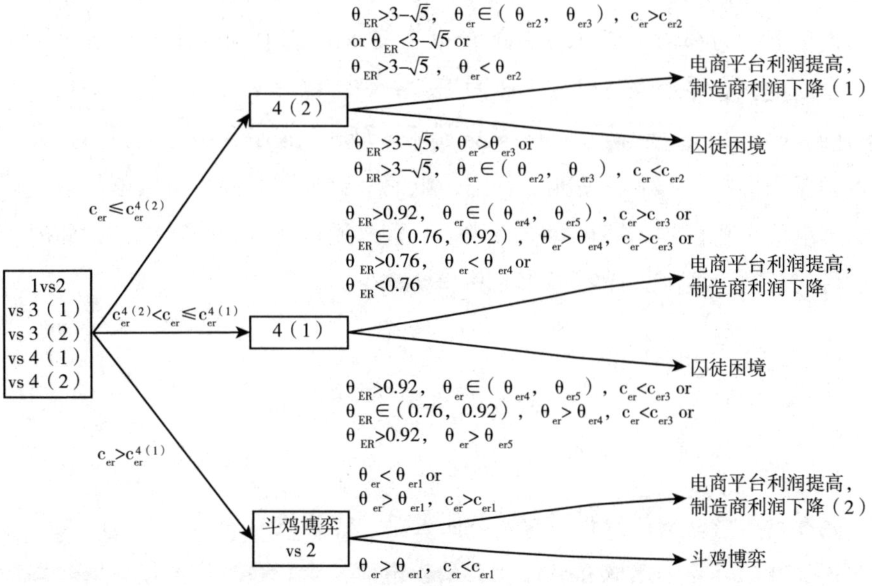

图 3.5　电商平台与零售商的多渠道竞争策略博弈均衡分析

由图 3.5 可知，$c_{er} \leqslant c_{er}^{4(2)}$ 时，最终博弈均衡为电商平台自营，零售商同时经营渠道 ER 和 er；此时，若 θ_{ER} 偏大且 θ_{er} 偏大，或 θ_{ER} 偏大且 θ_{er} 适中时 c_{er} 足

够小，电商平台和零售商将陷入囚徒困境。否则，电商平台的利润会增加，而零售商的利润会减少。$c_{er}^{4(2)} < c_{er} \leq c_{er}^{4(1)}$ 时，最终博弈均衡为电商平台自营，零售商只经营渠道 ER；此时，如果 θ_{ER} 偏大且 θ_{er} 偏大，或 θ_{ER} 偏大且 θ_{er} 适中时 c_{er} 足够小；或 θ_{ER} 适中且 θ_{er} 偏大时 c_{er} 足够小，电商平台和零售商将陷入囚徒困境。否则，电商平台的利润会增加，而零售商的利润会减少。$c_{er} > c_{er}^{4(1)}$ 时，当 θ_{er} 偏大且 c_{er} 偏小时，电商平台和零售商将陷入斗鸡博弈。否则，最终博弈均衡为电商平台自营，零售商自建平台；此时，电商平台的利润会增加，而零售商的利润会减少。

综上所述，定理 3.1～定理 3.3 揭示的管理意义为：当零售商自建平台成本较小时，电商平台与零售商渠道竞争的最终博弈均衡为电商平台自营，零售商自建平台且通过非自建平台销售；此时，如果零售商的两渠道的竞争力都强，电商平台和零售商将陷入囚徒困境。否则，电商平台的利润会增加，而零售商的利润会减少。自建平台成本适中时，电商平台与零售商渠道竞争的最终博弈均衡为电商平台自营，零售商只通过非自建平台销售；此时，如果零售商的两渠道竞争力都强、或非自建平台渠道竞争力适中但自建平台渠道竞争力强，电商平台和零售商将陷入囚徒困境。否则，电商平台的利润会增加，而零售商的利润会减少。自建平台成本偏高时，如果自建平台渠道竞争力强，电商平台和零售商将陷入斗鸡博弈。否则，电商平台与零售商渠道竞争的最终博弈均衡为电商平台自营，零售商不自建平台且只通过非自建平台销售；此时，电商平台的利润会增加，而零售商的利润会减少。

3.8 算　　例

此部分将借助数值分析对重要的研究结果进行更直观的展示，以及验证结论的正确性。首先，选取 $\theta_{ER}=0.8$，分析电商平台和零售商的最终博弈均衡策略，最终结果如图 3.6 所示。

当 $\theta_{ER}=0.8$ 时，易得，$c_{er}^{4(2)}=(5\theta_{er}^2-4\theta_{er})/(7\theta_{er}-8)$，$c_{er}^{4(1)}=[2\theta_{er}(\theta_{er}-1)]/(3\theta_{er}-4)$，$c_{er1}=\theta_{er}-\sqrt{\theta_{er}/5}$，$\theta_{er1}=0.53$。由图 3.6 可得，$c_{er}<c_{er}^{4(2)}$ 时，最终博

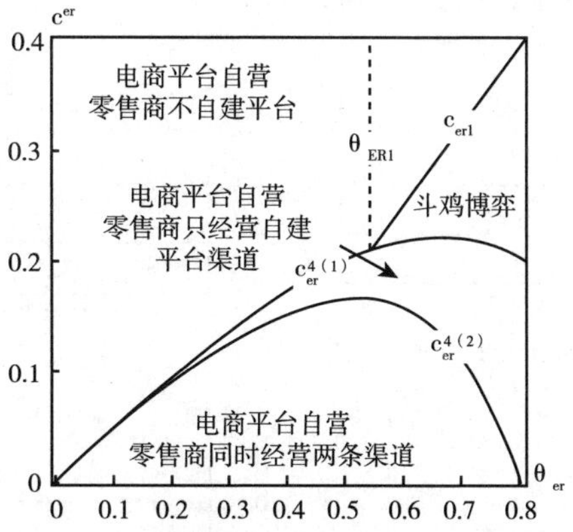

图 3.6　最终博弈均衡（$\theta_{ER}=0.8$ 时）

弈结果为电商平台自营，零售商既自建平台又在平台上销售；当$[(5\theta_{er}^2-4\theta_{er})/(7\theta_{er}-8)]<c_{er}<[2\theta_{er}(\theta_{er}-1)]/(3\theta_{er}-4)$时，最终博弈均衡为电商平台自营，零售商只经营自建平台渠道。当$\theta_{er}>0.53$且$c_{er}<(\theta_{er}-\sqrt{\theta_{er}/5})$时，电商平台和零售商将陷入斗鸡博弈。当$\theta_{er}>0.53$，或当$\theta_{er}>0.53$且$c_{er}>\theta_{er}-\sqrt{\theta_{er}/5}$时，电商平台和零售商的最终博弈均衡为电商平台自营，零售商不自建平台。

接下来分析当最终博弈均衡如引理 3.4②所示时，最终博弈均衡和初始状态相比较的结果，如图 3.7 所示。从图 3.7（a）可以看出，当$\theta_{ER}=0.75<(3-\sqrt{5})$时，$\pi_P^{4(2)}>\pi_P^1$，$\pi_R^{4(2)}<\pi_R^1$，电商平台利润升高，零售商利润下降。当$\theta_{ER}=0.8>(3-\sqrt{5})$时，$\theta_{er2}=0.75$，$\theta_{er3}=0.78$。从图 3.7（b）可以看出，此时，若$\theta_{ER}=0.8>(3-\sqrt{5})$且$\theta_{er}=0.5<0.75$，$\pi_P^{4(2)}>\pi_P^1$，$\pi_R^{4(2)}<\pi_R^1$，电商平台利润升高，零售商利润下降。从图 3.7（c）可以看出，此时若$\theta_{er}=0.79>0.78$，$\pi_P^{4(2)}<\pi_P^1$，$\pi_R^{4(2)}<\pi_R^1$，电商平台和零售商的利润都下降。从图 3.7（d）可以看出，此时若$\theta_{er}=0.76(0.75<\theta_{er}<0.79)$，存在一个临界值$c_{er2}(\theta_{ER}=0.8,\theta_{er}=0.76)=0.0076$，当$c_{er}<0.0076$时，$\pi_P^{4(2)}<\pi_P^1$，$\pi_R^{4(2)}<\pi_R^1$，电商平台和零售商的利润都下降；当$c_{er}>0.0076$时，$\pi_P^{4(2)}>\pi_P^1$，$\pi_R^{4(2)}<\pi_R^1$，电商平台利润升高，零售商利润下降。

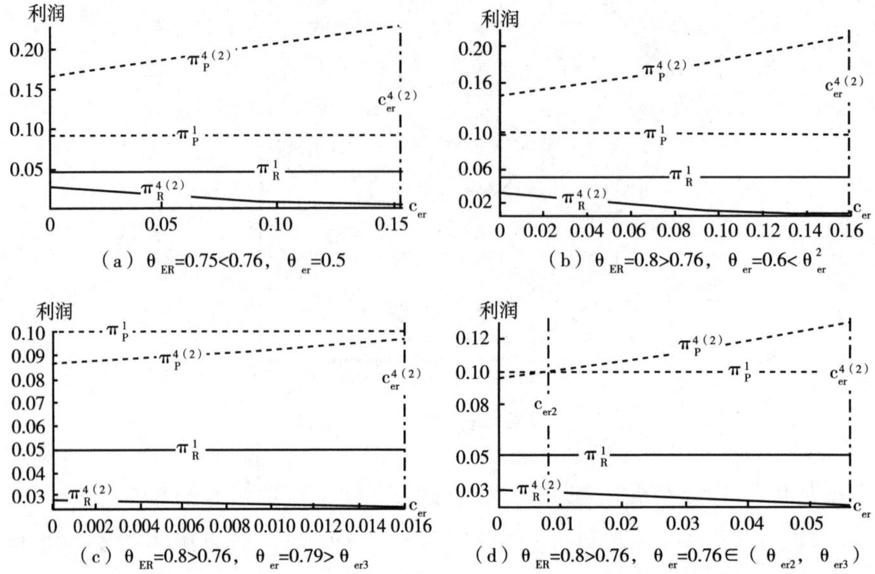

（a）θ_{ER}=0.75<0.76，θ_{er}=0.5　（b）θ_{ER}=0.8>0.76，θ_{er}=0.6<θ_{er}^2

（c）θ_{ER}=0.8>0.76，θ_{er}=0.79>θ_{er3}　（d）θ_{ER}=0.8>0.76，θ_{er}=0.76∈（θ_{er2}，θ_{er3}）

图 3.7　情形 4（2）与情形 1 的利润对比

图 3.8 表明了当最终博弈均衡如引理 3.4①所示时，最终博弈均衡和初始状态相比较的结果。从图 3.8（a）可以看出，当 $\theta_{ER}=0.95>0.92$，$\theta_{er}=0.9$（$0.87=\theta_{er4}<\theta_{er}<\theta_{er5}=0.91$）时，存在一个临界值 $c_{er3}=0.12$，当 $c_{er}<0.12$ 时，$\pi_P^{4(2)}<\pi_P^1$，$\pi_R^{4(2)}<\pi_R^1$，电商平台和零售商的利润都下降；当 $c_{er}>0.12$ 时，$\pi_P^{4(2)}>\pi_P^1$，$\pi_R^{4(2)}<\pi_R^1$，电商平台利润升高，零售商利润下降。从图 3.8（b）可以看出，$0.76<\theta_{ER}\leqslant 0.92$ 且 $\theta_{er}=0.85>\theta_{er}^4=0.83$ 时，存在一个临界值 $c_{er3}=0.094$，当 $c_{er}<0.094$ 时，$\pi_P^{4(2)}<\pi_P^1$，$\pi_R^{4(2)}<\pi_R^1$，电商平台和零售商的利润都下降；当 $c_{er}>0.094$ 时，$\pi_P^{4(2)}>\pi_P^1$，$\pi_R^{4(2)}<\pi_R^1$，电商平台利润升高，零售商利润下降。从图 3.8（c）可以看出，当 $\theta_{ER}<0.76$ 时，$\pi_P^{4(2)}>\pi_P^1$，$\pi_R^{4(2)}<\pi_R^1$，电商平台利润升高，零售商利润下降。从图 3.8（d）可以看出，当 $\theta_{ER}=0.9>0.76$ 且 $\theta_{er}=0.8<\theta_{er}^4=0.92$ 时，$\pi_P^{4(2)}>\pi_P^1$，$\pi_R^{4(2)}<\pi_R^1$，电商平台利润升高，零售商利润下降。从图 3.8（e）可以看出，当 $\theta_{ER}=0.95>0.92$ 且 $\theta_{er}=0.92>\theta_{er}^5=0.91$ 时，$\pi_P^{4(2)}<\pi_P^1$，$\pi_R^{4(2)}<\pi_R^1$，电商平台和零售商陷入囚徒困境。

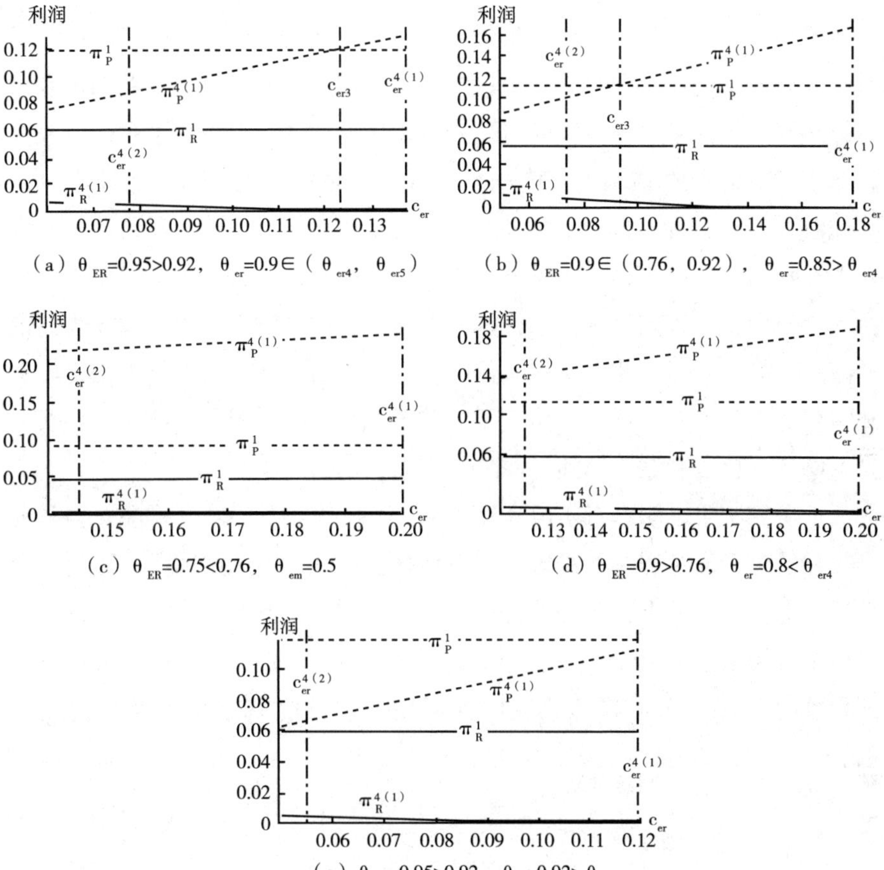

（a）$\theta_{ER}=0.95>0.92$，$\theta_{er}=0.9\in(\theta_{er4},\ \theta_{er5})$

（b）$\theta_{ER}=0.9\in(0.76,\ 0.92)$，$\theta_{er}=0.85>\theta_{er4}$

（c）$\theta_{ER}=0.75<0.76$，$\theta_{em}=0.5$

（d）$\theta_{ER}=0.9>0.76$，$\theta_{er}=0.8<\theta_{er4}$

（e）$\theta_{ER}=0.95>0.92$，$\theta_{er}=0.92>\theta_{er5}$

图3.8　情形4（1）与情形1的利润对比

3.9　本章小结

电商平台引入自营渠道与自己服务的零售商在零售市场竞争，以及零售商自建平台直接面对消费者的现象，已引起越来越多学者的极大关注。本章分别分析了电商平台不自营，零售商不自建平台；电商平台自营，零售商不自建平台；电商平台不自营，零售商自建平台；电商平台自营，零售商自建平台四种情境下电商平台和零售商的最优决策。在此基础上，利用博弈论基本原理，得到了电商平台和零售商的最终博弈结果，并对均衡策略进行了分析。

研究结果如下：第一，当零售商自建平台成本较小时，电商平台应自营，此时，零售商将自建平台且同时通过电商平台销售。而且，零售商的两条渠道竞争力都强，电商平台和零售商将陷入囚徒困境，否则，电商平台的利润会增加，而零售商的利润会减少。第二，当自建平台成本适中时，电商平台应自营，此时，零售商将不自建平台只通过平台销售。而且，如果零售商两条渠道竞争力都强，或电商平台销售渠道竞争力适中但自建平台渠道竞争力强，电商平台和零售商将陷入囚徒困境，否则，电商平台的利润会增加，而零售商的利润会减少。第三，当自建平台成本偏高时，零售商自建平台竞争力强，电商平台和零售商将陷入斗鸡博弈。电商平台应自营。此时，零售商将不自建平台，而且，电商平台的利润会增加，而零售商的利润会减少。

以上研究结果表明，对于电商平台来说，完全有动力自营产品，但是面对一个较强的零售商，容易与零售商两败俱伤，陷入“囚徒困境”。而对于零售商来说，电商平台的自营会分走自身的一部分利润，此时，零售商可以通过提高自建平台渠道产品质量或降低自建平台渠道运营成本等方法提高自身竞争力，将电商平台逼入斗鸡博弈或囚徒困境，迫使电商平台放弃自营或谈判让利。

第 4 章

自营物流型电商平台的多渠道竞争策略研究

4.1 引　言

电子商务离不开物流，为了提升竞争力，以京东商城、亚马逊为代表的部分电商平台企业建立了自己管理经营的物流体系，为消费者提供更快、更优质的物流服务。对于自营物流型电商平台而言，在销售方面，消费者在线购物意愿的不断提高，使得这些平台不再只做匹配买方和卖方的服务提供者，而开始加入竞争，自营产品，在自己的平台上与自己的客户争夺市场份额。在物流方面，这些平台在早期并没有向第三方卖家开放自营物流，而近些年来，他们中的一些平台相继向第三方卖家开放了自营物流。因此，考虑产品的控制因素和物流因素，存在四个潜在的分销渠道，即平台自营产品且自营物流配送渠道，例如，京东的自营产品大都通过自营物流配送；平台自营产品且外包物流配送渠道，例如，当当网的自营图书部分外包给申通等第三方物流进行配送；第三方卖家销售产品且自营物流配送渠道，例如，京东将自营物流开放给第三方卖家，第三方卖家可以通过其进行配送；第三方卖家销售产品且外包物流配送渠道，通过平台销售的大多数卖家均采用这种方式。不同的渠道会给客户带来不同的采购成本，不同的采购成本会影响客户的交付价值，影响客户对竞争产品的选择。因此，这就产生了一种新形式的渠道冲突，研究这种渠道冲突及自营物流型电商平台的销售模式和物流模式的最优决策具有现实及理论意义。

所以，本章重点探讨在“电商平台—零售商”在线平台销售模式中，考虑自营物流型电商平台有意自营，零售商有意通过自营物流型电商平台的自营物流进行配送时：在什么条件下自营物流型电商平台应自营产品？如果自营产品，在什么条件下自营物流型电商平台应用自营物流进行配送？在什么条件下自营物流型电商平台应将自营物流开放给零售商？如果开放自营物流给销售商，应该如何设计服务合约？

本章与供应链中渠道策略相关研究关系紧密，目前，零售商的渠道策略研究主要集中于研究零售商是否引入区别于制造商品牌的自有品牌与制造商形成竞争，以及零售商引入自有品牌对于上游制造商的影响，如米尔斯（Mills，1995）、米尔斯（Mills，1999）、赛曼等（Sayman et al.，2002）、崔等（Choi et al.，2006）、范小军和陈宏民（2011）、王华清和李静静（2011）、郭等（Kuo et al.，2013）、曹宗宏等（2015）、李海等（2016）、范小军等（2018）的研究。制造商的渠道策略研究主要集中于研究制造商是否建立直销渠道与零售商形成竞争，以及制造商开通直销渠道对于下游零售商的影响，如姜等（Chiang et al.，2003）、阿丽雅等（Arya et al.，2007）、蔡刚书等（Cai Gangshu et al.，2009）、刘元尚和李银奎（Weon Sang Yoo and Eunkyu Lee，2011）、陈云晨（Chen Yunchen，2013）、赵连霞（2015）、范小军等（2016）的研究。但上述文献大都只涉及两种渠道间的竞争且仅针对制造商和零售商组成的供应链展开研究，所以，相对于上述文献本章的贡献在于，考虑自营物流型电商平台的特性研究了四种渠道间的竞争行为（两个由电子商务平台控制，两个由零售商控制），是对渠道策略文献的补充和扩展。

另外，本章涉及电商平台的经营策略问题。目前已有一些研究与本章一样从供应链角度对电商平台经营策略进行内生化讨论。例如，瑞安等（Ryan et al.，2012）、科沃克等（Kwark et al.，2014）、陈等（Chen et al.，2015）、阿布舍克等（Abhishek et al.，2016）、科沃克等（Kwark et al.，2017）、田等（Tian et al.，2018）、王玉燕等（2018）等的研究。但上述文献都只研究了电商平台的经营策略，对自营物流型电商平台的研究极少，所以，相对于上述文献本章的贡献在于，研究了自营物流型电商平台的销售和物流策略。

4.2 问题描述和假设

在“电商平台—零售商”在线平台销售模式中，考虑自营物流型电商平台有意自营，零售商有意通过自营物流型电商平台的自营物流进行配送，假设如下：

（1）电商平台可以通过自己的平台销售或者不销售产品，如果销售的话，平台可以选择用外包物流进行配送（渠道 ep），或者就用自营物流进行配送（渠道 EP）。零售商可以通过未自营物流型平台销售（渠道 er），或者选择通过自营物流型平台进行销售（渠道 ER），或者同时通过两条渠道销售，具体如表 4.1 所示。假设零售商选择自营物流型平台销售就会选择自营物流对产品进行配送，此时需向平台支付固定服务费（k）和单位服务费（p_s）。

表 4.1 渠道汇总

项目		销售方	
		电商平台	零售商
物流方	自营物流	渠道 EP	渠道 ER
	外包物流	渠道 ep	渠道 er

（2）$T_i(i \in \{EP, ep, ER, er\})$代表渠道 i 的网购心理成本，且进一步假设 $T_{EP} < T_{ER} < T_{er}$、$T_{EP} < T_{ep} < T_{er}$。这么假设的原因主要有两方面，一方面，外包物流与自营物流相比，自营物流会产生较少的网购心理成本。古普塔等（Gupta et al.，2004）发现消费者网购心理成本与配送时间和渠道风险相关。在现实商业活动中不难发现，自营物流一般快于外包物流。比如前面提到的京东商城的自营物流可以在 24 小时内将货物送达。而类似于圆通、申通等大多外包物流，需两到三天才能将货物送达。另一方面，平台自营产品和零售商产品相比，自营产品会产生较少的网购心理成本。这是鉴于电商平台在在线销售环节具有绝对优势，且消费者更信任平台自营产品，所以消费者更倾向于在电商平台上购买（Ryan et al.，2012）。

（3）消费者在网上购物心理成本方面存在不同的边际效用 β（Liang and

Huang, 1998), β 均匀分布在 [0, 1]。越高的 β 值代表越高的边际网购心理成本。所以，消费者购买渠道 i 的产品，将会产生 βT_i 的负效用。另外，用 v 来表示消费者的保留效用，并且假设它足够大，可以保证市场上始终有需求。因此，消费者购买各个渠道的产品时效用分别为：

$$U_i = V_i - p_i, 其中\ V_i = v - \beta T_i, i = ep, EP, er, ER。$$

(4) 消费者购买由自营物流配送的渠道的产品时（即渠道 ER 和 EP），电商平台将会产生 L_s 的单位成本。由于自营物流的高速度和高质量，所以其成本一般都高于外包物流，所以，类似于瑞安等（Ryan et al., 2012）的处理方法，为了简化，假设渠道 er 和 ep 的成本为 0。

(5) 每个客户最多只能通过一个渠道购买，且他们是策略性的，他们会选择带来最高效用的渠道进行购买。

本章符号及释义如表 4.2 所示。

表 4.2　　符号释义

符号	释义	符号	释义
EP	电商平台自营渠道	ER	零售商通过电商平台销售渠道
er	零售商自建平台渠道	T_i	渠道 i 的网购心理成本，i = er，ER，EP
v	消费者的保留效用	β	网上购物心理成本方边际效用
p_i	渠道 i 的产品定价，i = er，ER，EP	p_s	电商平台服务价格
U_i	渠道 i 的消费者效用，i = er，ER，EP	L_s	自营物流单位成本

4.3　决策顺序

在本节中，将详细描述模型中事件和决策的顺序，如图 4.1 所示。首先，自营物流型电商平台决定是否自营产品。

(1) 如果自营物流型电商平台选择不自营产品，那么平台必须决定是否向第三方卖家开放自营物流。

①如果电商平台不开放自营物流，此时只有一种可能情形，只有渠道 er 有需求（0r 情形）。在此情形下，零售商需制订价格 p_{er}，而电商平台将无法从

零售商处获利。

②如果电商平台开放自营物流，此时有两种可能情形：一种为只有渠道 ER 有需求（R0 情形）；另一种为渠道 er 和 ER 都有需求（Rr 情形）。在这种情况下，由于平台向零售商提供服务，所以平台是领导者，这意味着平台在决策中起主导作用，然后零售商根据平台的决策作出决策。因此，决策顺序如下：

第一步，电商平台决策服务合同参数（k 和 p_s）；

第二步，零售商决定是否接受合同，若不接受，则决策价格为 p_{er}；若接受且不经营 er 渠道，则决策价格为 p_{ER}；若接受且经营 ER 渠道，则决策价格为 p_{er}和 p_{ER}。

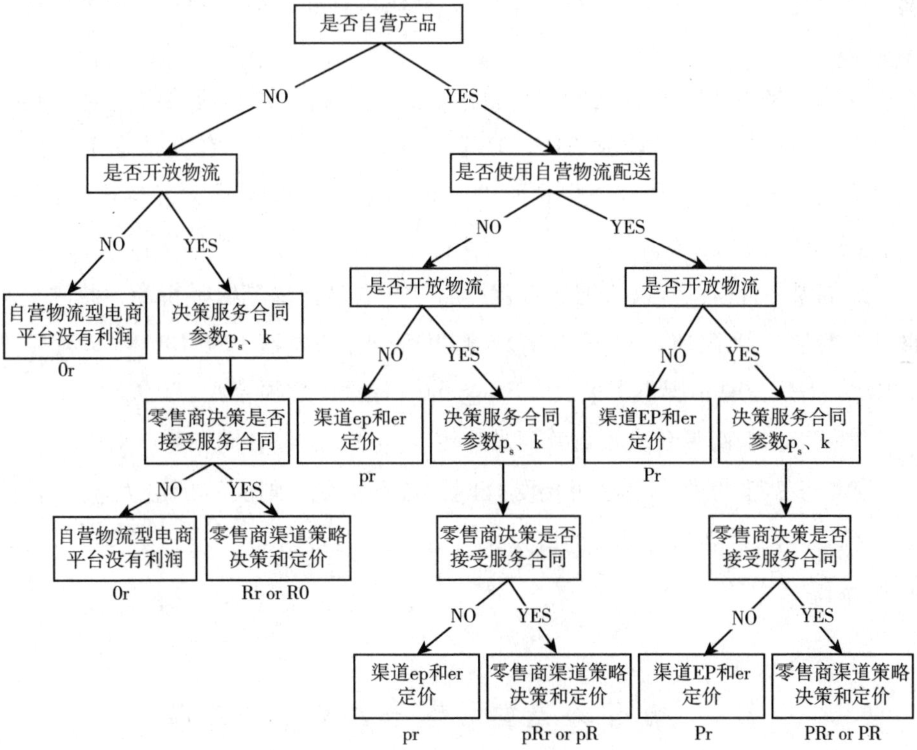

图 4.1 事件决策的顺序

（2）如果自营物流型电商平台选择自营产品，那么平台必须决定自营产品是否用自营物流配送，以及是否向第三方卖家开放自营物流。

①如果平台不用自营物流配送自营产品且不开放自营物流，此时只有一种可能情形，即渠道 ep 和 er 有需求（pr 情形）。在此情形下，由于零售商没有通过电商平台销售，所以电商平台和零售商将同时分别决策各自的价格，即 p_{ep}和 p_{er}。

②如果平台不用自营物流配送自营产品但开放自营物流给零售商，此时有两种可能情形：渠道 ep 和 ER 有需求（pR 情形）；渠道 ep、ER 和 er 都有需求（pRr 情形）。此情形下，平台为 Stackelberg 模型领导者，决策顺序如下：

第一步，电商平台决策自营商品售价（p_{ep}）、服务合同参数（k 和 p_s）；

第二步，零售商决定是否接受合同，若不接受，则决策价格为 p_{er}；若接受且不经营 er 渠道，则决策价格为 p_{ER}；若接受且经营 er 渠道，则决策价格为 p_{er}和 p_{ER}。

③如果平台用自营物流配送自营产品且不开放自营物流给零售商，此时只有一种可能情形，即渠道 EP 和 er 有需求（Pr 情形）。在此情形下，由于零售商没有通过电商平台销售，所以平台和零售商将同时决策各自的价格，即 p_{EP}和 p_{er}。

④如果平台用自营物流配送自营产品且开放自营物流给零售商，此时有两种可能情形：渠道 EP 和 ER 有需求（PR 情形）；渠道 EP、ER 和 er 有需求（PRr 情形）。这种情况下，平台为 Stackelberg 模型中的领导者，决策顺序如下：

第一步，电商平台决策自营商品售价（p_{EP}）、服务合同参数（k 和 p_s）；

第二步，零售商决定是否接受合同，若不接受，则决策价格为 p_{er}；若接受且不经营 er 渠道，则决策价格为 p_{ER}；若接受且经营 er 渠道，则决策价格为 p_{er}和 p_{ER}。

4.4 自营物流型电商平台不自营产品

此部分将分析自营物流型电商平台不自营产品的情况。首先，假设自营物流型电商平台不向零售商开放自营物流；其次，分析自营物流型电商平台向零售商开放物流的情况。

4.4.1　自营物流型电商平台不开放自营物流

在此情形下，市场上仅有 er 渠道的产品在销售，所以，仅当消费者购买零售商的产品获得的净效用非负（$U_{er}>0$）时，才会购买。所以，渠道 er 的需求为：

$$D_{er}^{0r}=\frac{v-p_{er}}{T_{er}} \tag{4.1}$$

零售商以自身利益最大化为目标决策产品 er 的销售价格 p_{er}，得到优化问题如下：

$$\underset{p_{er}}{Max}\ \pi_R^{0r}=p_{er}\frac{v-p_{er}}{T_{er}} \tag{4.2}$$

求解此模型，可得引理 4.1。

引理 4.1　0r 情形下，零售商的均衡价格为 $p_{er}^{0r}=v/2$，均衡利润为 $\pi_{er}^{0r}=v^2/4T_{er}$，$\pi_P^{0r}=0$。

自营物流型电商平台不自营产品时，0r 情形下零售商获得的均衡利润将作为零售商在决策是否通过自营物流型电商平台销售（即是否接受电商平台服务合约开通渠道 ER）时的基准利润，如果零售商获取的利润低于 π_R^{0r}，零售商将不会通过自营物流型电商平台进行销售。

4.4.2　自营物流型电商平台开放自营物流

如图 4.1 所示，自营物流型电商平台不自营产品且开放自营物流给零售商时，可能出现两种情形：R0 和 Rr 情形。

（1）R0 情形。在此情形下，市场上仅有 ER 渠道的产品在销售，所以，仅当消费者购买零售商的产品获得的净效用非负（$U_{ER}>0$）时，才会购买。所以，渠道 ER 的需求为：

$$D_{ER}=\frac{v-p_{ER}}{T_{ER}} \tag{4.3}$$

根据4.3中决策顺序的分析可知，通过求解以下模型可得出此情形下的均衡：

$$\underset{p_s,k}{Max}\ \pi_P^{R0} = (p_s - L_s)\frac{v - p_{ER}}{T_{ER}} + k \quad s.t.\ \underset{p_{ER},p_{er}}{Max}\ \pi_R^{R0} = (p_{ER} - p_s)\frac{v - p_{ER}}{T_{ER}} - k, \pi_R \geq \pi_R^{0r} \tag{4.4}$$

求解此模型，可得引理4.2。

引理4.2 $L_s < v(T_{er} - \sqrt{T_{ER}T_{er}})/T_{er}$时，为了同时保证零售商会接受R0情形及自身利益最大化，自营物流型电商平台的最优合约参数如下：

$$p_s^{R0} = L_s, k^{R0} = \frac{(v - L_s)^2}{4} - \frac{v^2}{4T_{er}}$$

电商平台与零售商的均衡利润如下：

$$\pi_P^{R0} = \frac{(v - L_s)^2 T_{er} - v^2 T_{ER}}{4T_{ER}}, \pi_R^{R0} = \frac{v^2}{4T_{er}}$$

引理4.2揭示的管理意义为：只有在自营物流单位成本足够小的时候，R0情形的均衡才存在，否则自营物流型电商平台将无利可图，进而不会开放自营物流给零售商。

（2）Rr情形。此时，消费者既可以从渠道ER购买，也可以从渠道er购买，消费者则会根据所获效用的大小作出购买选择，引用姚等（Yao et al.，2012）的分析方法，选择的依据为Max(U_{ER}，U_{er}，0)，有以下情况：一是$U_{ER}<0$且$U_{er}<0$，消费者不购买任何产品；二是$U_{ER} \geq U_{er}$且$U_{ER} \geq 0$，消费者购买渠道ER的产品；三是$U_{er} \geq U_{ER}$且$U_{er} \geq 0$，消费者购买渠道er的产品。所以，可得到两渠道的产品需求函数为：

$$<D_{ER}, D_{er}> = \begin{cases} <\frac{v - p_{ER}}{T_{ER}}, 0> & \text{if } p_{ER} < p_{er} \\ <\frac{v - p_{ER}}{T_{ER}} - \frac{p_{ER} - p_{er}}{T_{er} - T_{ER}}, \frac{p_{ER} - p_{er}}{T_{er} - T_{ER}}> & \text{if } p_{er} \leq p_{ER} \leq \left[v - \frac{T_{ER}}{T_{er}}(v - p_{er})\right] \\ <0, \frac{v - p_{er}}{T_{er}}> & \text{if } \left[v - \frac{T_{ER}}{T_{er}}(v - p_{er})\right] < p_{ER} \end{cases}$$

当电商平台定价偏高$\{[v-T_{ER}(v-p_{er})]/T_{er}<p_{ER}\}$或偏低（$p_{ER}<p_{er}$）时，均无法保证渠道 ER 和 er 都有需求。所以，本部分只研究平台定价适中的情况，即定价满足 $p_{er}\leqslant p_{ER}\leqslant[v-T_{ER}(v-p_{er})]/T_{er}$。此时：

$$D_{ER}^{Rr}=\frac{v-p_{ER}}{T_{ER}}-\frac{p_{ER}-p_{er}}{T_{er}-T_{ER}} \tag{4.5}$$

$$D_{er}^{Rr}=\frac{p_{ER}-p_{er}}{T_{er}-T_{ER}} \tag{4.6}$$

根据 4.3 中决策顺序的分析可知，通过求解以下模型可得出此情形下的均衡：

$$\begin{aligned}
&\underset{p_s,k}{\text{Max}}\ \pi_P^{Rr}=(p_s-L_s)\left(\frac{v-p_{ER}}{T_{ER}}-\frac{p_{ER}-p_{er}}{T_{er}-T_{ER}}\right)+k\\
&\text{s. t.}\ \underset{p_{ER},p_{er}}{\text{Max}}\ \pi_R^{Rr}=(p_{ER}-p_s)\left(\frac{v-p_{ER}}{T_{ER}}-\frac{p_{ER}-p_{er}}{T_{er}-T_{ER}}\right)+p_{er}\frac{p_{ER}-p_{er}}{T_{er}-T_{ER}}-k\\
&\qquad \pi_R\geqslant\pi_{er}^{0r}
\end{aligned} \tag{4.7}$$

求解此模型，可得引理 4.3。

引理 4.3　$L_s<v(T_{er}-T_{ER})/T_{er}$时，为了同时保证零售商会接受服务合约及自身利益最大化，自营物流型电商平台的最优合约参数如下：

$$p_s^{Rr}=L_s,k^{Rr}=\frac{vT_{ER}(v-2L_s)-(v-L_s)^2T_{er}}{4T_{ER}(T_{ER}-T_{er})}-\frac{1}{4T_{er}}v^2$$

电商平台与零售商的均衡利润如下：

$$\pi_P^{Rr}=\frac{[vT_{ER}-(v-L_s)T_{er}]^2}{4T_{ER}T_{er}(T_{er}-T_{ER})},\pi_R^{Rr}=\frac{1}{4T_{er}}v^2$$

引理 4.3 及其证明过程揭示的管理意义为：要保证 Rr 情形的均衡存在，需自营物流单位成本足够小，否则零售商通过自营物流型电商平台销售将无利可图，进而不会选择增加渠道 ER。

4.5　自营物流型电商平台自营产品

此部分将分析自营物流型平台自营产品的情况。在自营物流型电商平台不用和用自营物流配送自营产品（即平台通过渠道 e 和 E 销售）两种情形下，分别分析开放和不开放第三方物流给零售商两种情况下的均衡决策。

4.5.1 自营物流型电商平台不用自营物流配送

此部分先分析自营物流型电商平台不用自营物流配送自营产品，即平台通过渠道 e 销售情形。类似于章节 4.4，先讨论平台不开放自营物流给零售商情况，再讨论开放自营物流给零售商的情况。

（1）自营物流型电商平台不开放自营物流（pr 情形）。此时，消费者既可以从渠道 ep 购买，也可以从渠道 er 购买，消费者则会根据所获效用的大小作出购买选择，选择的依据为 $\mathrm{Max}(U_{ep}, U_{er}, 0)$。所以，类似于 Rr 情形的分析，可得到两渠道的产品需求函数为：

$$
<D_{ep}, D_{er}> = \begin{cases} <\dfrac{v-p_{ep}}{T_{ep}}, 0> & \text{if } \; p_{ep} < p_{er} \\ <\dfrac{v-p_{ep}}{T_{ep}} - \dfrac{p_{ep}-p_{er}}{T_{er}-T_{ep}}, \dfrac{p_{ep}-p_{er}}{T_{er}-T_{ep}}> & \text{if } \; p_{er} \leqslant p_{ep} \leqslant \left[v - \dfrac{T_{ep}}{T_{er}}(v-p_{er})\right] \\ <0, \dfrac{v-p_{er}}{T_{er}}> & \text{if } \; \left[v - \dfrac{T_{ep}}{T_{er}}(v-p_{er})\right] < p_{ep} \end{cases} \tag{4.8}
$$

根据 4.3 中决策顺序的分析可知，在此情形下，电商平台不再是 Stackelberg 模型中的领导者，电商平台和零售商同时决策，所以，求解以下模型可得出此情形下的均衡：

$$
\begin{cases} \underset{p_{er}}{\mathrm{Max}} \; \pi_R = p_{er} D_{er} \\ \underset{p_{ep}}{\mathrm{Max}} \; \pi_P = p_{ep} D_{ep} \end{cases} \tag{4.9}
$$

求解此模型，可得引理 4.4。

引理 4.4 pr 情形存在唯一均衡，均衡结果如下：

$$
p_{ep}^{pr} = \frac{2v(T_{er}-T_{ep})}{4T_{er}-T_{ep}}, p_{er}^{pr} = \frac{v(T_{er}-T_{ep})}{4T_{er}-T_{ep}}, \pi_P^{pr} = \frac{4v^2(T_{er}-T_{ep})T_{er}}{(4T_{er}-T_{ep})^2 T_{ep}}, \pi_R^{pr} = \frac{v^2(T_{er}-T_{ep})}{(4T_{er}-T_{ep})^2}
$$

由引理4.4可得，pr情形存在唯一均衡，且此均衡一直存在。类似于章节4.4，当自营型电商平台自营产品但不用自营物流进行配送时，pr情形下零售商获得的均衡利润将作为零售商在决策是否通过自营物流型电商平台销售（即是否接受电商平台服务合约）时的基准利润，如果零售商获取的利润低于π_R^{pr}，零售商将不会通过自营物流型电商平台进行销售。

（2）自营物流型电商平台开放自营物流。自营物流型电商平台自营产品但不用自营物流配送自营产品的情况下，开放自营物流给零售商使用时，可能出现两种情形：pR和pRr情形。

①pR情形。此时，消费者既可以从渠道ep购买，也可以从渠道ER购买，消费者会根据所获效用的大小作出购买选择，选择的依据为$\mathrm{Max}(U_{ep}, U_{ER}, 0)$。所以，类似于Rr情形的分析，可得到两渠道的产品需求函数为：

$T_{ep} \leq T_{ER}$时，渠道ER和ep的产品需求函数分别为：

$$D_{ER} = \frac{p_{ER} - p_{ep}}{T_{ep} - T_{ER}} \tag{4.10}$$

$$D_{ep} = \frac{v - p_{ep}}{T_{ep}} - \frac{p_{ER} - p_{ep}}{T_{ep} - T_{ER}} \tag{4.11}$$

此时，为了保证渠道ER和ep的产品需求都为正，需满足$p_{ep} < p_{ER} < [v - (T_{ER}v - p_{ep})]/T_{ep}$。

根据4.3中决策顺序的分析可知，通过求解以下模型可得出此情形下的均衡：

$$\max_{p_{ep}, p_s, k} \pi_P^{pR} = (p_s - L_s)\frac{p_{ER} - p_{ep}}{T_{ep} - T_{ER}} + p_{ep}\left(\frac{v - p_{ep}}{T_{ep}} - \frac{p_{ER} - p_{ep}}{T_{ep} - T_{ER}}\right) + k$$

$$\text{s.t.} \begin{cases} \max\limits_{p_{ER}} \pi_R^{pR} = (p_{ER} - p_s)\dfrac{p_{ER} - p_{ep}}{T_{ep} - T_{ER}} - k \\ \pi_R^{pR} \geq \pi_R^{pr} \end{cases} \tag{4.12}$$

$T_{ep} > T_{ER}$时，渠道EM和ep的产品需求函数分别为：

$$D_{ER} = \frac{v - p_{ER}}{T_{ER}} - \frac{p_{ER} - p_{ep}}{T_{ep} - T_{ER}} \tag{4.13}$$

$$D_{ep} = \frac{p_{ER} - p_{ep}}{T_{ep} - T_{ER}} \tag{4.14}$$

此时，为了保证渠道 ER 和 ep 的产品需求都为正，需满足 $p_{ep} < p_{ER} < [v - (T_{ER}v - p_{ep})]/T_{ep}$。

根据 4.3 中决策顺序的分析可知，通过求解以下模型可得出此情形下的均衡：

$$\begin{aligned} &\underset{p_{ep},p_s,k}{\text{Max}}\ \pi_P^{pR} = (p_s - L_s)\left(\frac{v - p_{ER}}{T_{ER}} - \frac{p_{ER} - p_{ep}}{T_{ep} - T_{ER}}\right) + p_{ep}\frac{p_{ER} - p_{ep}}{T_{ep} - T_{ER}} + k \\ &\text{s. t.} \begin{cases} \underset{pER}{\text{Max}}\ \pi_R^{pR} = (p_{ER} - p_s)\left(\frac{v - p_{ER}}{T_{ER}} - \frac{p_{ER} - p_{ep}}{T_{ep} - T_{ER}}\right) - k \\ \pi_R^{pR} \geqslant \pi_R^{pr} \end{cases} \end{aligned} \tag{4.15}$$

求解模型（4.12）和模型（4.15），可得 pR 情形的均衡，如引理 4.5 所示。

引理 4.5　$T_{ep} > T_{ER}$ 且 $L_s < v(T_{ep} - T_{ER})/T_{ep}$ 时，为了同时保证零售商会接受 pR 情形及自身利益最大化，自营物流型电商平台的最优合约参数如下：

$$p_s^{pR} = \frac{2L_sT_{ep} + vT_{ER}}{2T_{ep}},\ k^{pR} = \frac{[vT_{ER} - T_{ep}(v - L_s)]^2}{T_{ep}T_{ER}(T_{ep} - T_{ER})} - \frac{v^2(T_{ER} - T_{ep})}{(4T_{ER} - T_{ep})^2}$$

电商平台与零售商的均衡利润如下：

$$\pi_P^{pR} = \frac{vT_{ER}(v - 2L_s) - T_{ep}(v - L_s)^2}{4T_{ER}(T_{ER} - T_{ep})} - \frac{v^2(T_{ER} - T_{ep})}{(4T_{ER} - T_{ep})^2},\ \pi_R^{pR} = \frac{v^2(T_{ER} - T_{ep})}{(4T_{ER} - T_{ep})^2}$$

引理 4.5 及其证明过程揭示的管理意义为：为确保 pR 情形存在均衡，需渠道 ER 的网购心理成本低于渠道 er 的网购心理成本，且自营物流的单位成本足够低，否则零售商将不会接受服务合约。

②pRr 情形。pRr 情形下，消费者有三种购买商品渠道可选择，渠道 ep、ER 和 er，消费者会根据所获效用的大小作出购买选择，选择的依据为 Max $(U_{ep}, U_{ER}, U_{er}, 0)$。所以，类似于 pR 情形的分析，可得到三渠道的产品需求函数为：

$T_{ep} \leqslant T_{ER}$ 时，三渠道的产品需求函数分别为：

$$D_{ep} = \frac{v - p_{ep}}{T_{ep}} - \frac{p_{ER} - p_{ep}}{T_{ep} - T_{ER}} \tag{4.16}$$

$$D_{ER}=\frac{p_{ER}-p_{ep}}{T_{ep}-T_{ER}}-\frac{p_{er}-p_{ER}}{T_{ER}-T_{er}} \tag{4.17}$$

$$D_{er}=\frac{p_{er}-p_{ER}}{T_{ER}-T_{er}} \tag{4.18}$$

此时，为了保证三渠道的产品需求都为正，需满足 $0<\frac{p_{er}-p_{ER}}{T_{ER}-T_{er}}<\frac{p_{ER}-p_{ep}}{T_{ep}-T_{ER}}<\frac{v-p_{ep}}{T_{ep}}$。

根据4.3中决策顺序的分析可知，通过求解以下模型可得出此情形下的均衡：

$$\begin{aligned}&\underset{p_{ep},p_s,k}{\operatorname{Max}}\ \pi_P^{pRr}=(p_s-L_s)\left(\frac{p_{ER}-p_{ep}}{T_{ep}-T_{ER}}-\frac{p_{er}-p_{ER}}{T_{ER}-T_{er}}\right)+p_{ep}\left(\frac{v-p_{ep}}{T_{ep}}-\frac{p_{ER}-p_{ep}}{T_{ep}-T_{ER}}\right)+k\\&\text{s.t.}\begin{cases}\underset{p_{ER},p_{er}}{\operatorname{Max}}\ \pi_R^{pRr}=(p_{ER}-p_s)\left(\frac{p_{ER}-p_{ep}}{T_{ep}-T_{ER}}-\frac{p_{er}-p_{ER}}{T_{ER}-T_{er}}\right)+p_{er}\frac{p_{er}-p_{ER}}{T_{ER}-T_{er}}-k\\ \pi_R^{pRr}\geqslant\pi_R^{pr}\end{cases}\end{aligned} \tag{4.19}$$

$T_{ep}>T_{ER}$时，三渠道的产品需求函数分别为：

$$D_{ep}=\frac{p_{ER}-p_{ep}}{T_{ep}-T_{ER}}-\frac{p_{er}-p_{ep}}{T_{ep}-T_{er}} \tag{4.20}$$

$$D_{ER}=\frac{v-p_{ER}}{T_{ER}}-\frac{p_{ER}-p_{ep}}{T_{ep}-T_{ER}} \tag{4.21}$$

$$D_{er}=\frac{p_{er}-p_{ep}}{T_{ep}-T_{er}} \tag{4.22}$$

此时，为了保证三渠道的产品需求都为正，需满足 $0<\frac{p_{er}-p_{ep}}{T_{ep}-T_{er}}<\frac{p_{ER}-p_{ep}}{T_{ep}-T_{ER}}<\frac{v-p_{ER}}{T_{ER}}$。根据4.3中决策顺序的分析可知，通过求解以下模型可得出此情形下的均衡：

$$\underset{p_{ep},p_s,k}{\operatorname{Max}}\ \pi_P^{pRr}=(p_s-L_s)\left(\frac{v-p_{ER}}{T_{ER}}-\frac{p_{ER}-p_{ep}}{T_{ep}-T_{ER}}\right)+p_{ep}\left(\frac{p_{ER}-p_{ep}}{T_{ep}-T_{ER}}-\frac{p_{er}-p_{ep}}{T_{ep}-T_{er}}\right)+k$$

$$\text{s.t.}\begin{cases}\underset{p_{ER},p_{er}}{\mathrm{Max}}\ \pi_R^{pRr}=(p_{ER}-p_s)\left(\dfrac{v-p_{ER}}{T_{ER}}-\dfrac{p_{ER}-p_{ep}}{T_{ep}-T_{ER}}\right)+p_{er}\dfrac{p_{er}-p_{ep}}{T_{ep}-T_{er}}-k \\ \pi_R^{pRr}\geqslant\pi_R^{pr}\end{cases}\tag{4.23}$$

求解模型（4.19）和模型（4.23），可得 pR 情形的均衡，如引理 4.6 所示。

引理 4.6 $T_{ep}>T_{ER}$且$v(T_{ER}-T_{ep})/(3T_{ep}-4T_{er})<L_s<v(T_{ep}-T_{ER})/T_{ep}$时，为了同时保证零售商会接受 pRr 情形及自身利益最大化，自营物流型电商平台的最优合约参数如下：

$$p_s^{pRr}=\frac{3T_{ep}^2L_s-4T_{ep}T_{er}L_s+2T_{ep}T_{ER}L_s-2T_{er}T_{ER}L_s}{T_{ep}(3T_{ep}-4T_{er})}$$

$$k^{pRr}=\frac{[vT_{ER}-T_{ep}(v-L_s)]^2}{4T_{ep}T_{ER}(T_{ep}-T_{ER})}+\frac{v^2(T_{er}-T_{ep})^2}{(3T_{ep}-4T_{er})^2(T_{er}-T_{ep})}-\frac{v^2(T_{er}-T_{ep})}{(4T_{er}-T_{ep})^2}$$

电商平台与零售商的均衡利润如下：

$$\pi_P^{pRr}=\frac{[2(T_{ER}+T_{er})v^2-2v(3T_{ER}+4T_{ER})L_s+4T_{er}L_s^2]T_{ep}-3T_{ep}^2(v-L_s)^2+vT_{ER}[(T_{ER}-4T_{er})v+8T_{er}L_s}{4T_{ER}(T_{ER}-T_{ep})(3T_{ep}-4T_{er})}$$

$$\pi_R^{pRr}=\frac{v^2(T_{ER}-T_{ep})}{(4T_{ER}-T_{ep})^2}$$

引理 4.6 及其证明过程揭示的管理意义为：为确保 pRr 情形存在均衡，需渠道 ER 的网购心理成本低于渠道 ep 的网购心理成本，且自营物流的单位成本适中，否则将无法保证渠道 ER 和 er 的产品需求都为正，即 pRr 情形不存在。

4.5.2 自营物流型电商平台用自营物流配送

此部分先分析自营物流型电商平台不用自营物流配送自营产品，即平台通过渠道 EP 销售的情形。类似于章节 4.4，先讨论平台不开放自营物流给零售商的情况，再讨论开放自营物流给零售商的情况。

（1）自营物流型电商平台不开放自营物流（Pr 情形）。此时，消费者既可以从渠道 EP 购买，也可以从渠道 er 购买，消费者会根据所获效用的大小作出购买选择，选择的依据为 $Max(U_{EP}, U_{er}, 0)$。所以，类似于 Rr 情形的分析，可得到两渠道的产品需求函数为：

$$<D_{EP},D_{er}> = \begin{cases} <\frac{v-p_{EP}}{T_{er}},0> & \text{if} \quad p_{EP}<p_{er} \\ <\frac{v-p_{EP}}{T_{EP}}-\frac{p_{EP}-p_{er}}{T_{er}-T_{EP}},\frac{p_{EP}-p_{er}}{T_{er}-T_{EP}}> & \text{if} \quad p_{er}\leqslant p_{EP}\leqslant\left[v-\frac{T_{EP}}{T_{er}}(v-p_{er})\right] \\ <0,\frac{v-p_{er}}{T_{er}}> & \text{if} \quad \left[v-\frac{T_{EP}}{T_{er}}(v-p_{er})\right]<p_{EP} \end{cases} \tag{4.24}$$

根据4.3中决策顺序的分析可知，在此情形下，电商平台不再是 Stackelberg 模型中的领导者，电商平台和零售商同时决策，所以，通过求解以下模型可得出此情形下的均衡：

$$\begin{cases} \underset{p_{er}}{Max}\ \pi_R = p_{er}D_{er} \\ \underset{p_{EP}}{Max}\ \pi_P = p_{EP}D_{EP} \end{cases} \tag{4.25}$$

求解此模型，可得引理4.7。

引理4.7　$L_s<2v(T_{EP}-T_{er})/(T_{EP}-2T_{er})$ 的情况下，Pr 情形存在唯一均衡，均衡价格如下：

$$p_{EP}^{Pr}=\frac{2(T_{er}L_s-vT_{EP}+vT_{er})}{4T_{er}-T_{EP}},p_{er}^{Pr}=\frac{T_{er}L_s-vT_{EP}+vT_{er}}{4T_{er}-T_{EP}}$$

电商平台与零售商的均衡利润如下：

$$\pi_P^{Pr}=\frac{T_{er}[T_{EP}(2v-L_s)+2T_{er}v(v-L_s)]^2}{T_{EP}(4T_{er}-T_{EP})^2(T_{er}-T_{EP})},\pi_R^{Pr}=\frac{T_{er}[T_{EP}v-T_{er}(v+L_s)]^2}{(4T_{er}-T_{EP})^2(T_{er}-T_{EP})}$$

由引理4.7及其证明过程可知，为确保 Pr 情形存在均衡，需自营物流的单位成本适中，否则将无法保证渠道 EP 产品需求为正，即 Pr 情形不存在。

（2）自营物流型电商平台开放自营物流给零售商。自营物流型电商平台自营产品但不用自营物流配送自营产品的情况下，开放自营物流给零售商使用时，可能出现两种情形：PR 情形和 PRr 情形。

①PR 情形。此时，消费者既可以从渠道 EP 购买，也可以从渠道 ER 购买，消费者会根据所获效用的大小作出购买选择，选择的依据为 $\mathrm{Max}(U_{EP}, U_{ER}, 0)$。所以，类似于对前几种情形的分析，可得到两渠道的产品需求函数为：

$$D_{ER}=(p_{ER}-p_{EP})/(T_{EP}-T_{ER}),D_{EP}=(v-p_{EP})/T_{EP}-(p_{ER}-p_{EP})/(T_{EP}-T_{ER})。$$

此时，为了保证渠道 ER 和 EP 的产品需求都为正，需满足 $p_{ER}<P_{EP}<[v-T_{EP}(v-P_{ER})]/T_{ER}$。根据 4.3 中决策顺序的分析可知，通过求解以下模型可得出此情形下的均衡：

$$\underset{p_{EP},p_s,k}{\mathrm{Max}}\ \pi_P^{PR}=(p_{ER}-L_s)\frac{p_{ER}-p_{EP}}{T_{EP}-T_{ER}}+(p_{EP}-L_s)\left(\frac{v-p_{EP}}{T_{EP}}-\frac{p_{EM}-p_{EP}}{T_{EP}-T_{ER}}\right)-\pi_R^{Pr}$$

$$\mathrm{s.t.}\begin{cases}\underset{p_{ER}}{\mathrm{Max}}\ \pi_R^{PR}=(p_{ER}-p_s)\dfrac{p_{ER}-p_{EP}}{T_{EP}-T_{ER}}-k\\ \pi_R^{PR}\geqslant\pi_R^{Pr}\end{cases}\qquad(4.26)$$

求解式（4.26），可得引理 4.8。

引理 4.8 PR 情形的均衡不存在。

由引理 4.8 的分析过程可知，平台的最优单位服务收费 p_s 将使得 $D_{ER}=0$。这说明，如要渠道 ER 产品需求为正，平台将会收取较高的单位服务费用，使得渠道 ER 没有产品需求。因此，零售商将不会接受这个服务合约，因为增加渠道 ER 无利可图。

②PRr 情形。此时，消费者有三种购买商品渠道可选择，渠道 EP、ER 和 er，消费者会根据所获效用的大小作出购买选择，选择的依据为 $\mathrm{Max}(U_{EP}, U_{ER}, U_{er}, 0)$。所以，类似于 pRr 情形的分析，可得到三种渠道的产品需求函数为：

$$D_{EP}=\frac{v-p_{EP}}{T_{EP}}-\frac{p_{ER}-p_{EP}}{T_{EP}-T_{ER}},D_{ER}=\frac{p_{ER}-p_{EP}}{T_{EP}-T_{ER}}-\frac{p_{er}-p_{ER}}{T_{ER}-T_{er}},D_{er}=\frac{p_{er}-p_{ER}}{T_{ER}-T_{er}}$$

此时，为了保证三种渠道的产品需求都为正，需满足 $0<\frac{p_{er}-p_{ER}}{T_{ER}-T_{er}}<\frac{p_{ER}-p_{EP}}{T_{EP}-T_{ER}}<\frac{v-p_{EP}}{T_{EP}}$。

根据4.3中决策顺序的分析可知，通过求解以下模型可得出此情形下的均衡：

$$\underset{p_{EP},p_s,k}{\text{Max}}\ \pi_P^{PRr}=(p_s-L_s)\left(\frac{p_{ER}-p_{EP}}{T_{EP}-T_{ER}}-\frac{p_{er}-p_{ER}}{T_{ER}-T_{er}}\right)+p_{EP}\left(\frac{v-p_{EP}}{T_{EP}}-\frac{p_{ER}-p_{EP}}{T_{EP}-T_{ER}}\right)+k$$

$$\text{s. t.}\begin{cases}\underset{p_{er},p_{ER}}{\text{Max}}\ \pi_R^{PRr}=(p_{ER}-p_s)\left(\frac{p_{ER}-p_{EP}}{T_{EP}-T_{ER}}-\frac{p_{er}-p_{ER}}{T_{ER}-T_{er}}\right)+p_{er}\frac{p_{er}-p_{ER}}{T_{ER}-T_{er}}-k \\ \pi_R^{PRr}\geqslant\pi_R^{Pr}\end{cases}\quad(4.27)$$

求解式（4.27），可得引理4.9。

引理4.9　PRr情形的均衡不存在。

由引理4.9的分析过程可知，电商平台的最优单位服务收费 p_s 将使得 $D_{ER}=0$。这说明，如要渠道ER的产品需求为正，电商平台将会收取一个较大的单位服务费用，使得渠道ER没有产品需求。因此，零售商将不会接受这个服务合约，因为增加渠道ER无利可图。

4.6　最终均衡分析

自营物流型电商平台作为Stackelberg模型中的领导者，平台可以通过调整合约参数值以促使零售商选取某一种情形。因此，要获得最终均衡，可只需要考虑电商平台的利润，找到利润最高的系统。如前所述，有6个可能的均衡，具体见表4.3。

表4.3　**六种可能均衡下的电商平台利润**

情形	均衡存在条件	自营物流型电商平台利润
R0	$L_s<\frac{v(T_{er}-\sqrt{T_{ER}T_{er}})}{T_{er}}$	$\frac{(v-L_s)^2T_{er}-v^2T_{ER}}{4T_{ER}}$
Rr	$L_s<\frac{v(T_{er}-T_{ER})}{T_{er}}$	$\frac{[vT_{ER}-(v-L_s)T_{er}]^2}{4T_{ER}T_{er}(T_{er}-T_{ER})}$
pr	None	$\frac{4v^2(T_{er}-T_{ep})T_{er}}{(4T_{er}-T_{ep})^2T_{ep}}$
pR	$T_{ep}>T_{ER},L_s<\frac{v(T_{ep}-T_{ER})}{T_{ep}}$	$\frac{vT_{ER}(v-2L_s)-T_{ep}(v-L_s)^2}{4T_{ER}(T_{ER}-T_{ep})}-\frac{v^2(T_{ep}-T_{er})}{(4T_{er}-T_{ep})^2}$

续表

情形	均衡存在条件	自营物流型电商平台利润
pRr	$T_{ep} > T_{ER}$，$\frac{v(T_{ER}-T_{ep})}{3T_{ep}-4T_{er}} < L_s < \frac{v(T_{ep}-T_{ER})}{T_{ep}}$	$\frac{[2(T_{ER}+T_{er})v^2-2v(3T_{ER}+4T_{er})L_s+4T_{er}L_s^2]T_{ep}-3T_{ep}^2(v-L_s)^2}{4T_{ER}(T_{ER}-T_{ep})(3T_{ep}-4T_{er})} + \frac{vT_{ER}[(T_{ER}-4T_{er})v+8T_{er}L_s]}{4T_{ER}(T_{ER}-T_{ep})(3T_{ep}-4T_{er})} - \frac{v^2(T_{er}-T_{ep})}{(4T_{er}-T_{ep})^2}$
Pr	$L_s < \frac{2v(T_{EP}-T_{er})}{T_{EP}-2T_{er}}$	$\frac{T_{er}[T_{EP}(2v-L_s)+2T_{er}v(v-L_s)]^2}{T_{EP}(4T_{er}-T_{EP})^2(T_{er}-T_{EP})}$

接下来，为了叙文简洁，将各情形所需 L_s 的限制临界值作以下定义：

$$L_{R0}=v(T_{er}-\sqrt{T_{ER}T_{er}})/T_{er},\ L_{Rr}=v(T_{er}-T_{ER})/T_{er},\ L_{pR}=v(T_{ep}-T_{ER})/T_{ep}$$

$$\underline{L}_{pRr}=v(T_{ER}-T_{ep})/(3T_{ep}-4T_{er}),\ \overline{L}_{pRr}=v(T_{ep}-T_{ER})/T_{ep}$$

$$L_{Pr}=2v(T_{EP}-T_{er})/(T_{EP}-2T_{er})$$

根据表 4. 3 可知，$T_{EP}<T_{ep}<T_{ER}<T_{er}$时，存在四种可能均衡：R0、pr、Rr 和 Pr 情形下的均衡，分析四种情形下自营电商平台均衡利润，可得定理 4. 1。

定理 4. 1　$T_{EP}<T_{ep}<T_{ER}<T_{er}$情形下，最终均衡可由图 4. 2 所示逻辑获得。

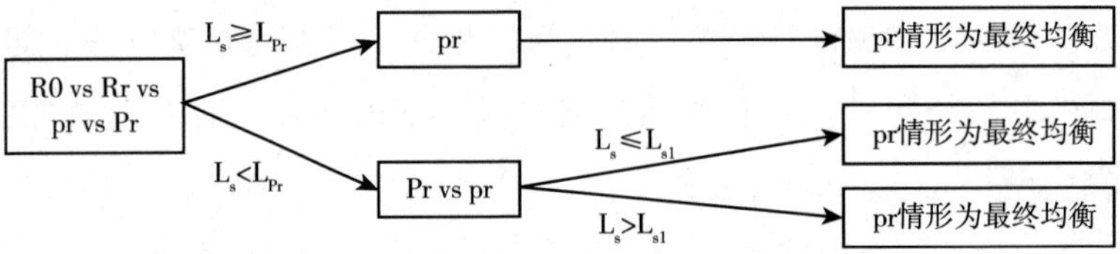

图 4. 2　$T_{EP}<T_{ep}<T_{ER}<T_{er}$时的最终均衡

定理 4. 1 揭示的管理意义为：当自营物流竞争力不强时（即使零售商开通渠道 ER，仍无法使渠道 ER 的消费者网购心理成本低于渠道 ep），销售方面，自营物流型电商平台自营产品始终有利可图；而物流方面，自营物流型电商平台没有动力向零售商开放自营物流，而自营物流的单位成本是自营物流型电商平台是否用自营物流配送自营产品的重要参考，当自营物流单位成本偏低时，电商平台选择用自营物流配送自营产品最佳（即情形 Pr 是电商平台的最佳选择），否则用外包物流配送自营产品最佳（即情形 pr 为最佳选择）。

接下来，将分析 $T_{EP}<T_{ER}<T_{ep}<T_{er}$时的最终均衡。据表 4.3 可知，$T_{EP}<T_{ER}<T_{ep}<T_{er}$时，表 4.3 的六种均衡均存在，分析六种情形下电商平台的均衡利润可得定理 4.2。

定理 4.2　$T_{EP}<T_{ER}<T_{ep}<T_{er}$的情况下，最终均衡可由图 4.3 所示逻辑获得。

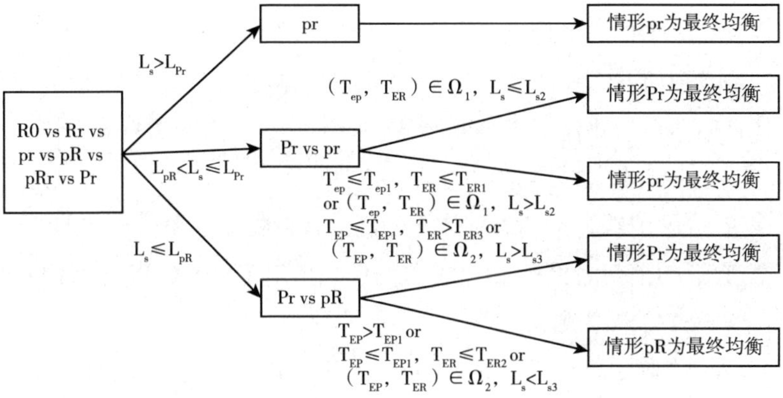

其中，$\Omega_1=\{T_{ep}|T_{ep}>T_{ep1}\}\cup\{T_{ep},T_{ER}|T_{ep}\leq T_{ep1},T_{ER}>T_{ER1}\}$，$\Omega_2=\{T_{EP},T_{ER}|T_{EP}\leq T_{EP1},T_{ER2}\leq T_{ER}<T_{ER3}\}$。

图 4.3　$T_{EP}<T_{ER}<T_{ep}<T_{er}$时的最终均衡

定理 4.2 揭示的管理意义为：当自营物流竞争力足够强时（即自营物流可以使渠道 ER 的消费者网购心理成本低于渠道 ep），虽存在六种可能的均衡，但最终均衡只会产生于情形 pr、情形 Pr 和情形 pR。

当满足下列情况之一时，情形 pr 为最终平衡，即自营物流型电商平台应自营产品但使用外包物流配送自营产品，且不向零售商开放自营物流：

（1）自营物流的单位成本偏高使得只有情形 pr 的均衡存在。

（2）自营物流单位成本适中使得只有情形 pr 和情形 Pr 的均衡存在，且此时：

①渠道 ep 和渠道 ER 的消费者网购心理成本都偏低；

②渠道 ep 的消费者网购心理成本和自营物流单位成本都偏高；

③渠道 ep 的消费者网购心理成本偏低，渠道 ER 的消费者网购心理成本和自营物流单位成本都偏高。

当满足下列情况之一时，情形 pR 为最终平衡，即自营物流型电商平台应自营产品但使用外包物流配送自营产品，且向零售商开放自营物流：

自营物流的单位成本足够小使得情形 pR 的均衡存在，且：

①渠道 EP 的消费者网购心理成本偏高；

②渠道 EP 和渠道 ER 的消费者网购心理成本都偏低；

③渠道 EP 的消费者网购心理成本偏低，渠道 ER 的消费者网购心理成本适中，自营物流单位成本偏高。

当满足下列情况之一时，情形 Pr 为最终平衡，即自营物流型电商平台应自营产品且使用自营物流配送自营产品，但不向零售商开放自营物流：

（1）自营物流单位成本适中使得最终均衡从 pr 和 Pr 中产生，且：

①渠道 ep 的消费者网购心理成本偏高，自营物流的单位成本偏低；

②渠道 ep 的消费者网购心理成本偏低，渠道 ER 的消费者网购心理成本偏高，自营物流的单位成本偏低；

（2）自营物流的单位成本足够小使得情形 pR 的均衡存在，且：

①渠道 EP 的消费者网购心理成本偏低，渠道 ER 的消费者网购心理成本偏高；

②渠道 EP 的消费者网购心理成本偏低，渠道 ER 的消费者网购心理成本适中，自营物流单位成本偏低。

4.7 算　例

此部分将对前述部分的研究结果进行算例分析，算例分析的主要目的在于借助数值算例对本部分主要命题进行验证分析。

第一步，分析 $T_{EP} < T_{ep} < T_{ER} < T_{er}$ 时的情况，即当自营物流竞争力不强时，此时，即使零售商开通渠道 ER，仍无法使渠道 ER 的消费者网购心理成本低于渠道 ep。参考告普等（Gupta A et al.，2004）和奥费克等（Ofek E et al.，2011）的做法，设置参数如下：$v = 50$，$T_{EP} = 20$，$T_{ep} = 25$，$T_{ER} = 30$，$T_{er} = 35$。此时，自营物流型电商平台的利润随 L_s 的变化如图 4.4 所示。

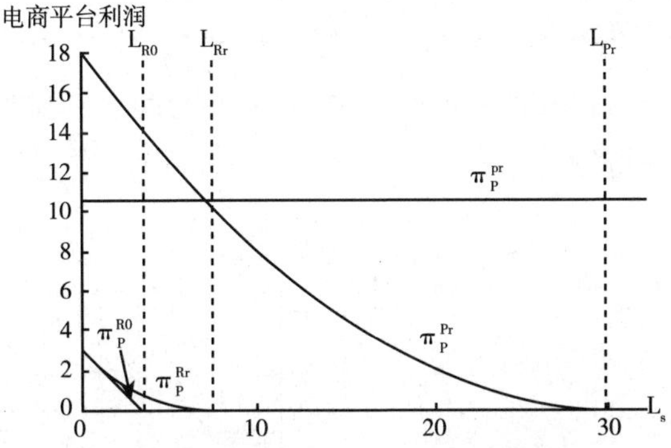

图 4.4　$T_{EP} < T_{ep} < T_{ER} < T_{er}$ 时的最终均衡

从图 4.4 可以看出，只要情形 R0 的均衡存在，情形 Pr 的均衡必然存在，且电商平台在情形 Pr 下的利润总是高于情形 R0；另外，只要情形 Pr 的均衡存在，情形 pr 的均衡必然存在，且电商平台在情形 pr 下的利润总是高于情形 Rr；所以，情形 R0 和情形 Rr 不会是最终均衡。对比情形 pr 和情形 Pr 的均衡利润可发现，L_s 存在一个阈值，高于此阈值时，情形 pr 下电商平台利润较高，否则，情形 Pr 下电商平台利润较高。综上所述，可验证定理 4.1 的结论。

第二步，分析 $T_{EP} < T_{ER} < T_{ep} < T_{er}$ 时的情况，即当自营物流竞争力强时，此时，即使零售商开通渠道 ER，可以使渠道 ER 的消费者网购心理成本低于渠道 ep。从定理 4.1 的证明中可以直观得到，若 $L_s > L_{Pr}$，只有情形 pr 的均衡存在，此时，情形 pr 是自营物流型电商平台的最优选择。

情况 1　$T_{ep} > T_{ep1}$。此算例取值如下：$v = 50$，$T_{EP} = 20$，$T_{er} = 35$，经过前期取值计算可得，$T_{ep1} = 32.46$，所以取 $T_{ep} = 33$。此种情况下自营物流型电商平台的利润随 L_s 的变化如图 4.5（a）所示。通过图 4.5（a）可知，$T_{ep} > T_{ep1}$ 时，$L_s \in (L_{pR}, L_{Pr})$ 存在一个阈值，高于此阈值时，情形 pr 下电商平台利润较高，否则，情形 Rr 下电商平台利润较高。

情况 2　$T_{ep} \leqslant T_{ep1}$ 且 $T_{ER} \leqslant T_{ER1}$。此算例取值如下：$v = 50$，$T_{EP} = 20$，$T_{er} = 35$，经过前期取值计算可得，$T_{ep1} = 32.46$，$T_{ER1} = 21.23$，所以取 $T_{ep} = 30$，$T_{ER} = 21$。此种情况下自营物流型电商平台的利润随的变化如图 4.5（b）所示。通过图 4.5（b）可发现，$L_s \in (L_{pR}, L_{Pr})$ 时，情形 pr 下电商平台利润始终较高。

情况 3　$T_{ep} \leqslant T_{ep1}$ 且 $T_{ER} > T_{ER1}$。算例中取值如下：$v = 50$，$T_{EP} = 20$，$T_{er} =$

35，$T_{ep}=30$，$T_{ER}=25$。此种情况下自营物流型电商平台的利润随 L_s 的变化如图 4.5（c）所示。通过图 4.5（c）可知，$T_{ep}\leqslant T_{ep1}$ 且 $T_{ER}>T_{ER1}$ 时，$L_s\in(L_{pR}, L_{Pr})$ 存在一个阈值，高于此阈值时，情形 pr 下电商平台利润较高，否则，情形 Rr 下电商平台利润较高。

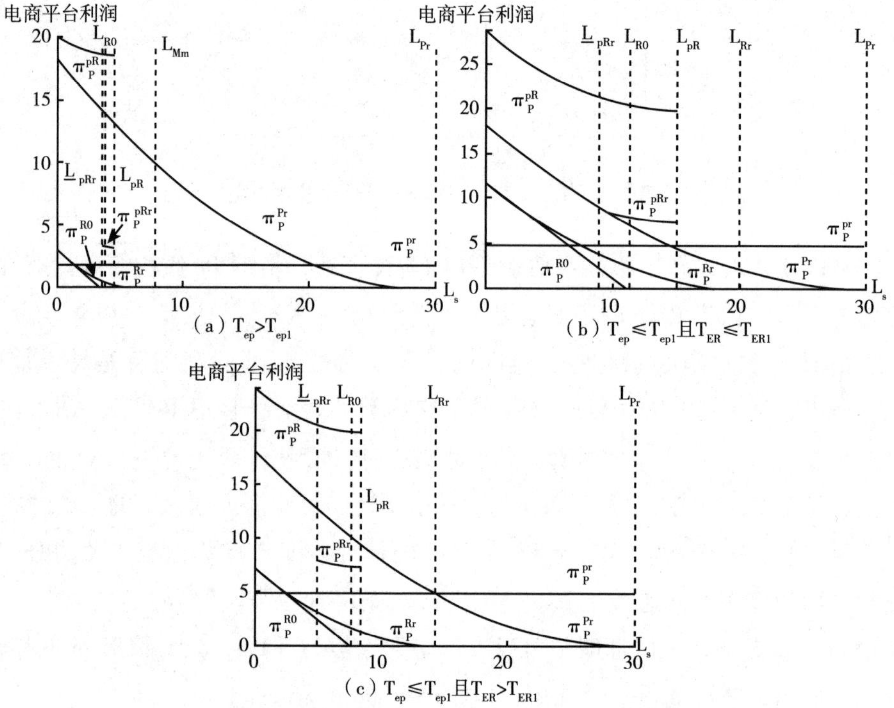

图 4.5　$T_{EP}<T_{ER}<T_{ep}<T_{er}$ 且 $L_{pR}<L_s<L_{Pr}$ 时的最终均衡

然后，接着验证图 4.2 的第三个分支，即 $L_s\leqslant L_{pR}$。

情况 1　$T_{EP}>T_{EP1}$。在此算例中展现 $T_{EP}>T_{EP1}$ 的情况。取值如下：$v=50$，$T_{ER}=25$，$T_{er}=35$，$T_{ep}=30$ 经过前期取值计算可得，$T_{EP1}=19.17$，所以取 $T_{EP}=20$。此种情况下自营物流型电商平台的利润随 L_s 的变化如图 4.6（a）所示。通过图 4.6（a）可知，$T_{EP}>T_{EP1}$ 时，$L_s\in(0, L_{pR})$，情形 pR 下电商平台利润较高。

情况 2　$T_{EP}\leqslant T_{EP1}$ 且 $T_{ER}\leqslant T_{ER2}$。取值如下：$v=50$，$T_{ep}=30$，$T_{er}=35$，经过前期取值计算可得，$T_{EP1}=19.17$，$T_{ER2}=20.23$，所以取 $T_{ER}=20$，

$T_{EP}=15$。此种情况下自营物流型电商平台的利润随的变化如图 4.6（b）所示。通过图 4.6（b）可发现，$L_s\in(0,\ L_{pR})$ 时，情形 pR 下电商平台利润始终较高。

情况 3　$T_{EP}\leqslant T_{EP1}$ 且 $T_{ER}>T_{ER3}$。取值如下：$v=50$，$T_{ep}=30$，$T_{er}=35$，经过前期取值计算可得，$T_{EP1}=19.17$，$T_{ER3}=25.94$，所以取 $T_{ER}=28$，$T_{EP}=15$。此种情况下自营物流型电商平台的利润随 L_s 的变化如图 4.6（c）所示。通过图 4.6（c）可发现，$L_s\in(0,\ L_{pR})$ 时，Pr 情形下电商平台利润始终较高。

情况 4　$T_{EP}\leqslant T_{EP1}$ 且 $T_{ER2}<T_{ER}<T_{ER3}$。取值如下：$v=50$，$T_{ep}=30$，$T_{er}=35$，$T_{EP}=15$，$T_{ER}=25$。此种情况下自营物流型电商平台的利润随 L_s 的变化如图 4.6（d）所示。通过图 4.6（d）可发现，$L_s\in(0,\ L_{pR})$ 时，L_s 存在一阈值，高于此阈值时，pR 情形下电商平台利润较高；否则，Pr 情形下电商平台利润较高。

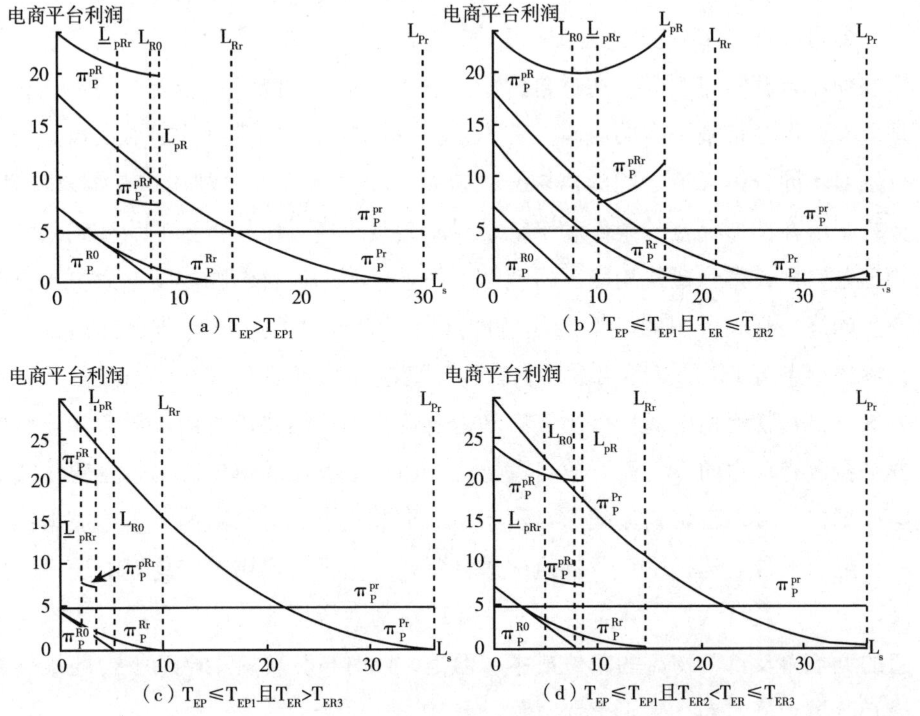

（a）$T_{EP}>T_{EP1}$　（b）$T_{EP}\leqslant T_{EP1}$ 且 $T_{ER}\leqslant T_{ER2}$

（c）$T_{EP}\leqslant T_{EP1}$ 且 $T_{ER}>T_{ER3}$　（d）$T_{EP}\leqslant T_{EP1}$ 且 $T_{ER2}<T_{ER}\leqslant T_{ER3}$

图 4.6　$T_{EP}<T_{ER}<T_{ep}<T_{er}$ 且 $L_s\leqslant L_{pR}$ 时的最终均衡

4.8 本章小结

以京东、亚马逊为代表的许多电商平台都建立了自营物流，为消费者提供更快、更优质的物流服务，以占据更多的市场份额。在销售方面，这些电商平台有的自营产品，有的不自营产品；在物流方面，这些电商平台中的一些平台并不向卖家开放自营物流，但也有一些向卖家开放自营物流。不同的卖家和物流会给消费者带来不同的网购心理成本，因此，这就形成了一种新的渠道冲突。

本章构建了一个分析模型来研究这类潜在的渠道冲突及自营物流型电商平台的最优销售和物流模式决策。本章考虑一个可以自营产品的自营物流型电商平台以及一个零售商的情形。此零售商目前通过外包物流型电商平台销售其产品，但可以选择与自营物流型电商平台签订合同，在自营物流型电商平台上销售并使用自营物流服务，通过自营物流配送产品可以降低消费者的网上购物心理成本，但会带来一定的成本。首先，利用消费者效用模型找出潜在情形，并分别对不同分销渠道之间的需求分配进行了描述。其次，利用这些需求特征，分析了潜在情形存在的条件和平衡结果。最后，通过比较得到的均衡结果，推导出逻辑树，得到最终均衡。研究结论如下：第一，自营物流型电商平台自营产品始终是有利可图的。第二，当自营物流竞争力不强时（即自营物流无法使零售商渠道 ER 的竞争力强于自营物流型电商平台的自营渠道 ep 时），销售方面，自营物流型电商平台始终有动力自营商品；而物流方面，自营物流型电商平台没有动力向零售商开放自营物流，而自营物流的单位成本是自营物流型电商平台是否用自营物流配送自营产品的重要参考，当自营物流单位成本偏低时，电商平台应选择用自营物流配送自营产品，否则应用外包物流配送自营产品。第三，当自营物流竞争力强时，最终均衡变得更加复杂，需同时考虑各渠道的竞争力及自营物流的单位成本。但是，此时自营物流型电商平台的最佳选择必产生于情形 pr、情形 Pr 和情形 pR 中。

第 5 章

成本信息对称与不对称下电商平台最优契约设计研究

5.1 引　言

在线平台销售飞速发展，越来越多的企业不仅通过在各大线下商场开设的实体直营商店进行销售，也通过在天猫商城等电商平台设立的虚拟商店进行销售，例如 Nike、Zara 等。因此，电商平台与这些双渠道零售商间的合作或博弈机会也日益增加。在由电商平台和双渠道零售商组成的在线平台销售模式中，双渠道零售商拥有更多关于生产成本、销售成本等的信息，特别是其非电商平台销售渠道（比如线下渠道）的成本，电商平台难以观测这部分成本，从而导致逆向选择问题，使平台的决策和绩效产生扭曲，甚至使平台和整个供应链的利益受损，影响供应链效率。另外，如今的电商平台企业存在两个典型的收入模式，广告模式（比如 Taobao. com）和经纪人模式（比如 eBay. com、Tmall. com）（Chen et al. , 2016）。广告模式下，商家入驻平台且使用平台的基础服务是免费的，但若需要其他增加曝光率的服务，则需支付相应的服务费用，比如 Taobao. com 的“掌柜热卖”“每日好店”服务。经纪人模式下，平台向入驻卖家收取固定的入驻费用，且每成交一笔还收取单位佣金，比如天猫商城和京东商城的入驻模式。所以，本章的目的在于讨论电商平台应如何设计相应的契约，以同时解决双渠道零售商成本信息不对称的风险问题和在两种收入模式中如何选择的问题。

在成本信息不对称研究中，围绕单渠道供应链进行的研究较多，比如国外的梅汀等（Metin et al.，2012）、李等（Li et al.，2016）、哈等（Ha et al.，2015）、肖等（Xiao et al.，2016），以及国内的曹裕等（2017）和王新辉等（2013）。少部分学者对双渠道中的成本信息不对称问题进行了研究，如穆克霍帕杰等（Mukhopadhyay et al.，2010）、严等（Yan et al.，2011）、曹等（Cao et al.，2013）、颜波等（2015）、张旭梅等（2016）、陈国鹏等（2016）、李等（Li et al.，2017）、卡尔宁斯等（Kalnins et al.，2017）、陈等（Chen et al.，2017）。从这些文献可以看出，现有的对非对称信息下双渠道供应链的研究都是针对制造商和零售商展开的，但在现实中，随着电商平台的迅猛发展，电商平台在电子商务中的作用日益重要。在理论研究中，对电商平台的研究已成为学术界关注的热点，巴科斯等（Bakos et al.，2008）和曹等（Cao et al.，2018）研究了电商平台的定价问题；亨德绍特等（Hendershott et al.，2006）构建了一个上游企业既可以在线直销又可以通过电商平台进行销售的博弈模型，研究发现上游企业的在线直销渠道会损害中间商的利益，但是会增加消费者的福利；哈吉优等（Hagiu et al.，2007）、瑞安等（Ryan et al.，2012）、曼廷等（Mantin et al.，2014）和陈等（Chen et al.，2015）研究了电商平台的平台开放策略问题。但是这些文献均是在信息完全的假设条件下对电商平台进行研究。

所以，本章在电商平台和拥有私有成本信息的双渠道零售商组成的在线平台销售模式中，基于电商平台企业的两个典型的收入模式（广告模式和经纪人模式），为电商平台设计了两种契约：广告型契约和经纪人型契约。广告型契约下，服务水平和包干服务费被事先约定；经纪人型契约下，单位服务费和固定服务费被事先约定。本章分别考察了在这两种契约下双渠道零售商成本信息不对称对契约最优参数、电商平台、双渠道零售商及供应链整体的影响；并将两种契约进行对比分析，以讨论契约类型对电商平台、双渠道零售商及供应链整体的影响。

相对于已有研究，本章中研究的贡献体现为，从电商平台与双渠道零售商合作视角，对电商平台设置决策变量，在双渠道零售商成本信息对称和不对称下，探讨电商平台的最优服务契约设计问题，以及电商平台的契约策略问题，以期为电商平台和双渠道零售商实践提供理论和方法指导。本章中的研究既是对电商平台定价和服务契约设计相关文献的补充，也扩展了对双渠道供应链的研究。

5.2 模型与假设

本部分考虑一个电子商务平台（P）面对一个零售商（R）的情形，零售商既通过电商平台销售（渠道 ER），也通过传统线下渠道销售（渠道 er）。零售商通过渠道 ER 销售时，电商平台会收取一定的服务费用（f_s），通过渠道 er 销售时需要付出成本 c（见图 5.1）。

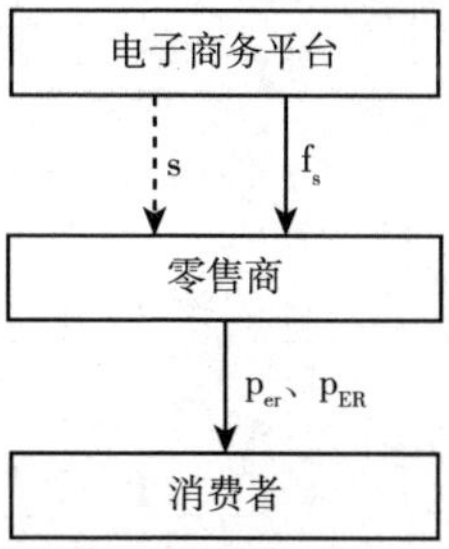

图 5.1 电商平台和双渠道零售商组成的在线平台销售模式

在渠道需求方面，假设市场总需求由一组异质消费者构成，因此消费者对产品价值 v 的评估会存在差异，假设其均匀分布在［0，1］。当零售商引入渠道 ER 时，消费者可以从 ER 和 er 两种渠道中选择购买。由于在线渠道中实物和互动性的缺乏，假设消费者对渠道 ER 的接受度要低于渠道 er，因此假设消费者对渠道 ER 的接受程度为 $\theta(0\leqslant\theta\leqslant1)$。虽然如此，但是电商平台通过其他服务 s 为消费者提供价值，且边际效用为 r。另外，两个渠道上的商品价格分别为 p_{ER} 和 p_{er}。因此，消费者在渠道 ER 和 er 购买产品获得的效用分别为：

$$u_{ER}=\theta v-p_{ER}+rs \tag{5.1}$$

$$u_{er}=v-p_{er} \tag{5.2}$$

消费者会根据所获效用的大小作出购买选择，选择的依据为 $\mathrm{Max}(u_{ER}, u_{er}, 0)$，有以下情况：一是 u_{er}，$u_{ER}\leqslant0$，不购买任何产品；二是 $u_{er}>u_{ER}\geqslant0$，

从渠道 er 购买；三是 $u_{ER} > u_{er} \geqslant 0$，从渠道 ER 购买；四是 $u_{ER} = u_{er}$，购买任一产品。引用有关学者的分析方法（Ryan et al.，2012；Mantin et al.，2014），可得渠道 ER 和 er 的产品需求函数分别为：

$$<D_{ER}, D_{er}> = \begin{cases} <1 - \dfrac{p_{ER} - rs}{\theta}, 0> & \text{if } \dfrac{p_{ER} - rs}{\theta} \leqslant (p_{ER} - rs + 1 - \theta) \leqslant p_{er} \\ <\dfrac{p_{er} - p_{ER} + rs}{1-\theta} - \dfrac{p_{ER} - rs}{\theta}, 1 - \dfrac{p_{er} - p_{ER} + rs}{1-\theta}> & \text{if } \dfrac{p_{ER} - rs}{\theta} \leqslant p_{er} \leqslant (p_{ER} - rs + 1 - \theta) \\ <0, 1 - p_{er}> & \text{if } p_{er} \leqslant \dfrac{p_{ER} - rs}{\theta} \leqslant (p_{ER} - rs + 1 - \theta) \end{cases}$$

为了更贴近现实，本部分只研究两个渠道同时存在产品需求的情况，即满足$[(p_{ER} - rs)/\theta] \leqslant p_{er} \leqslant (p_{ER} - rs + 1 - \theta)$，此时两渠道的产品需求函数分别为：

$$D_{ER} = \frac{p_{er} - p_{ER} + rs}{1-\theta} - \frac{p_{ER} - rs}{\theta} \tag{5.3}$$

$$D_{er} = 1 - \frac{p_{er} - p_{ER} + rs}{1-\theta} \tag{5.4}$$

在成本方面，假设零售商通过渠道 er 销售时每单位需付出的成本为 c，市场上的零售商分为低成本零售商和高成本零售商两种类型，即 $c \in \{\overline{c}, \underline{c}\}$，$(\overline{c} > \underline{c})$，且其概率分别为 τ 和 $1 - \tau$（这既是平台对零售商类型的先验概率，也可以看作市场中高低成本零售商的比例）。

在契约设计方面，假设在广告型契约下，契约内容包括服务质量和相应的包干服务费。成本信息对称时，电商平台设计契约 $<s, F>$；成本信息不对称时，电商平台设计契约菜单 $<(\overline{s}, \overline{F}), (\underline{s}, \underline{F})>$。在经纪人型契约下，契约内容包括单位服务费和固定服务费。成本信息对称时，电商平台设计契约 $<p_s, F>$；成本信息不对称时，电商平台设计契约菜单 $<(\overline{p_s}, \overline{F}), (\underline{p_s}, \underline{F})>$。

综上所述，广告型契约下，信息对称时，电商平台和双渠道零售商的利润函数分别为：

$$\pi_P = F - s^2 \tag{5.5}$$

$$\pi_R = p_{ER}D_{ER} + (p_{er} - c)D_{er} - F \tag{5.6}$$

信息不对称时，电商平台、高成本及低成本双渠道零售商的利润函数分别为：

$$\pi_P = \tau(\overline{F} - \overline{s}^2) + (1 - \tau)(\underline{F} - \underline{s}^2) \tag{5.7}$$

$$\overline{\pi}_R = \overline{p}_{ER}\overline{D}_{ER} + (\overline{p}_{er} - \overline{c})\overline{D}_{er} - \overline{F} \tag{5.8}$$

$$\underline{\pi}_R = \underline{p}_{ER}\underline{D}_{ER} + (\underline{p}_{er} - \underline{c})\underline{D}_{er} - \underline{F} \tag{5.9}$$

经纪人型契约下，信息对称时，电商平台和双渠道零售商的利润函数分别为：

$$\pi_P = p_s D_{ER} + F - s^2 \tag{5.10}$$

$$\pi_R = (p_{ER} - p_s)D_{ER} + (p_{er} - c)D_{er} - F \tag{5.11}$$

信息不对称时，电商平台、高成本及低成本双渠道零售商的利润函数分别为：

$$\pi_P = \tau(\underline{p}_s\underline{D}_{ER} + \underline{F} - \underline{s}^2) + (1 - \tau)(\overline{p}_s\overline{D}_{ER} + \overline{F} - \overline{s}^2) \tag{5.12}$$

$$\overline{\pi}_R = (\overline{p}_{ER} - \overline{p}_s)\overline{D}_{ER} + (\overline{p}_{er} - \overline{c})\overline{D}_{er} - \overline{F} \tag{5.13}$$

$$\underline{\pi}_R = (\underline{p}_{ER} - \underline{p}_s)\underline{D}_{ER} + (\underline{p}_{er} - \underline{c})\underline{D}_{er} - \underline{F} \tag{5.14}$$

本章符号及释义如表 5.1 所示。

表 5.1　　符号释义

符号	释义	符号	释义
ER	零售商通过平台销售的渠道	er	零售商通过传统线下渠道销售
p_i	渠道 i 的产品定价，$i \in (er, ER)$	D_i	渠道 i 的需求，$i \in (er, ER)$
f_s	电商平台收取的服务费用	c	渠道 er 经营成本，$c \in \{\overline{c}, \underline{c},\}$
θ	渠道 ER 的接受程度，$0 \leqslant \theta \leqslant 1$	s	电商平台服务水平
r	电商平台服务水平边际效用	L_s	自营物流单位成本
τ	低成本零售商的先验概率	$1 - \tau$	高成本零售商的先验概率
$< s^{AS}, F^{AS} >$	信息对称下最优广告型契约	$< s^{AA}, F^{AA} >$	信息不对称下最优广告型契约
$< p_s^{AS}, F^{AS} >$	信息对称下最优经纪人型契约	$< p_s^{AA}, F^{AA} >$	信息不对称下最优经纪人型契约

5.3 电商平台最优广告型契约设计

此部分将首先分析信息对称和信息不对称下的最优广告型契约，然后再将两种信息情况下的最优契约参数及供应链成员绩效进行对比分析。

5.3.1 信息对称情形下最优广告型契约设计

根据假设，此种情况下，决策顺序如下：第一步，电商平台提出契约 $<s, F>$；第二步，如果零售商接受契约，零售商根据契约制订两个渠道的价格 p_{ER} 和 p_{er}。

根据逆向求解法，首先求解双渠道零售商的决策问题，给定电商平台的最优契约为 $<s^*, F^*>$，零售商以最大化利润为目标制订两个渠道的最优价格 p_{ER}^* 和 p_{er}^*，所以，双渠道零售商的决策模型为：

$$\underset{p_{ER},p_{er}}{\text{Max}}\ \pi_R = p_{ER}\left(\frac{p_{er}-p_{ER}+rs}{1-\theta}-\frac{p_{ER}-rs}{\theta}\right)+(p_{er}-c)\left(1-\frac{p_{er}-p_{ER}+rs}{1-\theta}\right)-F \tag{5.15}$$

将式（5.15）对 p_{ER} 和 p_{er} 求导数，可得到双渠道零售商的最优反应函数：

$$p_{ER}^* = (rs+\theta)/2 \tag{5.16}$$

$$p_{er}^* = (1+c)/2 \tag{5.17}$$

然后，求解电商平台的决策问题。在知晓零售商最优反应函数的情况下，平台设计最优广告型契约 $<s^*, F^*>$，一方面使双渠道零售商自愿接受契约，另一方面使自身利益最大化，所以，电商平台的决策模型为：

$$\underset{s,F}{\text{Max}}\ \pi_P = F - s^2 \quad \text{s. t. (IR)}\ p_{ER}^* D_{ER} + (p_{er}^* - c) D_{er} - F \geqslant 0 \tag{5.18}$$

在上述优化问题中，平台以最大化期望利润为目标；约束式（IR）为零售商的个体理性约束，表示接受这个契约后零售商的期望利润不能低于其保留收益（其保留收益应该是零售商不开通在线渠道时的收益，为一个常量，为了简便，假设其保留收益为0）。求解此优化问题，得到引理5.1，引理中用上标“AS”表示广告型契约且信息对称（IS）时供应链的均衡结果。

引理 5.1　当 $r<2\sqrt{\theta(1-c-\theta)/(1-c)}$ 且 $c<(1-\theta)$ 时，广告型契约且信息对称情况下存在均衡，均衡结果如下：

最优契约为：$s^{AS}=\dfrac{\theta rc}{H_1}$，$F^{AS}=\dfrac{4\theta(1-\theta)[(1-c)^2H_1+4\theta^2c^2]-[(1-c)r]^2H_1}{4H_1^2}$

零售商的定价为：$p_{ER}^{AS}=\dfrac{\theta(H_1+cr^2)}{2H_1}$，$p_{er}^{AS}=\dfrac{1+c}{2}$

两条渠道的产品需求为：$D_{ER}^{AS}=\dfrac{2\theta c}{H_1}$，$D_{er}^{AS}=\dfrac{(1-c)H_1-4c\theta^2}{2H_1}$

电商平台和双渠道零售商的利润分别为：$\pi_P^{AS}=\dfrac{(1-c)^2H_1+4\theta^2c^2}{4H_1}$，$\pi_R^{AS}=0$

其中，$H_1=4\theta(1-\theta)-r^2$。

5.3.2　信息不对称情形下最优广告型契约设计

根据假设，此种情况下，决策顺序如下：第一步，电商平台得知零售商在渠道 er 上的销售成本为 $\underline{c}$ 和 $\bar{c}$，且发生的概率分别为 τ 和 $1-\tau$；第二步，电商平台给出契约菜单 $<(\bar{s},\bar{F}),(\underline{s},\underline{F})>$；第三步，零售商从契约中选一个或者退出渠道 ER；第四步，如果零售商从契约菜单中选了一个，平台就必须按照契约执行，零售商会通过契约参数进行定价（$\bar{p}_{ER}$，$\bar{p}_{er}$）或（$\underline{p}_{ER}$，$\underline{p}_{ER}$）。

根据逆向求解法，首先求解双渠道零售商的决策问题。给定电商平台的最优契约为 $<(\bar{s}^*,\bar{F}^*),(\underline{s}^*,\underline{F}^*)>$，高成本及低成本双渠道零售商的决策模型为：

$$\max_{\bar{p}_{ER},\bar{p}_{er}}\bar{\pi}_R=\bar{p}_{ER}\left(\frac{\bar{p}_{er}-\bar{p}_{ER}+r\bar{s}}{1-\theta}-\frac{\bar{p}_{ER}-r\bar{s}}{\theta}\right)+(\bar{p}_{er}-\bar{c})\left(1-\frac{\bar{p}_{er}-\bar{p}_{ER}+r\bar{s}}{1-\theta}\right)-\bar{F}\tag{5.19}$$

$$\max_{\underline{p}_{ER},\underline{p}_{er}}\underline{\pi}_R=\underline{p}_{ER}\left(\frac{\underline{p}_{er}-\underline{p}_{ER}+r\underline{s}}{1-\theta}-\frac{\underline{p}_{ER}-r\underline{s}}{\theta}\right)+(\underline{p}_{er}-\underline{c})\left(1-\frac{\underline{p}_{er}-\underline{p}_{ER}+r\underline{s}}{1-\theta}\right)-\underline{F}\tag{5.20}$$

由式(5.19)的一阶条件可得高成本双渠道零售商的最优反应函数为：

$$\begin{cases}\bar{p}_{ER}^{*}=(r\bar{s}+\theta)/2\\ \bar{p}_{er}^{*}=(1+\bar{c})/2\end{cases}\tag{5.21}$$

由式（5.20）的一阶条件可得低成本双渠道零售商的最优反应函数为：

$$\begin{cases}\underline{p}_{ER}^{*}=(r\underline{s}+\theta)/2\\ \underline{p}_{er}^{*}=(1+\underline{c})/2\end{cases}\tag{5.22}$$

然后，求解电商平台的决策问题。电商平台可以适当设计契约菜单 $<(\bar{s}^{*},\ \bar{F}^{*}),\ (\underline{s}^{*},\ \underline{F}^{*})>$，使高成本双渠道零售商能够自觉选择电商平台为其设计的契约（$\bar{s}^{*}$，$\bar{F}^{*}$），并使低成本双渠道零售商能够自觉选择电商平台为其设计的契约（$\underline{s}^{*}$，$\underline{F}^{*}$），即契约是“自我选择”的，不同成本类型的双渠道零售商没有冒充其他类型的动机。这样，在签约时通过双渠道零售商对契约菜单的不同选择，企业可以实现成本信息识别的目标。所以，电商平台的决策模型为：

$$\underset{\bar{s},\bar{F},\underline{s},\underline{F}}{\mathrm{Max}}\ \pi_P=\tau(\underline{F}-\underline{s}^{2})+(1-\tau)(\bar{F}-\bar{s}^{2})$$

$$\text{s. t.}\begin{cases}(IR-H)\ \bar{p}_{ER}^{*}\bar{D}_{ER}^{*}+(\bar{p}_{er}^{*}-\bar{c})\bar{D}_{er}^{*}-\bar{F}\geqslant 0\\ (IR-L)\ \underline{p}_{ER}^{*}\underline{D}_{ER}^{*}+(\underline{p}_{er}^{*}-\underline{c})\underline{D}_{er}^{*}-\underline{F}\geqslant 0\\ (IC-H)\ \bar{p}_{ER}^{*}\bar{D}_{ER}+(\bar{p}_{er}^{*}-\bar{c})\bar{D}_{er}-\bar{F}\geqslant \underline{p}_{ER}^{*}\underline{D}_{ER}^{*}+(\underline{p}_{er}^{*}-\bar{c})\underline{D}_{er}^{*}-\underline{F}\\ (IC-L)\ \underline{p}_{ER}^{*}\underline{D}_{ER}^{*}+(\bar{p}_{er}^{*}-\underline{c})\underline{D}_{er}^{*}-\underline{F}\geqslant \bar{p}_{ER}^{*}\bar{D}_{ER}^{*}+(\bar{p}_{er}^{*}-\underline{c})\bar{D}_{er}^{*}-\bar{F}\end{cases}\tag{5.23}$$

在上述优化问题中，由于电商平台仅知道零售商的成本类型及相应的先验概率，目标函数为与两类零售商合作所得利润的期望之和。约束式（IR－i）为零售商的个体理性约束，表示 i 成本类型零售商合作时获得的收益不能低于其保留收益水平；约束式（IC－i）为激励相容约束，以保证 i 成本类型零售商没有动机偏离平台为其提供的契约。求解此优化问题，得到引理 5.2，引理中用上标“AA”表示广告型契约且信息不对称（IA）时供应链的均衡结果。

引理 5.2 广告型契约且信息不对称情况下，电商平台通过设计合约菜单揭示双渠道零售商的成本信息，此时最优契约为：

$$\bar{s}^{AA}=\frac{r\theta(\bar{c}-\tau\underline{c})}{(1-\tau)H_1},\underline{s}^{AA}=\frac{\theta r\underline{c}}{H_1}$$

$$\bar{F}^{AA}=\frac{4\theta(1-\theta)H_1\{[\bar{c}\tau+\underline{c}\tau-2\bar{c})(\bar{c}-\underline{c})\tau]\theta+(1-\theta)H_3\}+16\theta^3(1-\theta)^2(\bar{c}-\tau\underline{c})+r^2H_1[(\theta-1)H_3-\theta(\bar{c}-\underline{c})^2\tau^2]}{4(1-\theta)(1-\tau)^2H_1^2}$$

$$\underline{F}^{AA}=\frac{4\theta(1-\theta)[(2\bar{c}-1-\underline{c}^2)\theta+H_2](1-\tau)H_1-16\theta^3\underline{c}^2(1-\theta)^2(1-\tau)-r^2[(1-\tau)(1-\theta)H_2-2\tau\theta(\bar{c}-\underline{c})^2]H_1}{4(1-\theta)(1-\tau)H_1^2}$$

高成本双渠道零售商的定价为：

$$\bar{p}_{ER}^{AA}=\frac{\theta[(1-\bar{c}-\tau+\tau\underline{c})H_1+4\theta(1-\theta)(\bar{c}-\tau\underline{c})]}{2(1-\tau)H_1},\bar{p}_{er}^{AA}=\frac{1+\bar{c}}{2}$$

低成本双渠道零售商的定价为：$\underline{p}_{ER}^{AA}=\frac{\theta(r^2\underline{c}+H_1)}{2H_1}$，$\underline{p}_{er}^{AA}=\frac{1+\underline{c}}{2}$

各渠道的产品需求分别为：

$$\bar{D}_{ER}^{AA}=\frac{4\theta(1-\theta)(\bar{c}-\tau\underline{c})-\tau(\bar{c}-\underline{c})H_1}{2(1-\tau)(1-\theta)H_1}$$

$$\bar{D}_{er}^{AA}=\frac{[(1-\tau)(1-\theta)-(1-\bar{c}-\tau+\tau\underline{c})\theta]H_1-4\theta^2(1-\theta)(\bar{c}-\tau\underline{c})}{2(1-\tau)(1-\theta)H_1}$$

$$\underline{D}_{ER}^{AA}=\frac{2\theta\underline{c}}{H_1},\underline{D}_{er}^{AA}=\frac{4\theta\underline{c}-(1-\underline{c})H_1}{2H_1}$$

供应链成员利润分别为：

$$\bar{\pi}_P^{AA}=\frac{(1-\theta)H_1H_3+4(1-\theta)(1-\tau)^2\theta^2\bar{c}^2-\theta\tau^2r^2(\bar{c}-\underline{c})^2}{4(1-\theta)(1-\tau)^2H_1}$$

$$\bar{\pi}_P^{AA}=\frac{(1-\underline{c})^2H_1+4\theta^2\underline{c}^2}{4H_1}$$

$$-\frac{(\bar{c}-\underline{c})[(\tau-\tau\underline{c}+\bar{c}-1)\theta+(1-\tau)(1-\bar{c})]H_1-4\theta^2(1-\theta)(\bar{c}-\tau\underline{c})}{2(1-\theta)(1-\tau)H_1}$$

$$\bar{\pi}_R^{AA}=0$$

$$\underline{\pi}_R^{AA}=\frac{(\bar{c}-\underline{c})[(\tau-\tau\underline{c}+\bar{c}-1)\theta+(1-\tau)(1-\bar{c})]H_1-4\theta^2(1-\theta)(\bar{c}-\tau\underline{c})}{2(1-\theta)(1-\tau)H_1}$$

其中，$H_1=4\theta(1-\theta)-r^2$，$H_2=(\bar{c}-\underline{c})^2+(\bar{c}-1)^2$，$H_3=(1-\tau)^2(\bar{c}-1)^2$。

5.3.3 广告型契约分析

本部分将首先分析信息不对称时广告型契约设计的有效性，然后通过比较分析信息对称与不对称情形下的契约参数、双渠道零售商与电商平台的期望利润，考察双渠道零售商成本信息不对称对广告型契约的设计和对电商平台及双渠道零售商的影响。

（1）广告型契约菜单的有效性分析。对于信息不对称情形下电商平台设计的广告型合约菜单的有效性，结论如下。

定理 5.1 将引理 5.2 中的结果分别代入激励相容约束（IC－i）计算式中可以得到

$$\bar{\pi}_R^{AA}>\underline{p}_{ER}^{AA}\underline{D}_{ER}^{AA}+(\underline{p}_{er}^{AA}-\bar{c})\underline{D}_{er}^{AA}-\underline{F}^{AA},\ \underline{\pi}_R^{AA}=\bar{p}_{ER}^{AA}\bar{D}_{ER}^{AA}+(\bar{p}_{er}^{AA}-\underline{c})\bar{D}_{er}^{AA}-\bar{F}^{AA}。$$

由定理 5.1 可知，在广告型契约下，高、低成本双渠道零售商均没有谎报动机，因此，电商平台给出的广告契约具有“自我选择”特征。体现的管理意义为：广告模式下，电商平台设计如引理 5.2 的合约菜单，可以激励高、低成本双渠道零售商均能选择与其成本类型相对应的契约。

（2）不对称信息对广告型契约的影响。依据引理 5.1 和引理 5.2，比较分析信息对称和不对称情形下的最优广告型契约参数，得到定理 5.2。

定理 5.2 广告型契约下，针对不同成本类型的零售商，最优契约参数有以下特点：

① $\bar{s}^{AA}>\bar{s}^{AS}$，$\dfrac{\partial(\bar{s}^{AA}-\bar{s}^{AS})}{\partial\tau}>0$；$\bar{F}^{AA}>\bar{F}^{AS}$，$\dfrac{\partial(\bar{F}^{AA}-\bar{F}^{AS})}{\partial\tau}>0$。

② $\underline{s}^{AA}=\underline{s}^{AS}$；$\underline{F}^{AA}<\underline{F}^{AS}$，$\dfrac{\partial(\underline{F}^{AA}-\underline{F}^{AS})}{\partial\tau}>0$。

由定理 5.2 可知，在广告型契约下，与信息对称时情况相比，信息不对称时，若双渠道零售商为高成本类型，电商平台提供的服务水平和收取的包干服务费用均“向上扭曲”，且低成本双渠道零售商占比越大时，扭曲越厉害。若双渠道零售商为低成本类型，电商平台提供的服务水平呈现“低端不扭曲”特性，而收取的包干服务费用“向下扭曲”，且低成本双渠道零售商占比越小，扭曲越厉害。揭示的管理意义为：由于信息不对称的存在，电商平台在设计广告型契约时需调整服务水平和包干服务费用，以保证双渠道零售商能够参与合作并选择对电商平台有利的契约类型。

（3）广告契约下信息价值分析。依据引理 5.1 和引理 5.2，比较分析信息对称和不对称情形下供应链成员的绩效，得到定理 5.3。为了简化表达，先定义：

$\Delta\pi_P^A=\pi_P^{AA}-\pi_P^{AS}=\tau\underline{\pi}_P^{AA}+(1-\tau)\overline{\pi}_P^{AA}-[\tau\underline{\pi}_P^{AS}+(1-\tau)\overline{\pi}_P^{AS}]$，$\Delta\overline{\pi}_R^A=\overline{\pi}_R^{AA}-\overline{\pi}_R^{AS}$，$\Delta\underline{\pi}_R^A=\underline{\pi}_R^{AA}-\underline{\pi}_R^{AS}$，$\Delta\pi_T^A=\pi_T^{AA}-\pi_T^{AS}=\tau(\underline{\pi}_P^{AA}+\underline{\pi}_R^{AA})+(1-\tau)(\overline{\pi}_P^{AA}+\overline{\pi}_R^{AA})-[\tau(\underline{\pi}_P^{AS}+\underline{\pi}_R^{AS})+(1-\tau)(\overline{\pi}_P^{AS}+\overline{\pi}_R^{AS})]$。

分别表示信息不对称与对称情形下电商平台、高成本及低成本双渠道零售商及供应链系统绩效之差。

定理 5.3　比较引理 5.1 和引理 5.2 中供应链成员的收益可得：$\Delta\pi_P^A<0$；$\Delta\overline{\pi}_R^A=0$，$\Delta\underline{\pi}_R^A>0$；$\Delta\pi_T^A<0$。

由定理 5.3 可知，$\Delta\pi_P^A<0$ 时，电商平台的信息劣势总是对其不利，即信息不对称时电商平台的收益要低于信息对称的情形。$\Delta\overline{\pi}_R^A=0$ 时，双渠道零售商的信息优势并不总是产生信息租金。若双渠道零售商为高成本类型，信息不对称的存在使其得到的服务水平（增加其收益的促进因素）和包干服务费用（增加其收益的促进因素）呈同向扭曲，故电商平台信息劣势对其造成的影响取决于两者的扭曲程度。可以验证，虽然高成本类型双渠道零售商获得了更高的服务水平，服务水平的增加使其收入增加，但增加的收入正好抵消包干服务费用的增加，故高成本类型的双渠道零售商并未获得额外的信息租金。若双渠道零售商为低成本类型，“不扭曲”的服务水平与“向下扭曲”的包干服务费用使其获得了额外的信息租金（$\Delta\underline{\pi}_R^A>0$）。$\Delta\pi_T^A<0$ 时，信息不对称的存在总会使电商平台和双渠道零售商构成的供应链系统绩效造成损失。综上所述，定理 5.3 揭示的管理意义为：广告型契约下，对于电商平台和供应链整体而言，零售商成本信息不对称会损害其绩效；对于高成本双渠道零售商而言，信息对

称与否对其收益没有影响；对于低成本双渠零售商而言，信息不对称会增加其利润。

5.4 电商平台最优经纪人型契约设计

类似于5.3的分析，此部分将先分析信息对称和信息不对称情形下的最优经纪人型契约，然后再将两种情况下的最优契约参数及供应链成员绩效进行对比分析。

5.4.1 信息对称情形下最优经纪人型契约设计

在此情况下，决策顺序如下：第一步，电商平台提出契约 $<p_s, F>$；第二步，如果零售商接受这个契约，零售商根据契约制订两个渠道的价格 p_{ER} 和 p_{er}。

根据逆向求解法，首先求解双渠道零售商的决策问题，给定电商平台的最优契约 $<p_s^*, F^*>$ 及服务水平 s^*，双渠道零售商的决策模型为：

$$\underset{p_{ER},p_{er}}{\mathrm{Max}}\ \pi_R = (p_{ER} - p_s)\left(\frac{p_{er} - p_{ER} + rs}{1-\theta} - \frac{p_{ER} - rs}{\theta}\right) + (p_{er} - c)\left(1 - \frac{p_{er} - p_{ER} + rs}{1-\theta}\right) - F \tag{5.24}$$

将式（5.24）对 p_{ER} 和 p_{er} 求导数，可得双渠道零售商的最优反应函数为：

$$p_{ER}^* = (p_s + rs + \theta)/2 \tag{5.25}$$

$$p_{er}^* = (1 + c)/2 \tag{5.26}$$

然后，求解电商平台的决策问题，类似于5.3.1，在知晓零售商的最优反应函数下，平台在保证双渠道零售商会自愿接受契约的前提下，以自身利益最大化设计最优经纪人型契约 $<p_s^*, F^*>$ 及服务水平 s^*，所以，电商平台的决策模型为：

$$\underset{p_s,F,s}{\mathrm{Max}}\ \pi_P = p_s D_{ER} + F - s^2 \quad \text{s.t. (IR)}\ (p_{ER} - p_s) D_{ER} + (p_{er} - c) D_{er} - F \geq 0 \tag{5.27}$$

类似于5.3.1求解此优化问题，得到引理5.3，引理中用上标“CS”表示经纪人型契约且信息对称（IS）时供应链的均衡结果。

引理5.3　当$r<2\sqrt{\theta(1-c-\theta)/(1-c)}$且$c<(1-\theta)$时，经纪人型契约且信息对称的情形下均衡存在，且均衡结果如下：

最优契约为：$p_s^{CS}=0$，$F^{CS}=\dfrac{4\theta(1-\theta)[(1-c)^2H_1+4\theta^2c^2]-[(1-c)r]^2H_1}{4H_1^2}$

平台最优服务水平为：$s^{CS}=\dfrac{\theta rc}{H_1}$

零售商定价为：$p_{ER}^{CS}=\dfrac{\theta(H_1+cr^2)}{2H_1}$，$p_{er}^{CS}=\dfrac{1+c}{2}$

两条渠道的产品需求为：$D_{ER}^{CS}=\dfrac{2\theta c}{H_1}$，$D_{er}^{CS}=\dfrac{(1-c)H_1-4c\theta^2}{2H_1}$

利润分别为：$\pi_P^{CS}=\dfrac{(1-c)^2H_1+4\theta^2c^2}{4H_1}$，$\pi_R^{CS}=0$

其中，$H_1=4\theta(1-\theta)-r^2$。

5.4.2　信息不对称情形下最优经纪人型契约设计

在此种情况下，根据假设，决策顺序如下：第一步，电商平台得知零售商在渠道er上的销售成本是$\underline{c}$和$\bar{c}$，且发生的概率分别为τ和1−τ；第二步，电商平台给出契约菜单<$(\bar{p}_s,\bar{F})$，$(\underline{p}_s,\underline{F})$>；第三步，零售商从契约菜单中选一个或者退出渠道ER；第四步，如果零售商从契约菜单中选了一个，平台就必须按照契约执行，零售商会通过契约参数进行定价（$\bar{p}_{ER}$，$\bar{p}_{er}$）或（$\underline{p}_{ER}$，$\underline{p}_{er}$}。

根据逆向求解法，首先求解双渠道零售商的决策问题，给定电商平台的最优契约为<$(\bar{p}_s^*,\bar{T}^*)$，$(\underline{p}_s^*,\underline{T}^*)$>，高成本及低成本双渠道零售商的决策模型为：

$$\max_{\bar{p}_{ER},\bar{p}_{er}}\bar{\pi}_R=(\bar{p}_{ER}-\bar{p}_s)\left(\frac{\bar{p}_{er}-\bar{p}_{ER}+r\bar{s}}{1-\theta}-\frac{\bar{p}_{ER}-r\bar{s}}{\theta}\right)+(\bar{p}_{er}-\bar{c})\left(1-\frac{\bar{p}_{er}-\bar{p}_{ER}+r\bar{s}}{1-\theta}\right)-\bar{F}\tag{5.28}$$

$$\underset{\underline{p}_{ER},\underline{p}_{er}}{Max}\ \pi_R = (\underline{p}_{ER} - \underline{p}_s)\left(\frac{\underline{p}_{er} - \underline{p}_{ER} + r\underline{s}}{1-\theta} - \frac{\underline{p}_{ER} - r\underline{s}}{\theta}\right) + (\underline{p}_{er} - \underline{c})\left(1 - \frac{\underline{p}_{er} - \underline{p}_{ER} + r\underline{s}}{1-\theta}\right) - \underline{F} \tag{5.29}$$

将式（5.29）对 $\overline{p}_{ER}$ 和 $\overline{p}_{er}$ 求导数，可得高成本双渠道零售商的最优反应函数为：

$$\begin{cases}\underline{p}_{ER}^* = (r\underline{s} + \theta + \underline{p}_s)/2 \\ \underline{p}_{er}^* = (1 + \underline{c})/2\end{cases} \tag{5.30}$$

将式（5.30）对 $\underline{p}_{ER}$ 和 $\underline{p}_{er}$ 求导数，可得低成本双渠道零售商的最优反应函数为：

$$\begin{cases}\overline{p}_{ER}^* = (r\overline{s} + \theta\overline{p}_s)/2 \\ \overline{p}_{er}^* = (1 + \overline{c})/2\end{cases} \tag{5.31}$$

然后，求解电商平台的决策问题，类似于 5.2.2 的分析，电商平台可以适当设计契约菜单 $<(\overline{p}_s^*,\ \overline{F}^*),\ (\underline{p}_s^*,\ \underline{F}^*)>$ 及相对应的服务水平，使契约具有“自我选择”特性，所以，电商平台的决策模型为：

$$\underset{\overline{p}_s,\overline{F},\overline{s},\underline{F},\underline{p}_s,\underline{s}}{Max}\ \pi_P = \tau[\underline{p}_s\underline{D}_{ER}^* + \underline{F} - \underline{s}^2] + (1-\tau)[\overline{p}_s\overline{D}_{ER}^* + \overline{F} - \overline{s}^2]$$

$$s.t.\begin{cases}(IR-H)(\overline{p}_{ER}^* - \overline{p}_s)\overline{D}_{ER}^* + (\overline{p}_{er}^* - \overline{c})\overline{D}_{er}^* - \overline{F} \geqslant 0 \\ (IR-L)(\underline{p}_{ER}^* - \underline{p}_s)\underline{D}_{ER}^* + (\underline{p}_{er}^* - \underline{c})\underline{D}_{er}^* - \underline{F} \geqslant 0 \\ (IC-H)(\overline{p}_{ER}^* - \overline{p}_s)\overline{D}_{ER}^* + (\overline{p}_{er}^* - \overline{c})\overline{D}_{er}^* - \overline{F} \geqslant (\underline{p}_{ER}^* - \underline{p}_s)\underline{D}_{ER}^* + (\underline{p}_{er}^* - \overline{c})\underline{D}_{er}^* - \underline{F} \\ (IC-L)(\underline{p}_{EM}^* - \underline{p}_s)\underline{D}_{ER}^* + (\underline{p}_{er}^* - \underline{c})\underline{D}_{er}^* - \underline{F} \geqslant (\overline{p}_{ER}^* - \overline{p}_s)\overline{D}_{ER}^* + (\overline{p}_{er}^* - \underline{c})\overline{D}_{er}^* - \overline{F}\end{cases} \tag{5.32}$$

类似于 5.2.2 求解此优化问题，得到引理 5.4，引理中用上标“CA”表示经纪人型契约且信息不对称（IA）时供应链的均衡结果。

引理 5.4 经纪人型契约且信息不对称情形下，电商平台通过设计契约菜单揭示双渠道零售商的成本信息，此时最优契约为：

$$\overline{p}_s^{CA} = \tau\theta(\overline{c} - \underline{c})/(\tau - 1),\ \underline{p}^{CA} = 0$$

$$\overline{F}^{CA}=\frac{4\theta(1-\theta)[(1-\overline{c})^2H_1+4\theta^2\overline{c}^2]-[(1-\overline{c})r]^2H_1}{4H_1^2}$$
$$+\frac{4(1-\theta)\theta^3\tau(\overline{c}-\underline{c})(\tau\overline{c}+\tau\underline{c}-2\overline{c})}{(1-\tau)^2H_1^2}$$

$$\underline{F}^{CA}=\frac{4\theta(1-\theta)[(1-\underline{c})^2H_1+4\theta^2\underline{c}^2]-[(1-\underline{c})r]^2H_1}{4H_1^2}$$
$$+\frac{(\overline{c}-\underline{c})\ [4\theta^2(\overline{c}-\tau\underline{c})-(1-\tau)(1-\overline{c})H_1]}{2(1-\tau)H_1^2}$$

电商平台的最优服务水平为：$\overline{s}^{CA}=r\theta(\overline{c}-\tau\underline{c})/[(1-\tau)H_1]$，$\underline{s}^{CA}=\theta r\underline{c}/H_1$

零售商的定价为：

$$\overline{p}_{ER}^{CA}=\frac{\theta[(1-\overline{c}-\tau+\tau\underline{c})H_1+4\theta(1-\theta)(\overline{c}-\tau\underline{c})]-\tau\theta(\overline{c}-\underline{c})H_1}{2(1-\tau)H_1},\overline{p}_{er}^{CA}=\frac{1+\overline{c}}{2}$$

$$\underline{p}_{ER}^{CA}=\frac{\theta(r^2\underline{c}+H_1)}{2H_1},\underline{p}_{er}^{CA}=\frac{1+\underline{c}}{2}$$

两渠道的产品需求分别为：

$$\overline{D}_{ER}^{CA}=\frac{2\theta(\overline{c}-\tau\underline{c})}{(1-\tau)H_1},\overline{D}_{er}^{CA}=\frac{(1-\tau)(1-\overline{c})H_1-4\theta^2(\overline{c}-\tau\underline{c})}{2(1-\tau)H_1}$$

$$\underline{D}_{ER}^{CA}=\frac{2\theta\underline{c}}{H_1},\underline{D}_{er}^{CA}=\frac{(1-\underline{c})H_1-4\theta^2\underline{c}}{2H_1}$$

供应链成员利润分别为：

$$\overline{\pi}_{P}^{CA}=\frac{(1-\overline{c})^2H_1+4\theta^2\overline{c}^2}{4H_1}-\frac{\theta^2\tau^2(\overline{c}-\underline{c})^2}{(1-\tau)^2H_1}$$

$$\underline{\pi}_{P}^{CA}=\frac{(1-\underline{c})^2H_1+4\theta^2\underline{c}^2}{4H_1}+\frac{(\overline{c}-\underline{c})^2[4\theta^2(1+\tau)+(1-\tau)H_1]}{4(1-\tau)H_1}$$

$$\overline{\pi}_{R}^{CA}=0,\underline{\pi}_{R}^{CA}=\frac{(\overline{c}-\underline{c})[(1-\tau)(1-\overline{c})H_1-4\theta^2(\overline{c}-\tau\underline{c})]}{2(1-\tau)H_1}$$

其中，$H_1=4\theta(1-\theta)-r^2$。

5.4.3 经纪人型契约分析

本部分将先分析信息不对称时经纪人型契约设计的有效性，然后通过比较分析信息对称与不对称情形下的契约参数、电商平台与零售商的期望利润，考察成本信息不对称对经纪人型契约设计与电商平台参与及双渠道零售商的影响。

(1) 经纪人型契约菜单的有效性分析。对于信息不对称情形下电商平台的经纪人型契约菜单的有效性，结论如下。

定理 5.4 将引理 5.4 中的结果分别代入激励相容约束计算式中可以得到：$\overline{\pi}_R^{CA} > (\underline{p}_{ER}^{CA} - \underline{p}_s^{CA})\underline{D}_{ER}^{CA} + (\underline{p}_{er}^{CA} - \overline{c})\underline{D}_{er}^{CA} - \underline{F}^{CA}$，$\underline{\pi}_R^{CA} = \overline{p}_{ER}^{CA}\overline{D}_{ER}^{CA} + (\overline{p}_{er}^{CA} - \underline{c})\overline{D}_{er}^{CA} - \overline{F}^{CA}$。

将引理 5.4 中的结果代入激励相容约束（IC－H）计算式中可得：

$$\overline{\pi}_R^{CA} - [\underline{p}_{ER}^{CA}\underline{D}_{ER}^{CA} + (\underline{p}_{er}^{CA} - \overline{c})\underline{D}_{er}^{CA}] - \underline{F}^{CA} = \frac{[4\theta^2 + (1-\tau)H_1](\overline{c} - \underline{c})^2}{2(1-\tau)H_1} > 0$$

将引理 5.5 中的结果代入激励相容约束（IC－L）计算式中可得：

$$\underline{\pi}_R^{CA} - [\overline{p}_{ER}^{CA}\overline{D}_{ER}^{CA} + (\overline{p}_{er}^{CA} - \underline{c})\overline{D}_{er}^{CA} - \overline{F}^{CA}] = 0$$

由定理 5.4 可知，与广告型契约一样，经纪人型契约同样也具有“自我选择”特征。体现的管理意义为：经纪人型契约模式下，电商平台设计符合引理 5.4 中公式要求的合约菜单，可以激励高、低成本双渠道零售商均能选择与其成本类型相对应的契约。

(2) 不对称信息对经纪人型契约的影响。依据引理 5.3 和引理 5.4，比较分析信息对称和不对称情形下的最优经纪人契约参数，得到定理 5.5。

定理 5.5 针对不同成本类型的零售商，最优经纪人契约参数有以下特点：

① $\overline{p}_s^{CA} < \overline{p}_s^{CS}$，$\frac{\partial(\overline{p}_s^{CS} - \overline{p}_s^{CA})}{\partial\tau} > 0$；$\overline{F}^{CA} > \overline{F}^{CS}$，$\frac{\partial(\overline{F}^{CA} - \overline{F}^{CS})}{\partial\tau} > 0$。

② $\underline{p}_s^{CA} = \underline{p}_s^{CS}$；$\underline{F}^{CS} > \underline{F}^{CA}$，$\frac{\partial(\underline{F}^{CS} - \underline{F}^{CA})}{\partial\tau} < 0$。

由定理 5.5 可知，在经纪人型契约下，与信息对称时的情形相比，信息不对称时，若双渠道零售商为高成本类型，电商平台收取的单位服务费用“向下扭曲”，固定服务费用“向上扭曲”，且均随着低成本零售商占比变大，扭曲越厉害。若双渠道零售商为低成本类型，电商平台收取的单位服务费用呈现“低端不扭曲”特性，而收取的固定服务费用“向下扭曲”，且随着低成本双渠道零售商占比越小，扭曲越厉害。揭示的管理意义为：由于信息不对称的存在，电商平台在设计经纪人型契约时也需调整单位服务费用和固定服务费用，以保证双渠道零售商能够参与合作并选择对电商平台有利的契约类型。

（3）经纪人契约下信息价值分析。依据引理 5.3 和引理 5.4，比较分析信息对称和不对称情形下供应链成员的绩效，得到定理 5.7。为了简化表达，先定义：

$$\Delta\pi_P^C = \pi_P^{CA} - \pi_P^{CS} = \tau\underline{\pi}_P^{CA} + (1-\tau)\overline{\pi}_P^{CA} - [\tau\underline{\pi}_P^{CS} + (1-\tau)\overline{\pi}_P^{CS}],$$

$$\Delta\overline{\pi}_R^C = \overline{\pi}_R^{CA} - \overline{\pi}_R^{CS}, \Delta\underline{\pi}_R^C = \underline{\pi}_R^{CA} - \underline{\pi}_R^{CS},$$

$$\begin{aligned}\Delta\pi_T^{CA} &= \pi_T^{CA} - \pi_T^{CS}\\ &= \tau(\underline{\pi}_P^{CA} + \underline{\pi}_R^{CA}) + (1-\tau)(\overline{\pi}_P^{CA} + \overline{\pi}_R^{CA}) - [\tau(\underline{\pi}_P^{CS} + \underline{\pi}_R^{CS}) + (1-\tau)(\overline{\pi}_P^{CS} + \overline{\pi}_R^{CS})]\end{aligned}$$

上述分别表示信息不对称与对称情形下电商平台、高成本及低成本双渠道零售商及供应链系统绩效之差。

定理 5.6 比较引理 5.3 和引理 5.4 中各成员的利润可得：$\Delta\pi_P^C < 0$；$\Delta\overline{\pi}_R^C = 0$，$\Delta\underline{\pi}_R^C > 0$；$\Delta\pi_T^C < 0$。

由定理 5.6 可知，$\Delta\pi_P^C < 0$ 时电商平台的信息劣势总是对其不利，即信息不对称时电商平台的收益要低于信息对称时的情形。$\Delta\underline{\pi}_R^C = 0$ 时，双渠道零售商的信息优势并不总是产生信息租金。若双渠道零售商为高成本类型，信息不对称的存在使其得到的单位服务费用和固定服务费用呈反向扭曲，故电商平台信息劣势对其造成的影响取决于两者的扭曲程度。可以验证，虽然高成本类型双渠道零售商需付出的单位服务费用下降，使其收益增加，但增加的固定服务费用正好将这部分增加的收益抵消，故高成本类型双渠道零售商并未获得额外的信息租金。$\Delta\underline{\pi}_R^C > 0$ 时，若双渠道零售商为低成本类型，“不扭曲”的单位服务费用与“向下扭曲”的固定服务费用使其获得了额外的信息租金。$\Delta\pi_T^C < 0$ 时，信息不对称的存在总会使电商平台和双渠道零售商构成的供应链系统绩

效造成损失。综上所述，定理 5.6 揭示的管理意义为：经纪人型契约下，对于电商平台和供应链整体而言，零售商成本信息不对称会损害其绩效；对于高成本双渠道零售商而言，信息对称与否对其收益没有影响；对于低成本双渠零售商而言，信息不对称会增加其利润。

5.5 广告型契约与经纪人型契约的对比分析

本部分将对广告型契约与经纪人型契约下供应链的绩效进行对比分析。

5.5.1 双渠道零售商的收益分析

分别在信息对称和信息不对称情况下，对比分析双渠道零售商在不同契约下的绩效可得如下结论。

定理 5.7 比较两种类型契约下双渠道零售商的收益可得：信息对称情形下，$\pi_R^{AS}=\pi_R^{CS}$；信息不对称情形下，$\overline{\pi}_R^{AA}=\overline{\pi}_R^{CA}$；$\underline{\pi}_R^{AA}>\underline{\pi}_R^{CA}$，$\partial(\underline{\pi}_R^{AA}-\underline{\pi}_R^{CA})/\partial\tau>0$。

由定理 5.7 可得，信息对称时，两种契约下双渠道零售商的收益相等。信息不对称时，对于高成本双渠道零售商而言，两种契约下收益相等；而对于低成本双渠道零售商而言，双渠道零售商和平台间订立广告型契约对其更有利，而且有利程度会随着低成本双渠道零售商占比的增加而增加。揭示的管理意义为：信息对称时，契约类型对双渠道零售商的收益没有影响；信息不对称时，契约类型对高成本双渠道零售商的收益没有影响，而低成本双渠道零售商在广告型契约下获利更多，且低成本双渠道零售商占比越高，获利程度就越高。

5.5.2 电商平台的收益分析

分别在信息对称和信息不对称情况下，对比分析电商平台在不同契约下的绩效可得如下结论。

定理 5.8 比较两种类型契约下电商平台的利润可得：信息对称情形下，

$\pi_P^{AS}=\pi_P^{CS}$；信息不对称情形下，$\pi_P^{AA}<\pi_P^{CA}$，$\partial(\pi_P^{CA}-\pi_P^{AA})/\partial\tau>0$。

由定理 5.8 可得，信息对称时，两种类型契约下电商平台的收益相等；信息不对称时，双渠道零售商和平台间订立经纪人契约对其更有利，而且有利程度会随着低成本双渠道零售商占比的增加而增加。揭示的管理意义为：电商平台在经纪人型契约下获利比在广告型契约下多，且低成本双渠道零售商占比越高，获利程度就越高。

5.5.3　供应链的收益分析

分别在信息对称和信息不对称情况下，对比分析供应链整体在不同类型契约下的绩效可得如下结论。

定理 5.9　比较各引理中供应链总利润可得：信息对称情形下，$\pi_T^{AS}=\pi_T^{CS}$；信息不对称情形下，$\pi_T^{AA}>\pi_T^{CA}$，$\partial(\pi_T^{AA}-\pi_T^{CA})/\partial\tau>0$。

由定理 5.9 可得，信息对称时，两种形式契约下供应链总收益不变。只有在信息不对称时，契约类型的改变会影响供应链的总收益，即采用广告型契约时，供应链的总收益较优，且优势程度随市场中低成本零售商占比的增加而增加。揭示的管理意义为：相比于经纪人型契约，供应链在广告型契约下总收益较高，且低成本双渠道零售商占比越高，获利程度就越高。

5.6　数值仿真

下面通过数值算例直接考察上述理论分析结果，设置参数 $\theta=0.7$，$\bar{c}=0.1$，$\underline{c}=0.05$，$r=0.2$，考察 τ 对契约、电商平台、双渠道零售商及供应链整体的影响。

5.6.1　契约参数分析

对比分析引理 5.1、引理 5.2 中的最优契约参数，结果如图 5.2 所示。

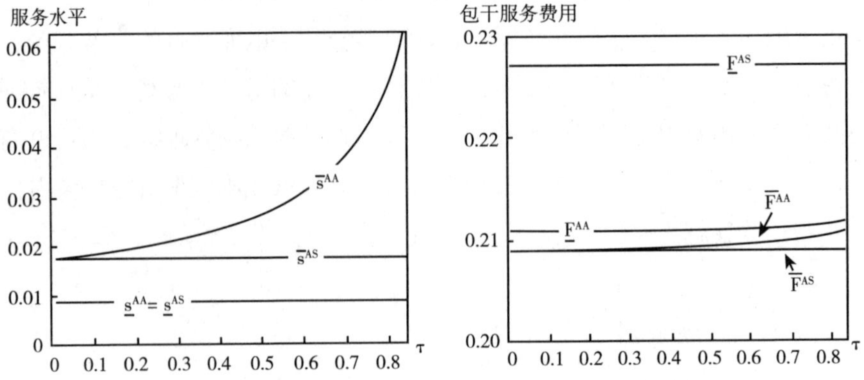

（a）服务水平示意图　　（b）包干服务费用示意图

图 5.2　广告型契约参数分析

由图 5.2（a）可直观看出，$\bar{s}^{AA}>\bar{s}^{AS}$，$\underline{s}^{AA}=\underline{s}^{AS}$，且随着 τ 值的减少，$\bar{s}^{AA}$ 越来越靠近 $\bar{s}^{AA}$。由图 5.2（b）可直观看出，$\bar{F}^{AA}>\bar{F}^{AS}$，且随着 τ 值的减少，$\bar{F}^{AA}$ 越来越靠近 $\bar{F}^{AS}$；由图 5.2（b）还可看出，$\underline{F}^{AA}<\underline{F}^{AS}$，且随着 τ 值的增加，$\underline{F}^{AA}$ 越来越靠近 $\underline{F}^{AS}$。综上所述，图 5.2 可验证定理 5.2 的结论。

对比分析引理 5.3、引理 5.4 中的最优契约参数，结果如图 5.3 所示。

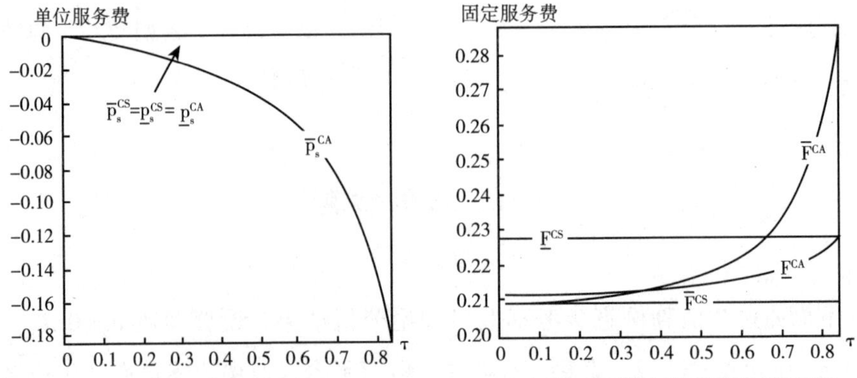

（a）单位服务费示意图　　（b）零售商需付出的固定服务费示意图

图 5.3　经纪人型契约参数分析

由图 5.3（a）可直观看出，$\bar{p}_s^{CA}<\bar{p}_s^{CS}$，$\underline{p}_s^{CA}=\underline{p}_s^{CS}$，且随着 τ 值的减少，$\bar{p}_s^{CA}$ 越来越靠近 $\bar{p}_s^{CS}$。由图 5.3（b）可直观看出，$\bar{F}^{CA}>\bar{F}^{CS}$，且随着 τ 值的减少，$\bar{F}^{CA}$ 越来越靠近 $\bar{F}^{CS}$；由图 5.3（b）还可看出，$\underline{F}^{CA}<\underline{F}^{CS}$，且随着 τ 值的增加，

$\underline{F}^{CA}$越来越靠近$\underline{F}^{CS}$。综上所述，图5.3可验证引理5.6的结论。

5.6.2　绩效分析

对比分析引理5.1～引理5.4中电商平台、双渠道零售商和供应链整体的收益，结果如图5.4所示。

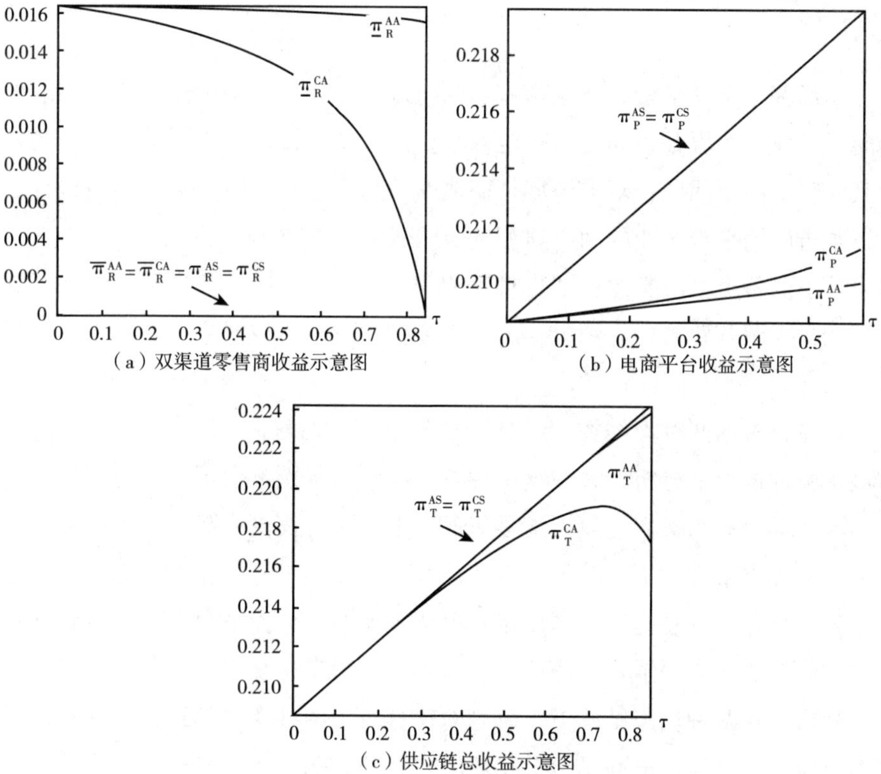

（a）双渠道零售商收益示意图

（b）电商平台收益示意图

（c）供应链总收益示意图

图5.4　两种类型契约下供应链成员收益对比分析

图5.4（a）可直观看出，$\pi_R^{AS}=\pi_R^{CS}$；$\overline{\pi}_R^{AA}=\overline{\pi}_R^{CA}$；$\underline{\pi}_R^{AA}>\underline{\pi}_R^{CA}$，且随着τ值的减少，$\underline{\pi}_R^{AA}$与$\underline{\pi}_R^{CA}$越来越接近；所以可验证定理5.7的结论。而且还可以发现，信息对称情形下，由于双渠道零售商没有信息优势，再加上决策劣势，将只能得到自己的保留收益。而高成本双渠道零售商由于没有成本优势，加上决策劣势，也将只能得到自己的保留收益。

由图 5.4（b）可直观看出，$\pi_P^{AS}=\pi_P^{CS}$；$\pi_P^{AA}<\pi_P^{CA}$，且随着 τ 值的减少，π_P^{AA} 与 π_P^{CA} 越来越接近。所以可验证定理 5.8 的结论。

由图 5.4（c）可直观看出，$\pi_T^{AS}=\pi_T^{CS}$；$\pi_T^{AA}>\pi_T^{CA}$，且随着 τ 值的减少，π_T^{AA} 与 π_T^{CA} 越来越接近。所以可验证定理 5.9 的结论。

5.7 本章小结

本章基于电商平台和双渠道零售商组成的在线平台销售模式，研究了作为匹配买卖双方的服务中间商——电商平台，应如何设计最优服务契约以同时解决其面临的两个问题：双渠道零售商成本信息不对称及服务契约类型选择。因此，基于电商平台企业的两个典型的收入模式（广告模式和经纪人模式），本章设计了两种类型的契约：广告型契约和经纪人型契约。广告型契约下，服务水平和包干服务费被事先约定；经纪人型契约下，单位服务费和固定服务费被事先约定。

首先，根据两种契约类型，分别构建了信息对称和不对称下的优化模型，对最优契约进行了分析，并在这两种类型契约下分别考察了双渠道零售商成本信息不对称对契约参数、双渠道零售商、电商平台及供应链整体的影响。研究发现，两种类型契约下，双渠道零售商成本信息不对称的存在都会使最优契约参数发生变化，且总是造成高成本双渠道零售商、电商平台和供应链整体绩效损失，仅低成本双渠道零售商能够获得额外的信息租金。

其次，在两种信息结构下，分别对比分析了两种类型契约，以考察契约类型对双渠道零售商、电商平台及供应链整体的影响。研究发现，成本信息对称时，契约类型对双渠道零售商和电商平台的收益均没有影响。但成本信息不对称时，高成本双渠道零售商的收益在两种契约下绩效相同；低成本零售商在广告型契约下绩效较优，且优势程度随着市场中低成本双渠道零售商占比的增加而增加。对于电商平台而言，经纪人型契约下绩效始终较优，且优势程度随低成本双渠道零售商比例的增加而增加；对于供应链整体而言，广告型契约下收益始终较优，且优势程度随低成本双渠道零售商比例的增加而增加。

第 6 章

需求信息不对称下电商平台博弈结构策略与零售商信息共享策略研究

6.1 引　言

在线平台销售已发展成为我国电子商务的主体模式之一，参与在线平台销售的主要成员有三个：为消费者提供产品的电商、提供匹配电商和消费者服务的电商平台、提供物流配送的3PL。其中，电商作为产品提供商，信息技术的发展极大地改进了其获取产品市场需求、消费者采购行为信息的途径和效率（聂佳佳等，2012）。另外，由于竞争和社会经济环境的持续变化，需求多样化、产品生命周期缩短等因素日益加剧了供应链的不确定性（Ha et al.，2017），密切跟踪和预测需求的变化对电商而言显得日益重要（Shi et al.，2018）。在大数据背景下，市场信息的开发和利用已是当前企业的机遇和挑战。因此，对于电商而言，如何在供应链中合理共享此类需求预测信息以最大化自身利益日益重要。另外，电商平台和第三方物流作为在线平台销售模式中重要的服务提供商，经过多年的发展，博弈模式也日趋多样化，其中电商平台作为领导者最为常见，而第三方物流的迅速发展，使得第三方物流的市场能力日益增强，出现了电商平台和第三方物流市场能力相当（比如京东到家和达达），甚至是第三方物流作为领导者的合作模式（比如网易严选这类稍小电商平台，在建立初期需通过顺丰物流的高质量物流服务打开市场，此时顺丰将会处于领导地位）。不同的博弈结构关系直接决定了供应链成员在市场中的决策顺序，进而影响供应链成员的利益（王滔等，2017）。作为在线电商平台销售模式中拥有资源最多、权力最大的成员，如何利用博弈结构使自身利益最大，也是各大电商平台亟待解决的问题。

综上所述，在“电商平台—第三方物流—零售商”在线平台销售模式中，零售商的需求预测信息共享策略和电商平台的博弈结构选择策略也会相互影响、相互制约。所以，本章的目的在于在“零售商—电商平台—物流”在线平台销售模式中讨论零售商需求预测信息共享策略和电商平台博弈结构选择策略间的博弈关系。

本章的研究主要对以下三方面研究有所贡献：在线平台销售模式的研究、需求预测信息共享的研究、博弈结构改变对供应链影响的研究。随着电商平台的迅猛发展，已有一部分研究开始从供应链角度对电商平台经营策略进行内生化讨论。例如，前面章节已经提到的，瑞安等（Ryan et al.，2012）、科沃克等（Kwark et al.，2014）、陈等（Chen et al.，2015）研究了在线零售商的电商平台开放问题。阿布舍克等（Abhishek et al.，2016）、科沃克等（Kwark et al.，2017）、田等（Tian et al.，2018）、王玉燕等（2018）也作了相关的研究。但上述研究大都是在完全信息背景下研究在线平台销售，且大都没有讨论3PL及电商平台的服务特性。然而，信息对于在线销售的价值越来越显著，在线销售离不开3PL，且在在线平台销售中电商平台充当着服务商的角色，因而有必要讨论信息不完全、3PL以及电商平台服务特性对在线平台销售模式的影响。所以，本章研究对此类文献的贡献在于，研究了信息不完全下的在线平台销售模式，以及在在线平台销售模式中内生化讨论了3PL和电商平台的服务特性，这都是对在线平台销售模式研究的进一步扩展和补充。

涉及需求预测信息共享对供应链影响的文献主要通过比较“完全信息共享、没有信息共享”两种边界信息环境，考查信息共享问题及对供应链绩效的影响。其中，李（Li，2002）首次将信息共享问题引入供应链，针对一个供应商和多个竞争性零售商组成的供应链，考虑到存在“泄露效应”，通过两种信息环境的比较揭示零售商纵向信息共享对横向竞争电商和制造商的影响，以及信息共享激励问题。之后，大量学者开始对供应链的信息共享问题进行研究。比如，岳等（Yue et al.，2006）、艾兴政等（2008）、米什拉等（Mishra et al.，2010）、滕文波等

(2011, 2012)、聂佳佳等 (2013, 2014)、严等 (Yan et al. , 2015)、沙米尔等 (Shamir et al. , 2016)、张等 (Zhang et al. , 2017) 等的研究。上述研究大都是针对传统供应链，基于“完全共享、完全不共享”的视角进行研究。而近年来电子商务迅猛发展，特别是在线平台销售模式，因而有必要研究不完全信息下的在线平台销售模式。所以，本章研究对于此类文献的贡献在于，研究了制造商需求预测信息共享策略对在线平台销售模式中各成员绩效及电商平台博弈结构选择策略的影响，这使得信息共享从只有“完全共享、完全不共享”，变成了如何进行信息共享（只与电商平台共享、只与3PL共享、都共享），这是对需求预测信息共享研究的进一步扩展和补充。

此外，本章的研究还与供应链中博弈结构的研究有关。崔 (Choi, 1991) 较早针对两个差异化竞争制造商和一个零售商组成的供应链，分别构建了制造商领导、零售商领导和双方均势三种博弈结构模型；埃特克 (Ertek, 2002) 给出了现实中不同博弈结构的例子，比如微软和英特尔公司，制造商处于主导地位；像沃尔玛和特斯科公司，零售商占据主导地位。在此基础上，大量学者的研究中开始考虑成员的权力差异带来的博弈结构改变对供应链的影响。比如，魏等 (Wei et al. , 2013)、王玉燕和申亮 (2014)、李新然等 (2014)、薛等 (Xue et al. , 2014)、边等 (Bian et al. , 2016)、姚树俊等 (2016)、高 (Gao et al. , 2016)、王等 (Wang et al. , 2017) 等的研究。

鉴于以上分析，在“零售商—电商平台—物流”在线平台销售模式中，考虑到零售商拥有私有需求预测信息、电商平台拥有博弈结构的决定权，本章研究中建立了三种博弈结构（电商平台和3P LNASH均衡博弈、电商平台领导的Stackelberg博弈、3PL领导的Stackelberg博弈）下四种需求预测信息共享策略（不共享、只与电商平台共享、只与3PL共享、都共享）的优化模型，通过求解相关优化模型得到各方收益。首先，在三种博弈结构下，研究了零售商的最优需求预测信息共享策略。其次，在四种信息共享策略下，研究了电商平台的最优博弈结构选择策略。最后，结合以上研究结果，得出了零售商需求预测信息共享策略和电商平台博弈结构选择策略的博弈结果。期望所得结论能为零售商在信息共享策略选择以及电商平台在博弈结构选择方面的问题提供科学依据。相对于已有研究，本章研究的理论价值主要体现为，首次讨论了在线平台销售模式下需求预测信息共享策略与博弈结构选择策略的相互影响，这是对在线平台销售模式和需求预测信息共享相关文献的补充。

6.2 模型描述

本章中考虑一个零售商（R）、一个电子商务平台（P）和一个第三方物流（3PL）组成的在线平台销售模式，零售商通过电商平台获取订单，再通过第三方物流将产品送到消费者手中，交易完成。零售商拥有需求预测信息并且有四种信息共享策略：不共享、只与电商平台共享、只与 3PL 共享及都共享。电商平台拥有决定博弈结构的能力并且有三种博弈结构供其选择：电商平台和 3PL Nash 均衡博弈、电商平台领导的 Stackelberg 博弈、3PL 领导的 Stackelberg 博弈。

6.2.1 需求函数

在在线平台销售过程中，除了商品价格之外，电商平台的服务水平也已成为影响需求的另一重要因素，比如淘宝 App 能根据消费者历史购买记录、搜索记录、浏览记录为消费者定期推荐产品，这种服务能使消费者快速地匹配到需求产品，增加销售量。所以，类似于陆等（Lu et al.，2011）的做法，构建关于产品价格和服务的线性需求函数，可表示为：

$$D = a - bp_R + ks$$

其中，a 是市场潜在需求；p_R 为商品价格；b 为价格敏感系数；s 为电商平台提供给零售商的服务水平；k 为服务水平敏感系数。

6.2.2 信息结构

根据李（Li，2002）和聂佳佳（2013、2014）的研究，假设 a 是一个随机变量，且 $a = a_0 + e$，$e \sim N(0, v)$。其中，a_0 为市场潜在需求的确定性部分，e 为市场波动，随机变量 e 的期望为 0，方差为 v。

假设零售商可以通过分析历史数据等方法对市场波动进行预测，大量的研究进行了类似的假设，如李等（Li et al.，2002）、米什尔等（Mishra et al.，2010）、岳等（Yue et al.，2006）、艾兴政等（2008）的研究。设零售商对潜在需求 a 的预测变为：$f = a + \varepsilon$，$\varepsilon \sim N(0, m)$。ε 为误差项，且其期望为 0，方差为 m。

由李（Li，2002）和聂佳佳（2013、2014）的研究可得（由于此处结论与所引文献证明一致，故证明过程略去）：

$$E(a|f) = \frac{m}{v+s}a_0 + \frac{v}{v+m}f, E[(f-a_0)^2] = v + m$$

类似于李（Li，2002）和聂佳佳（2013、2014）文献中的描述，将 $t = v/(v+m)$ 作为市场信息预测精度的指标，显然 $t \in (0,1)$，其值越大就说明电商预测得越准，反之就越不准。于是 $E(a|f) = (1-t)a_0 + tf$。

6.2.3 模型假设及符号释义

本章假设如下：

（1）假设市场潜在需求 a 为共同知识，且除了零售商的预测信息 f 为其私有信息，其余信息也均为共同知识。

（2）岳等（Yue et al.，2006）证明了信息泄露的存在，基于这一证明，假设 Stackelberg 被领导者总是拥有 Stackelberg 领导者私有信息，即后决策者总是拥有先决策者的私有信息。

（3）零售商通过电商平台的服务进行销售，所以需要向电商平台支付服务费用，电商平台每单位的服务费用为 p_S；以包邮模式可以降低消费者的心理成本，增加需求量，所以假设物流费用由零售商支付，每单位的物流服务费用为 p_L。

（4）类似于陆等（Lu et al.，2011）和蔡等（Tsay et al.，2000）的做法，假定服务水平以二次项 $\eta s^2/2$ 的形式影响电商平台的成本，η 为电商平台的服务成本因子，η 反映了电商平台服务效率，η 越小代表电商平台服务效率越高，反之，越低。3PL 运输以单位交易，每单位会产生 c_l 的成本。

（5）博弈结构由电商平台决定，共三种策略：电商平台和 3PL Nash 均衡博弈、电商平台领导的 Stackelberg 博弈、3PL 领导的 Stackelberg 博弈；信息共享结构由零售商决定，共有四种策略：不共享信息、只与电商平台共享信息、只与 3PL 共享信息、都共享信息。

（6）$\prod_{jm}^{i}(i = NA, PS, LS; j = M, P, L; m = N, P, L, B)$ 表示 i 博弈结构且 m 信息共享结构下的 j 利润函数；i = NA，PS，LS，分别表示电商平台和 3PL Nash 均衡博弈、电商平台领导的 Stackelberg 博弈、3PL 领导的 Stackelberg 博弈。m = N，P，L，B，分别表示零售商不共享需求预测信息、只与电商平台共享、只与 3PL 共享、与两者都共享。j = M，P，L 分别表示零售商、电商平台和 3PL。

本章符号及释义如表 6.1 所示。

表 6.1　　符号及释义

符号	释义	符号	释义
a	市场潜在需求，$a = a_0 + e$	p_R	商品价格
b	价格敏感系数	s	电商平台提供的服务水平
k	服务水平敏感系数	a_0	市场潜在需求的确定性部分
e	市场波动，$e \sim N(0, v)$	f	需求预测信息，$f = a + \varepsilon$，$\varepsilon \sim N(0, m)$
t	信息预测精度，$t = v/(v + m)$		

6.3　模型求解

由博弈过程可知，不同选择下存在 12 种策略（见表 6.2）。

表6.2　　不同选择下的12种策略

博弈结构	信息共享情况			
	不共享	只与电商平台共享	只与3PL共享	都共享
电商平台和3PL Nash均衡博弈	策略NAN	策略NAP	策略NAL	策略NAB
电商平台领导的Stackelberg博弈	策略PSN	策略PSP	策略PSL	策略PSB
3PL领导的Stackelberg博弈	策略LSN	策略LSP	策略LSL	策略LSB

博弈结构的改变会改变供应链成员的决策顺序。电商平台和3PL Nash均衡博弈（简称NA博弈）下，决策顺序为：第一步，电商平台和3PL同时决策，电商平台制订电商平台服务价格和服务水平，3PL制订物流价格；第二步，零售商制订商品价格。电商平台领导的Stackelberg博弈（简称PS博弈）下，决策顺序为：第一步，电商平台制订电商平台服务价格和服务水平；第二步，3PL制订物流价格；第三步，零售商制订商品价格。3PL领导的Stackelberg博弈（简称LS博弈）下，决策顺序为：第一步，3PL制订物流价格；第二步，电商平台制订电商平台服务价格和服务水平；第三步，零售商制订商品价格。

信息共享情况的改变将会改变供应链成员的信息决策依据，若零售商不共享其需求预测信息，那么零售商将根据市场信息及其预测信息进行决策，而电商平台和3PL仅能依据市场信息进行决策。若零售商只与电商平台共享其需求预测信息，那么零售商和电商平台将根据市场信息及其预测信息进行决策，而3PL仅能依据市场信息进行决策。零售商只与3PL共享信息及都共享情况下，逻辑类似，不予赘述。接下来，将分别求解这12种策略的均衡结果。为了方便分析，根据博弈结构分类进行分类求解。

6.3.1　电商平台和3PL Nash均衡博弈

在此博弈结构下，结合逆向归纳法进行分析，四种信息共享结构下，“电商平台—物流—零售商”在线平台销售模式中各成员的决策模型分别如下。

零售商不共享信息（策略 NAN）时：

$$\begin{cases}\underset{p_S,s}{\mathrm{Max}}\prod_{PN}^{NA}=E\left[p_S(a-bp_R+ks)-\frac{\eta}{2}s^2\right]\\ \underset{p_L}{\mathrm{Max}}\prod_{LN}^{NA}=E[(p_L-c_L)(a-bp_R+ks)]\end{cases}\tag{6.1}$$

$$\text{s. t. }\underset{p_R}{\mathrm{Max}}\prod_{RN}^{NA}=E[(p_R-p_S-p_L)(a-bp_R+ks)\mid f]$$

零售商只与电商平台共享信息（策略 NAP）时：

$$\begin{cases}\underset{p_S,s}{\mathrm{Max}}\prod_{PP}^{NA}=E\left[p_S(a-bp_R+ks)-\frac{\eta}{2}s^2\mid f\right]\\ \underset{p_L}{\mathrm{Max}}\prod_{LP}^{NA}=E[(p_L-c_L)(a-bp_R+ks)]\end{cases}\tag{6.2}$$

$$\text{s. t. }\underset{p_R}{\mathrm{Max}}\prod_{RP}^{NA}=E[(p_R-p_S-p_L)(a-bp_R+ks)\mid f]$$

零售商只与 3PL 共享信息（策略 NAL）时：

$$\begin{cases}\underset{p_S,s}{\mathrm{Max}}\prod_{PL}^{NA}=E\left[p_S(a-bp_R+ks)-\frac{\eta}{2}s^2\right]\\ \underset{p_L}{\mathrm{Max}}\prod_{LL}^{NA}=E[(p_L-c_L)(a-bp_R+ks)\mid f]\end{cases}\tag{6.3}$$

$$\text{s. t. }\underset{p_R}{\mathrm{Max}}\prod_{RL}^{NA}=E[(p_R-p_S-p_L)(a-bp_R+ks)\mid f]$$

零售商与电商平台和 3PL 都共享信息（策略 NAB）时：

$$\begin{cases}\underset{p_S,s}{\mathrm{Max}}\prod_{PB}^{NA}=E\left[p_S(a-bp_R+ks)-\frac{\eta}{2}s^2\mid f\right]\\ \underset{p_L}{\mathrm{Max}}\prod_{LB}^{NA}=E[(p_L-c_L)(a-bp_R+ks)\mid f]\end{cases}\tag{6.4}$$

$$\text{s. t. }\underset{p_R}{\mathrm{Max}}\prod_{RB}^{NA}=E[(p_R-p_S-p_L)(a-bp_R+ks)\mid f]$$

根据贝叶斯纳什均衡求解过程，求解式（6.1）~式(6.4)，可得到 NA 博弈下，四种信息共享结构下各成员的最优决策及条件期望利润，结果如表 6.3 所示。

表 6.3 NA 博弈下，不同信息共享结构下的最优决策及条件期望利润

项目	不共享	与电商平台共享	与3PL共享	都共享
p_R	$\frac{M_1}{2b(6b\eta-k^2)}$	$3\eta M_1-(2b\eta+k^2)(5a_0\eta+b\eta c_1-k^2c_1)/[(6b\eta-k^2)(4b\eta-k^2)]$	$3M_1-2b(5a_0\eta+2b\eta c_1-k^2c_1)/[4b(6b\eta-k^2)]$	$\frac{\eta(5A+bc_1)-k^2c_1}{6b\eta-k^2}$
p_s	$\frac{2\eta(a_0-bc_1)}{6b\eta-k^2}$	$2\eta[M_1-6ba_0\eta+3bk^2c_1-6b^2\eta c_1-a_0k^2]/[(6b\eta-k^2)(4b\eta-k^2)]$	$\frac{2\eta(a_0-bc_1)}{6b\eta-k^2}$	$\frac{2\eta(A-bc_1)}{6b\eta-k^2}$
s	$\frac{k(a_0-bc_1)}{6b\eta-k^2}$	$k[M_1-6ba_0\eta+3bk^2c_1-6b^2\eta c_1-a_0k^2]/[(6b\eta-k^2)(4b\eta-k^2)]$	$\frac{k(a_0-bc_1)}{6b\eta-k^2}$	$\frac{2k(A-bc_1)}{6b\eta-k^2}$
p_L	$\frac{2\eta(a_0+2bc_1)-k^2c_1}{6b\eta-k^2}$	$\frac{2\eta(a_0+2bc_1)-k^2c_1}{6b\eta-k^2}$	$\frac{3M_1-6b\eta(a_0-bc_1)}{2b(6b\eta-k^2)}$	$\frac{\eta(2A+4bc_1)-k^2c_1}{6b\eta-k^2}$
π_R	$[M_1-2b(4a_0\eta-k^2c_1+2b\eta c_1)]^2/[4b(6b\eta-k^2)^2]$	$b\eta^2[M_1-6ba_0\eta+3bk^2c_1-6b^2\eta c_1-a_0k^2]/[(6b\eta-k^2)^2(4b\eta-k^2)^2]$	$[M_1-2b(3a_0\eta+3b\eta c_1-k^2c_1)]^2/[16b(6b\eta-k^2)^2]$	$\frac{b\eta^2(A-bc_1)^2}{(6b\eta-k^2)^2}$
π_P	$\eta(a_0-bc_1)[2M_1-16ba_0\eta+5bk^2c_1-8b^2\eta c_1-a_0k^2]/[2(6b\eta-k^2)^2]$	$\eta[M_1-6ba_0\eta+3bk^2c_1-6b^2\eta c_1-a_0k^2]^2/[2(6b\eta-k^2)^2(4b\eta-k^2)]$	$\eta(M_1-6ba_0\eta+3bk^2c_1-6b^2\eta c_1-a_0k^2)^2/[2(6b\eta-k^2)(4b\eta-k^2)]$	$\frac{\eta(A-bc_1)^2(4b\eta-k^2)}{2(6b\eta-k^2)^2}$
π_L	$\eta[M_1-2b(4a_0\eta-k^2c_1+2b\eta c_1)](a_0-bc_1)/(6b\eta-k^2)^2$	$2b\eta^2(a_0-bc_1)(M_1-6ba_0\eta+3bk^2c_1-6b^2\eta c_1-a_0k^2)/[(6b\eta-k^2)^2(4b\eta-k^2)]$	$2b\eta^2(a_0-bc_1)(M_1-6ba_0\eta+3bk^2c_1-6b^2\eta c_1-a_0k^2)/[(6b\eta-k^2)(4b\eta-k^2)]$	$\frac{2b\eta^2(A-bc_1)^2}{(6b\eta-k^2)^2}$

注：$M_1=(6b\eta-k^2)A+2b\eta(bc_1+2a_0)+(a_0-2bc_1)k^2$，$A=E(a|f)$，且均衡存在条件为 $\eta>k^2/4b$。

6.3.2 电商平台领导的 Stackelberg 博弈

在此博弈结构下，结合逆向归纳法进行分析，四种信息共享结构下，“零售商—电商平台—物流”在线平台销售模式中各成员的决策模型分别如下。

零售商不共享需求预测信息（策略 PSN）时：

$$\begin{aligned} &\operatorname*{Max}_{p_S,s}\prod\nolimits_{PN}^{PS} = E\left[p_S(a - bp_R + ks) - \frac{\eta}{2}s^2 \mid f\right] \\ &\text{s. t. } \operatorname*{Max}_{p_L}\prod\nolimits_{LN}^{PS} = E[(p_L - c_L)(a - bp_R + ks)] \\ &\text{s. t. } \operatorname*{Max}_{p_R}\prod\nolimits_{RN}^{PS} = E[(p_R - p_S - p_L)(a - bp_R + ks) \mid f] \end{aligned} \tag{6.5}$$

零售商只与电商平台共享信息（策略 PSP）时：

$$\begin{aligned} &\operatorname*{Max}_{p_S,s}\prod\nolimits_{PP}^{PS} = E\left[p_S(a - bp_R + ks) - \frac{\eta}{2}s^2 \mid f\right] \\ &\text{s. t. } \operatorname*{Max}_{p_L}\prod\nolimits_{LP}^{PS} = E[(p_L - c_L)(a - bp_R + ks) \mid f] \\ &\text{s. t. } \operatorname*{Max}_{p_R}\prod\nolimits_{RP}^{PS} = E[(p_R - p_S - p_L)(a - bp_R + ks) \mid f] \end{aligned} \tag{6.6}$$

零售商只与 3PL 共享信息（策略 PSL）时：

$$\begin{aligned} &\operatorname*{Max}_{p_S,s}\prod\nolimits_{PL}^{PS} = E\left[p_S(a - bp_R + ks) - \frac{\eta}{2}s^2\right] \\ &\text{s. t. } \operatorname*{Max}_{p_L}\prod\nolimits_{LL}^{PS} = E[(p_L - c_L)(a - bp_R + ks) \mid f] \\ &\text{s. t. } \operatorname*{Max}_{p_R}\prod\nolimits_{RL}^{PS} = E[(p_R - p_S - p_L)(a - bp_R + ks) \mid f] \end{aligned} \tag{6.7}$$

零售商与 3PL 和电商平台都共享信息（策略 PSB）时：

$$\begin{aligned} &\operatorname*{Max}_{p_S,s}\prod\nolimits_{PB}^{PS} = E\left[p_S(a - bp_R + ks) - \frac{\eta}{2}s^2 \mid f\right] \\ &\text{s. t. } \operatorname*{Max}_{p_L}\prod\nolimits_{LB}^{PS} = E[(p_L - c_L)(a - bp_R + ks) \mid f] \\ &\text{s. t. } \operatorname*{Max}_{p_R}\prod\nolimits_{RB}^{PS} = E[(p_R - p_S - p_L)(a - bp_R + ks) \mid f] \end{aligned} \tag{6.8}$$

根据贝叶斯纳什均衡求解过程，求解式（6.5）~式(6.8)，可得到PS博弈下，四种信息共享结构下的最优决策及条件期望利润，结果如表6.4所示。

表6.4　PS博弈下，不同信息共享结构下的最优决策及条件期望利润

项目	不共享	与电商平台共享	与3PL共享	都共享
p_R	$\frac{M_2}{2b(8b\eta-k^2)}$	$\frac{\eta(7A+bc_1)-k^2c_1}{8b\eta-k^2}$	$3M_1-2b(5a_0\eta+2b\eta c_1-k^2c_1)/[4b(6b\eta-k^2)]$	由于信息泄露的存在，与电商平台共享结果相同
p_s	$\frac{4\eta(a_0-bc_1)}{8b\eta-k^2}$	$\frac{4\eta(A-bc_1)}{8b\eta-k^2}$	$\frac{2\eta(a_0-bc_1)}{6b\eta-k^2}$	
s	$\frac{k(a_0-bc_1)}{8b\eta-k^2}$	$\frac{k(A-bc_1)}{8b\eta-k^2}$	$\frac{k(a_0-bc_1)}{6b\eta-k^2}$	
p_L	$\frac{2\eta(a_0+3bc_1)-k^2c_1}{8b\eta-k^2}$	$\frac{2\eta(A+3bc_1)-k^2c_1}{8b\eta-k^2}$	$\frac{3M_1-6b\eta(a_0-bc_1)}{2b(6b\eta-k^2)}$	
π_R	$[M_2-2b(6a_0\eta-k^2c_1+2b\eta c_1)]^2/[4b(8b\eta-k^2)^2]$	$\frac{b\eta^2(A-bc_1)^2}{(6b\eta-k^2)^2}$	$[M_1-2b(3a_0\eta+3b\eta c_1-k^2c_1)]^2/[16b(6b\eta-k^2)^2]$	
π_P	$\frac{\eta(a_0-bc_1)(3a_0-bc_1+4A)}{2(8b\eta-k^2)}$	$\frac{\eta(A-bc_1)^2}{2(8b\eta-k^2)}$	$\eta(M_1-6ba_0\eta+3bk^2c_1-6b^2\eta c_1-a_0k^2)^2/[2(6b\eta-k^2)(4b\eta-k^2)]$	
π_L	$\eta(a_0-bc_1)[M_1-2b(6a_0\eta-k^2c_1+2b\eta c_1)]/(8b\eta-k^2)^2$	$\frac{2b\eta^2(A-bc_1)^2}{(8b\eta-k^2)^2}$	$2b\eta^2(a_0-bc_1)(M_1-6ba_0\eta+3bk^2c_1-6b^2\eta c_1-a_0k^2)/[(6b\eta-k^2)(4b\eta-k^2)]$	

注：$M_2=(8b\eta-k^2)A+2b\eta(3a_0+bc_1)+(a_0-2bc_1)k^2$；且均衡存在条件为$\eta>k^2/8b$。

6.3.3　3PL领导的Stackelberg博弈

在此博弈结构下，结合逆向归纳法进行分析，四种信息共享结构下，“零售商—电商平台—物流”在线平台销售模式中各成员的决策模型分别如下。

零售商不共享需求预测信息（策略 LSN）时：

$$\begin{aligned}
&\underset{p_L}{\mathrm{Max}}\prod\nolimits_{LN}^{LS}=E[(p_L-c_L)(a-bp_R+ks)]\\
&\text{s. t. }\underset{p_S,s}{\mathrm{Max}}\prod\nolimits_{PN}^{LS}=E\left[p_S(a-bp_R+ks)-\frac{\eta}{2}s^2\right]\\
&\text{s. t. }\underset{p_R}{\mathrm{Max}}\prod\nolimits_{RN}^{LS}=E[(p_R-p_S-p_L)(a-bp_R+ks)\mid f]
\end{aligned}\tag{6.9}$$

零售商只与电商平台共享信息（策略 LSP）时：

$$\begin{aligned}
&\underset{p_L}{\mathrm{Max}}\prod\nolimits_{LP}^{LS}=E[(p_L-c_L)(a-bp_R+ks)]\\
&\text{s. t. }\underset{p_S,s}{\mathrm{Max}}\prod\nolimits_{PP}^{LS}=E\left[p_S(a-bp_R+ks)-\frac{\eta}{2}s^2\mid f\right]\\
&\text{s. t. }\underset{p_R}{\mathrm{Max}}\prod\nolimits_{RP}^{LS}=E[(p_R-p_S-p_L)(a-bp_R+ks)\mid f]
\end{aligned}\tag{6.10}$$

零售商只与 3PL 共享信息（策略 LSL）时：

$$\begin{aligned}
&\underset{p_L}{\mathrm{Max}}\prod\nolimits_{LL}^{LS}=E[(p_L-c_L)(a-bp_R+ks)\mid f]\\
&\text{s. t. }\underset{p_S,s}{\mathrm{Max}}\prod\nolimits_{PL}^{LS}=E\left[p_S(a-bp_R+ks)-\frac{\eta}{2}s^2\mid f\right]\\
&\text{s. t. }\underset{p_R}{\mathrm{Max}}\prod\nolimits_{RL}^{LS}=E[(p_R-p_S-p_L)(a-bp_R+ks)\mid f]
\end{aligned}\tag{6.11}$$

零售商与 3PL 和电商平台都共享信息（策略 LSB）时：

$$\begin{aligned}
&\underset{p_L}{\mathrm{Max}}\prod\nolimits_{LB}^{LS}=E[(p_L-c_L)(a-bp_R+ks)\mid f]\\
&\text{s. t. }\underset{p_S,s}{\mathrm{Max}}\prod\nolimits_{PB}^{LS}=E\left[p_S(a-bp_R+ks)-\frac{\eta}{2}s^2\mid f\right]\\
&\text{s. t. }\underset{p_R}{\mathrm{Max}}\prod\nolimits_{RB}^{LS}=E[(p_R-p_S-p_L)(a-bp_R+ks)\mid f]
\end{aligned}\tag{6.12}$$

根据贝叶斯纳什均衡求解过程，求解式（6.9）~式(6.12)，可得到 LS 博弈下，四种信息共享结构下的最优决策及条件期望利润，结果如表 6.5 所示。

表 6.5 LS 博弈下，不同信息共享结构下的最优决策及条件期望利润

项目	不共享	与电商平台共享	与3PL共享	都共享
p_R	$\frac{M_3}{2b(4b\eta-k^2)}$	$\frac{M_3+(2b\eta+k^2)(A-a_0)}{2b(4b\eta-k^2)}$	$\frac{M_3+3b\eta(A-a_0)}{2b(4b\eta-k^2)}$	由于信息泄露的存在，结果同与3PL共享
p_s	$\frac{\eta(a_0-bc_1)}{4b\eta-k^2}$	$\frac{\eta(2A-bc_1-a_0)}{4b\eta-k^2}$	$\frac{2\eta(A-bc_1)}{4b\eta-k^2}$	
s	$\frac{k(a_0-bc_1)}{2(4b\eta-k^2)}$	$\frac{k(2A-a_0-bc_1)}{2(4b\eta-k^2)}$	$\frac{k(A-bc_1)}{4b\eta-k^2}$	
p_L	$\frac{a_0+bc_1}{2b}$	$\frac{a_0+bc_1}{2b}$	$\frac{A+bc_1}{2b}$	
π_R	$(M_3-6ba_0\eta+bk^2c_1-2b^2\eta c_1+a_0k^2)^2/[4b(4b\eta-k^2)^2]$	$\frac{b\eta^2(2A-a_0-bc_1)^2}{4(4b\eta-k^2)^2}$	$\frac{b\eta^2(A-bc_1)^2}{4(4b\eta-k^2)^2}$	
π_P	$\frac{\eta(a_0-bc_1)(-4A-3a_0-bc_1)}{8(4b\eta-k^2)}$	$\frac{\eta(2A-a_0-bc_1)^2}{8(4b\eta-k^2)}$	$\frac{\eta(A-bc_1)^2}{8(4b\eta-k^2)^2}$	
π_L	$(a_0-bc_1)(M_3-6ba_0\eta+bk^2c_1-2b^2\eta c_1+a_0k^2)/[4b(4b\eta-k^2)]$	$\frac{\eta(a_0-bc_1)(2A-a_0-bc_1)}{4(4b\eta-k^2)}$	$\frac{\eta(A-bc_1)^2}{4(4b\eta-k^2)}$	

注：$M_3=(4b\eta-k^2)A+b(b\eta c_1-k^2c_1+3\eta a_0)$；且均衡存在条件 $\eta>k^2/4b$。

6.4 需求预测信息共享策略和博弈结构策略

此部分将根据6.3所得均衡结果，分析信息共享和的博弈结构选择策略。为了使分析结果更具管理意义，假设三种博弈结构下的均衡均存在，即在 $\eta>k^2/4b$ 的前提条件下进行分析。

6.4.1 需求预测信息共享策略

（1）电商平台和3PL Nash 均衡博弈。零售商进行部分共享策略（只共享给电商平台或3PL）时，被共享成员可能受利益驱使，将信息又无偿共享给零售商未共享成员。所以，先讨论零售商部分共享策略（策略 NAP 和 NAL）的稳定性，即零售商只与电商平台或3PL共享需求预测信息时，电商平台或3PL

是否会共享给3PL或电商平台。由表6.3中均衡存在的条件和结果，可以得到引理6.1。

定理6.1 $E(\pi_{PP}^{NA})>E(\pi_{PB}^{NA})$；$E(\pi_{LB}^{NA})-E(\pi_{LL}^{NA})>0$。

由定理6.1第一个公式可知，NA博弈下，对于电商平台而言，零售商只与它共享信息时的预期利润始终高于零售商同时也与3PL共享信息时的利润；所以，电商平台不会自愿将零售商共享给它的信息共享给3PL。因此策略NAP可能会被零售商所选择。由定理6.1第二个公式可知，NA博弈下，对于3PL而言，零售商只与其共享信息时的预期利润不及零售商同时也与电商平台共享信息时的利润，所以，3PL会自愿将零售商共享给它的信息共享给电商平台，因此策略NAL不会被零售商所选择。

所以，要分析NA博弈下，零售商信息共享策略的选择，只需要比较策略NAN、NAP和NAB下零售商的预期利润，比较之后可得定理6.2。

定理6.2 $\eta\leqslant\frac{k^2}{2b}$时，$E(\pi_{RP}^{NA})\geqslant E(\pi_{RN}^{NA})>E(\pi_{RB}^{NA})$；

$\eta>\frac{k^2}{2b}$时，$E(\pi_{RN}^{NA})>E(\pi_{RP}^{NA})>E(\pi_{RB}^{NA})$。

综合分析定理6.1和定理6.2可得，NA博弈下，若$k^2/4b<\eta\leqslant k^2/2b$，零售商只与电商平台共享信息时其预期利润最大；若$\eta>k^2/2b$，零售商不共享信息时其预期利润最大。

上述发现揭示的管理启示是：当博弈结构是电商平台和3PL Nash均衡博弈时，电商平台服务效率是零售商改变需求预测信息共享策略的重要参考，当电商平台服务效率较高时，零售商与电商平台共享信息而对3PL隐藏信息时获益最多；而当电商平台服务效率较低时，零售商对电商平台和3PL都隐藏信息时获益最多。

（2）电商平台领导的Stackelberg博弈。类似于6.4.1第一部分的分析，先讨论策略PSL的稳定性，即零售商只与3PL共享需求预测信息时，3PL是否会共享给电商平台。由表6.4中均衡存在的条件和结果，可以得到定理6.3。

定理6.3 $E(\pi_{LP}^{PS})>E(\pi_{LB}^{PS})$。

由定理6.3可知，PS结构下，对于3PL而言，零售商只与其共享信息时的预期利润始终高于零售商同时也与电商平台共享信息时的利润；3PL不会自愿将零售商共享给它的信息共享给电商平台，因此策略 PSL 可能会被零售商所选择。

然后类似于定理 6.2，比较各共享策略下零售商的预期利润可得定理 6.4。

定理 6.4 $E(\pi_{RN}^{PS}) > E(\pi_{RL}^{PS}) > E(\pi_{RP}^{PS}) = E(\pi_{RB}^{PS})$

综合分析定理 6.3 和定理 6.4 可得出结论，即 PS 博弈下，零售商不共享信息时预期利润最大。

上述发现揭示的管理启示是：当博弈结构是电商平台领导的 Stackelberg 博弈时，零售商对电商平台和 3PL 都隐藏信息时获益最多。

（3）3PL 领导的 Stackelberg 博弈。类似于 6.4.1 第一部分的分析，先讨论策略 LSP 的稳定性，即零售商只与电商平台共享需求预测信息时，电商平台是否会共享给 3PL。由表 6.5 中均衡存在的条件和结果，可以得到定理 6.5。

定理 6.5 $E(\pi_{PP}^{LS}) > E(\pi_{PB}^{LS})$

由定理 6.5 可知，LS 博弈下，对于电商平台而言，零售商只与它共享信息时的预期利润始终高于零售商同时也与 3PL 共享信息时的利润，所以，平台不会自愿将零售商共享给它的信息共享给 3PL。因此策略 LSP 可能会被零售商所选择。

然后比较各种共享策略下零售商的预期利润可得定理 6.6。

定理 6.6 $\eta \leqslant \frac{k^2}{3b}$时，$E(\pi_{RP}^{LS}) > E(\pi_{RL}^{LS}) = E(\pi_{RB}^{LS}) \geqslant E(\pi_{RN}^{LS})$；

$\frac{k^2}{3b} < \eta \leqslant \frac{k^2}{2b}$时，$E(\pi_{RP}^{LS}) \geqslant E(\pi_{RN}^{LS}) > E(\pi_{RL}^{LS}) = E(\pi_{RB}^{LS})$；

$\eta > \frac{k^2}{2b}$时，$E(\pi_{RN}^{LS}) > E(\pi_{RP}^{LS}) > E(\pi_{RL}^{LS}) = E(\pi_{RB}^{LS})$。

综合分析定理 6.5 和定理 6.6 可得如下结论：若 $\eta \leqslant k^2/2b$，零售商只与电商平台共享信息时预期利润最大；若 $\eta > k^2/2b$，零售商不共享信息时预期利润最大。

上述发现揭示的管理启示是：博弈结构是 3PL 领导的 Stackelberg 博弈时，电商平台服务效率是零售商改变需求预测信息共享选择的重要参考，电商平台服务效率较高时，零售商与电商平台共享信息而对 3PL 隐藏信息时获益最多；电商平台服务效率较低时，零售商对电商平台和 3PL 都隐藏信息时获益最多。

6.4.2 博弈结构策略

本部分将分析不同信息共享策略下，电商平台对于博弈结构的选择策略。

（1）零售商不共享需求预测信息。在零售商不共享需求预测信息的情况下，对不同博弈结构下电商平台的预期利润进行分别比较，可以得到定理6.7。

定理6.7 $\eta \leqslant \frac{3k^2}{8b}$，$E(\pi_{PN}^{LS}) \geqslant E(\pi_{PN}^{PS}) > E(\pi_{PN}^{NA})$；

$\frac{3k^2}{8b} < \eta \leqslant \frac{k^2}{2b}$，$E(\pi_{PN}^{PS}) > E(\pi_{PN}^{LS}) \geqslant E(\pi_{PN}^{NA})$；

$\eta > \frac{k^2}{2b}$，$E(\pi_{PN}^{PS}) > E(\pi_{PN}^{NA}) > E(\pi_{PN}^{LS})$。

由定理6.7可知，零售商不共享信息时，对电商平台而言，若 $\eta \leqslant 3k^2/8b$，LS 博弈下预期利润最大；若 $\eta > 3k^2/8b$，PS 博弈下预期利润最大。

上述发现揭示的管理启示是：当零售商对电商平台和3PL都隐藏信息时，电商平台服务效率是其选择博弈结构策略时的重要参考，当其服务效率较高时，电商平台让3PL先于自身决策时获益最多；当其服务效率较低时，电商平台让自身先于3PL决策时获益最多。

（2）零售商只与电商平台共享需求预测信息。在零售商只与电商平台共享需求预测信息情况下，对比不同博弈结构下电商平台的预期利润，可以得到定理6.8。

定理6.8 $\eta > \frac{k^2}{2b}$且 $t > t_1$ 时，$Max[E(\pi_{PP}^{NA}), E(\pi_{PP}^{PS}), E(\pi_{PP}^{LS})] = E(\pi_{PP}^{NA})$；

$\eta > \frac{k^2}{2b}$且 $t \leqslant t_1$，或 $\frac{3k^2}{8b} < \eta \leqslant \frac{k^2}{2b}$且 $t < t_2$ 时，$Max[E(\pi_{PP}^{NA}), E(\pi_{PP}^{PS}), E(\pi_{PP}^{LS})] = E(\pi_{PP}^{PS})$；

$\eta \leqslant \frac{3k^2}{8b}$，或 $\frac{3k^2}{8b} < \eta \leqslant \frac{k^2}{2b}$且 $t \geqslant t_2$ 时，$Max[E(\pi_{PP}^{NA}), E(\pi_{PP}^{PS}), E(\pi_{PP}^{LS})] = E(\pi_{PP}^{LS})$。

其中，$t_1 = \frac{b\eta(a_0 - bc_1)^2(4b\eta - k^2)}{v(6b\eta - k^2)}$，$t_2 = \frac{(a_0 - bc_1)^2(8b\eta - 3k^2)}{16b\eta v}$。

由定理6.8可知，零售商只与3PL共享信息时，对电商平台而言，若 $\eta > k^2/2b$ 且 $t > t_1$，NA博弈下预期利润最大；$\eta > k^2/2b$ 且 $t \leqslant t_1$，或 $3k^2/8b < \eta \leqslant k^2/2b$ 且 $t < t_2$ 时，PS博弈下预期利润最大；若 $\eta \leqslant 3k^2/8b$，或 $3k^2/8b < \eta \leqslant k^2/2b$ 且 $t \geqslant t_2$ 时，LS博弈下预期利润最大。

上述发现揭示的管理启示是：当零售商与电商平台共享信息而对3PL隐藏信息时，电商平台服务效率和需求预测准确性是电商平台选择博弈结构策略的重要参考，当电商平台服务效率较低且需求预测准确性较高时，电商平台选择与3PL同时进行决策时获益最多；当电商平台服务效率不高且需求预测准确性较低时，电商平台让自身先于3PL决策时获益最多；当电商平台服务效率较高时，或者电商平台服务效率适中且需求预测准确性较高时，电商平台让3PL先于自身决策时获益最多。

（3）零售商只与3PL共享需求预测信息。由定理6.1可知，零售商不会选择策略NAL，所以分析零售商只与电商平台共享需求预测信息情况下的权利结构的选择，可只对比分析PS和LS结构下的预期利润。通过对比不同博弈结构下电商平台的预期利润，可得定理6.9。

定理6.9　$\eta \leqslant \dfrac{3k^2}{8b}$，或 $\eta > \dfrac{3k^2}{8b}$ 且 $t \geqslant t_3$ 时，$E(\pi_{PL}^{LS}) \geqslant E(\pi_{PL}^{PS})$；

$\eta > \dfrac{3k^2}{8b}$ 且 $t < t_3$ 时，$E(\pi_{PL}^{LS}) < E(\pi_{PL}^{PS})$，

其中，$t_3 = \dfrac{b\eta(a_0 - bc_1)^2(8b\eta - 3k^2)}{v(8b\eta - k^2)}$。

由定理6.9可知，零售商只与电商平台共享信息时，对电商平台而言，若 $\eta \leqslant 3k^2/8b$，或 $\eta > 3k^2/8b$ 且 $t \geqslant t_3$，LS博弈下预期利润最大；若 $\eta > 3k^2/8b$ 且 $t < t_3$，PS博弈下预期利润最大。

上述发现揭示的管理启示是：当零售商与3PL共享信息而对电商平台隐藏信息时，电商平台服务效率和需求预测准确性是电商平台选择博弈结构策略的重要参考，当电商平台服务效率较高时，或者电商平台服务效率较低且需求预测准确性较高时，电商平台让3PL先于自身决策时获益最多；当电商平台服务效率较低且需求预测准确性较低时，电商平台让自身先于3PL决策时获益最多。

（4）零售商都共享需求预测信息。在零售商与电商平台和3PL都共享需求预测信息情况下，对比不同博弈结构下电商平台的预期利润，可以得到定理6.10。

定理6.10 $\eta \leqslant \frac{3k^2}{8b}$，$E(\pi_{PB}^{LS}) \geqslant E(\pi_{PB}^{PS}) > E(\pi_{PB}^{NA})$；

$\frac{3k^2}{8b} < \eta \leqslant \frac{k^2}{2b}$，$E(\pi_{PB}^{PS}) > E(\pi_{PB}^{LS}) \geqslant E(\pi_{PB}^{NA})$；

$\eta > \frac{k^2}{2b}$，$E(\pi_{PB}^{PS}) > E(\pi_{PB}^{NA}) > E(\pi_{PB}^{LS})$。

由定理6.10可知，零售商与电商平台和3PL都共享信息时，对电商平台而言，若$\eta \leqslant 3k^3/8b$，LS博弈下预期利润最大；否则，PS博弈下预期利润最大。

上述发现揭示的管理启示是：当零售商与3PL和电商平台都共享信息时，电商平台服务效率是电商平台选择博弈结构策略的重要参考，当电商平台服务效率较高时，电商平台让3PL先于自身决策时获益最多；当电商平台服务效率较低时，电商平台让自身先于3PL决策时获益最多。

6.4.3 最终博弈结果分析

本章在求出12种情境下的均衡结果的基础上，进一步分析零售商需求预测信息共享和电商平台博弈结构选择策略的问题。由前述分析易知，零售商的策略空间为｛N，B，P，L｝，即｛不共享，都共享，只与电商平台共享，只与3PL共享｝；电商平台策略空间为｛NA，PS，LS｝，即｛NA博弈结构，PS博弈结构，LS博弈结构｝。

接下来，将按照博弈论划线法求解Nash均衡。为了表达简便，先令$\Omega_1 = \{\eta | \eta > k^2/2b\}$；$\Omega_2 = \{\eta | \eta \leqslant k^2/2b\}$；$\Omega_3 = \{\eta | \eta > 3k^2/8b\}$；$\Omega_4 = \{\eta | \eta \leqslant 3k^2/8b\}$；$\Omega_5 = \{(\eta, t) | \eta > k^2/2b, t > t_1\}$；$\Omega_6 = \{(\eta, t) | \eta > k^2/2b, t \leqslant t_1\}$；$\Omega_7 = \{(\eta, t) | 3k^2/8b < \eta \leqslant k^2/2b, t \geqslant t_2\}$；$\Omega_8 = \{(\eta, t) | 3k^2/8b < \eta \leqslant k^2/2b, t < t_2\}$；$\Omega_9 = \{(\eta, t) | \eta > 3k^2/8b, t \geqslant t_3\}$；$\Omega_{10} = \{(\eta, t) | \eta > 3k^2/8b, t < t_3\}$。

按照博弈论划线法可以得到如表6.6所示结果，划线下方的条件表示该均衡为占优策略时需满足条件。

表 6.6　　纳什均衡求解

项目		零售商			
		不共享	与电商平台共享	与 3PL 共享	都共享
电商平台	NA 博弈	$(\pi_{PN}^{NA}, \underline{\pi_{RN}^{NA}})$ Ω_1	$(\underline{\pi_{PP}^{NA}}, \underline{\pi_{RP}^{NA}})$ Ω_5　Ω_2	$(\pi_{PL}^{NA}, \pi_{RL}^{NA})$	$(\pi_{PB}^{NA}, \pi_{RB}^{NA})$
	PS 博弈	$(\underline{\pi_{PN}^{PS}}, \pi_{RN}^{PS})$ Ω_3　始终	$(\underline{\pi_{PP}^{PS}}, \pi_{RP}^{PS})$ Ω_6 或 Ω_8	$(\underline{\pi_{PL}^{PS}}, \pi_{RL}^{PS})$ Ω_{10}	$(\underline{\pi_{PB}^{PS}}, \pi_{RB}^{PS})$ Ω_3
	LS 博弈	$(\underline{\pi_{PN}^{LS}}, \underline{\pi_{RN}^{LS}})$ Ω_4　Ω_1	$(\underline{\pi_{PP}^{LS}}, \underline{\pi_{RP}^{LS}})$ Ω_4 或 Ω_7　Ω_2	$(\underline{\pi_{PL}^{LS}}, \pi_{RL}^{LS})$ Ω_4 或 Ω_9	$(\underline{\pi_{PS}^{LS}}, \pi_{RB}^{LS})$ Ω_4

由于 Ω_4 与 Ω_1 交集为空集，Ω_5 和 Ω_2 交集为空集，Ω_3 与始终的交集为 Ω_3，Ω_4 or Ω_7 和 Ω_2 的交集为：$\eta \leqslant 3k^2/8b$，或 $3k^2/8b < \eta \leqslant k^2/2b$ 且 $t \geqslant t_2$。所以由表 6.6 可得以下结论：电商平台有足够能力进行博弈结构的选择时，对于零售商和电商平台两者的博弈而言，当 $\eta > 3k^2/8b$ 时，纯战略纳什均衡为 {N，PS}；当 $\eta \leqslant 3k^2/8b$，或 $3k^2/8b < \eta \leqslant k^2/2b$ 且 $t \geqslant t_2$ 时，纯战略纳什均衡为 {P，LS}。

上述发现揭示的管理启示是：当电商平台服务效率较低时，纯战略纳什均衡为 {零售商选择对电商平台和 3PL 隐藏信息，电商平台选择先于 3PL 决策}。当电商平台服务效率较高，或电商平台服务效率适中且需求预测信息准确性较高时，纯战略纳什均衡为 {零售商选择与电商平台共享信息而对 3PL 隐藏信息，电商平台选择后于 3PL 决策}。

6.5　算　　例

算例分析的主要目的在于借助数值算例对本章中主要命题进行验证分析。首先是对 6.4.1 的主要结论进行验证分析，为了能更好地对命题进行分析，对相关参数赋值如下：$a_0 = 15$，$b = 2$，$c_1 = 6$，$k = 2$，$t = 0.7$，$v = 5$。基于前述分析的计算结果，使用软件 Maple2016 进行绘图，可以得到图 6.1 ~ 图 6.3。

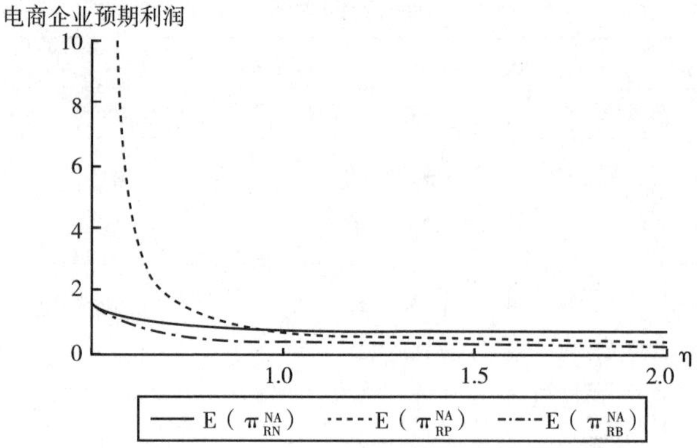

图 6.1　NA 博弈下，η 对零售商信息共享选择的影响

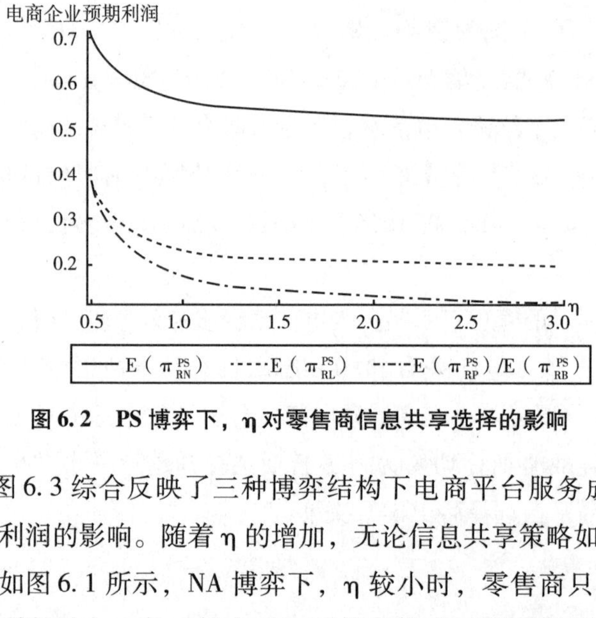

图 6.2　PS 博弈下，η 对零售商信息共享选择的影响

图 6.1 ~ 图 6.3 综合反映了三种博弈结构下电商平台服务成本因子（η）对零售商预期利润的影响。随着 η 的增加，无论信息共享策略如何，零售商利润都在减少。如图 6.1 所示，NA 博弈下，η 较小时，零售商只与电商平台共享信息时预期利润最大；当 η 较大时，不共享信息时其预期利润最大。如图 6.2 所示，PS 博弈下，零售商不共享信息时预期利润始终最大。如图 6.3 所示，LS 博弈下，η 较小时，零售商只与平台共享信息时预期利润最大；当 η 较大时，不共享信息时预期利润最大。

接下来对 6.4.2 主要结论进行验证分析。为了能更好地对命题进行分析，

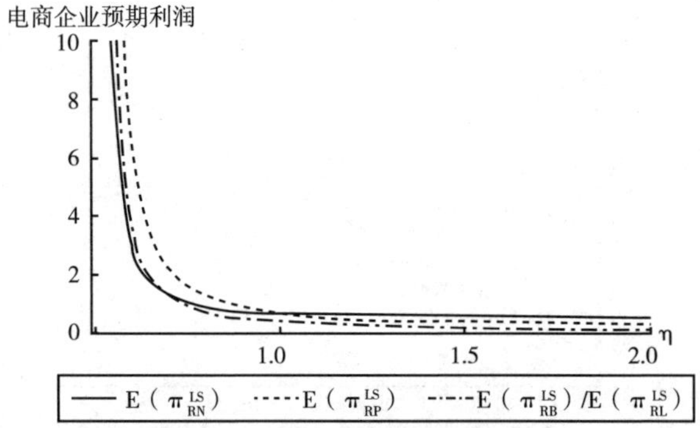

图6.3 LS博弈下，η对零售商信息共享选择的影响

对相关参数赋值如下：$a_0=15$，$b=2$，$c_1=6$，$k=2$，$v=5$。基于前述分析的计算结果，使用软件Maple2016进行绘图，可以得到图6.4～图6.7。

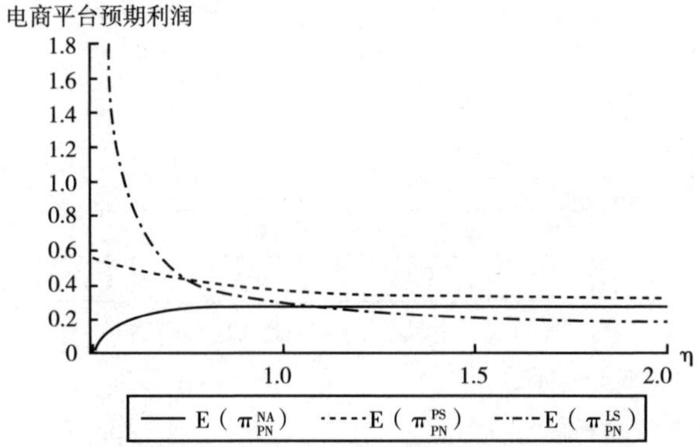

图6.4 零售商不共享信息时，η对电商平台预期利润的影响

图6.4反映了零售商不共享需求预测信息时，电商平台服务成本因子对电商平台预期利润影响。随着η的增加，PS博弈或LS博弈下，电商平台的利润不断减少；而NA博弈下，电商平台的预期利润随之增加。当η较小时，LS博弈下电商平台预期利润最大；当η较大时，PS博弈下电商平台预期利润最大。

图6.5反映了当零售商只与电商平台共享时，电商平台服务成本因子和需求预测信息准确性（t）对电商平台预期利润影响。首先，无论电商平台选择哪类博弈结构，随着t的提高，电商平台的预期利润都有所增加。其次，η较

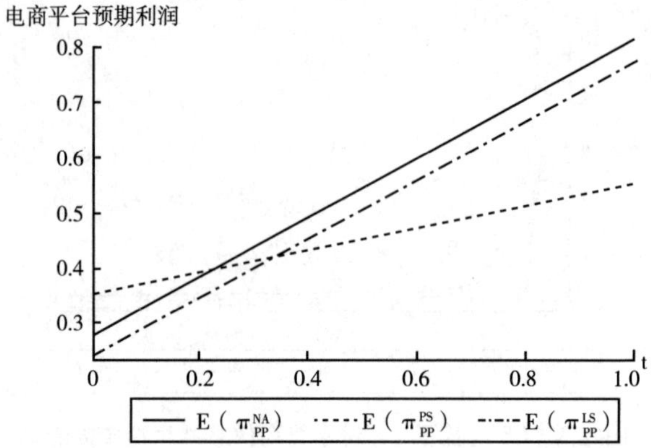

（a）服务成本因子较高时t对电商平台利润的影响

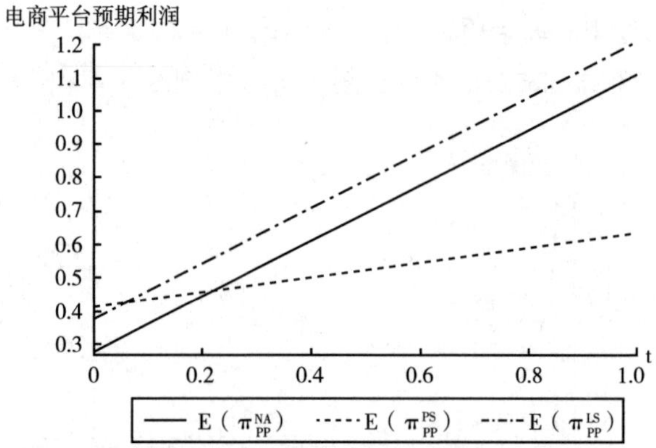

（b）服务成本因子适中时t对电商平台利润的影响

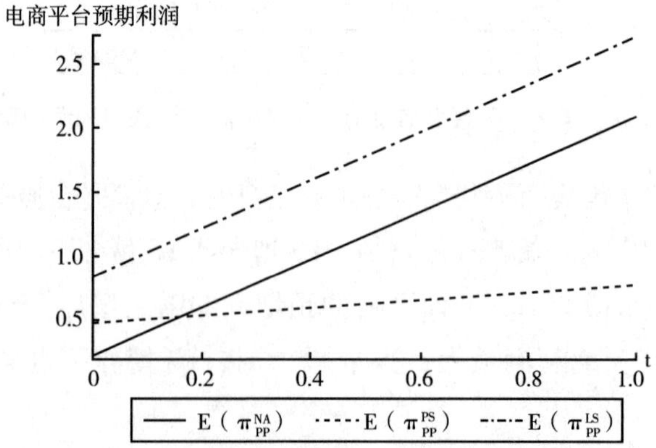

（c）服务成本因子较低时t对电商平台利润的影响

图6.5　零售商只与电商平台共享信息时，t对电商平台博弈结构策略的影响

大、t 较小时，PS 博弈下电商平台预期利润最大；η 较大、t 较大时，NA 博弈下电商平台预期利润最大。η 适中、t 较小时，PS 博弈下电商平台预期利润最大；η 适中、t 较大时，LS 博弈下预期利润最大。当 η 较小时，LS 博弈下电商平台预期利润始终最大。

图 6.6 反映了零售商只与 3PL 共享需求预测信息时，电商平台服务成本因子和需求预测信息准确性对电商平台预期利润影响。可以看出，无论电商平台选择哪类博弈结构，随着 t 的提高，LS 博弈下电商平台预期利润都有所增加，而 PS 结构下的电商平台预期利润不受需求预测信息准确性的影响。当 η 较大、t 较小时，PS 博弈下电商平台预期利润最大；当 η 较大、t 较大时，LS 博弈下电商平台预期利润最大。当 η 较小时，LS 博弈下电商平台预期利润始终最大。

图 6.7 反映了当零售商与电商平台、3PL 都共享需求预测信息时，电商平

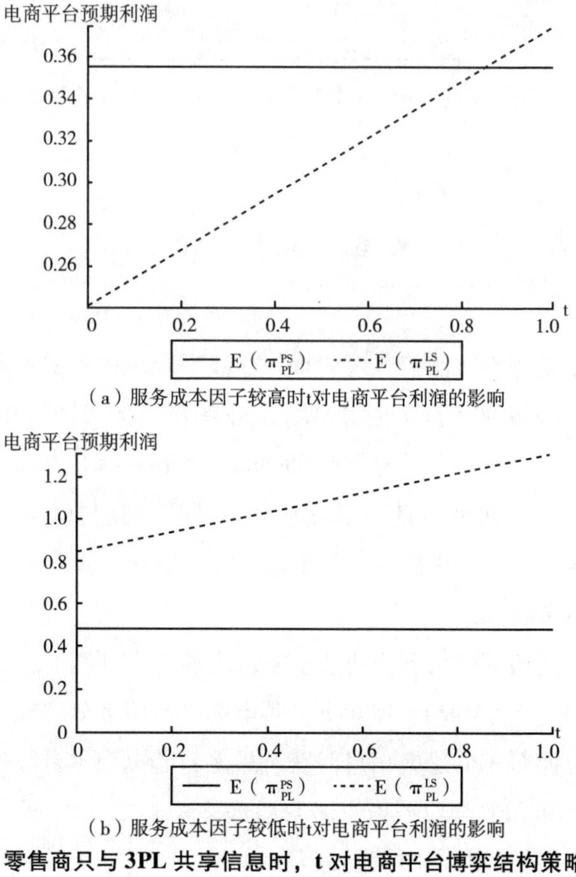

（a）服务成本因子较高时t对电商平台利润的影响

（b）服务成本因子较低时t对电商平台利润的影响

图 6.6　零售商只与 3PL 共享信息时，t 对电商平台博弈结构策略的影响

台服务成本因子对电商平台预期利润的影响。随着 η 的增加，NA 博弈下电商平台的利润不断增加；而 PS 和 LS 博弈下，电商平台的预期利润不断减少。当 η 较小时，LS 博弈下电商平台预期利润最大；当 η 较大时，PS 博弈下电商平台预期利润最大。

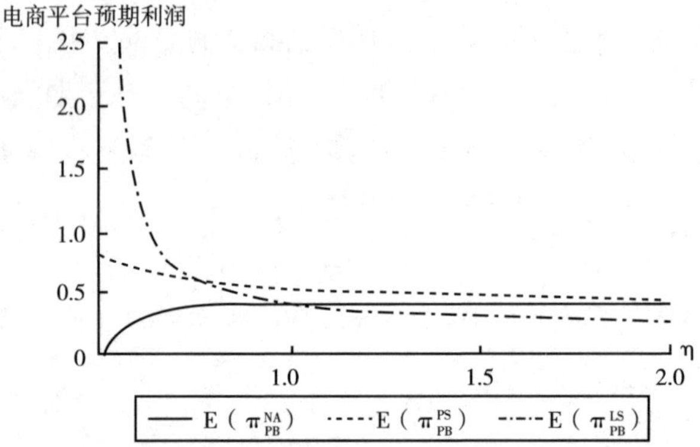

图 6.7　零售商与电商平台、3PL 都共享信息时，η 对电商平台博弈结构策略的影响

6.6　本章小结

本章对“电商平台—物流—零售商”在线平台销售模式中需求预测信息共享策略与博弈结构策略进行了博弈分析，分别在三种博弈结构（电商平台与 3P LNASH 均衡博弈、电商平台领导的 Stackelberg 博弈、3PL 领导的 Stackelberg 博弈）下建立了四种信息共享策略（不共享、只与电商平台共享、只与 3PL 共享、都共享）的优化模型，并根据贝叶斯纳什均衡求解过程求解相关数学模型并得到各方收益。

首先，在不同博弈结构下，研究了零售商的需求预测信息共享策略，得到了如下结论：第一，NA 或 LS 博弈下，若电商平台服务效率较高，零售商与电商平台共享信息而对 3PL 隐藏信息时获益最多；若电商平台服务效率较低，零售商对电商平台和 3PL 都隐藏信息时获益最多。第二，PS 博弈下，零售商对电商平台和 3PL 都隐藏信息时获益最多。

其次，在不同信息共享策略下，研究了电商平台的最优博弈结构策略。得到了如下结论：第一，当零售商对电商平台和3PL都隐藏信息或都共享信息时，当其服务效率较高时，电商平台让3PL先于自身决策时获益最多；当其服务效率较低时，电商平台让自身先于3PL决策时获益最多。第二，当零售商与电商平台共享信息而对3PL隐藏信息时，当电商平台成本服务效率较低且需求预测准确性较高时，电商平台选择与3PL同时进行决策获益最多；当电商平台服务效率不高且需求预测准确性较低时，电商平台让自身先于3PL决策时获益最多；当电商平台服务效率较高时，或者电商平台服务效率适中且需求预测准确性较高时，电商平台让3PL先于自身决策时获益最多。第三，当零售商与3PL共享信息而对电商平台隐藏信息时，当电商平台服务效率较低且需求预测准确性较低时，电商平台让自身先于3PL决策时获益最多；当电商平台服务效率较高时，或者电商平台服务效率较低且零售商需求预测准确性较高时，电商平台让3PL先于自身决策时获益最多。第四，当零售商与电商平台和3PL都共享信息时，若电商平台服务效率较高，电商平台让3PL先于自身决策时获益最多；否则，电商平台让自身先于3PL决策时获益最多。

最后，结合以上研究结果，得出了零售商需求预测信息共享策略和电商平台博弈结构策略的纳什均衡。结论如下：第一，当电商平台服务效率较低时，纯战略纳什均衡为{零售商选择对电商平台和3PL隐藏信息，电商平台选择先于3PL决策}。第二，当电商平台服务效率较高，或电商平台服务效率适中且需求预测信息准确性较高时，纯战略纳什均衡为{零售商选择与电商平台共享信息而对3PL隐藏信息，电商平台选择后于3PL决策}。

第 7 章

结论与研究展望

7.1 本书结论

随着互联网普及率和在线购物用户数量的不断增长，在线平台销售模式迅猛发展，在实践方面，在线平台销售模式中面临诸多问题亟待解决：电商平台自营渠道与零售商自建平台的渠道冲突问题；自营物流型电商平台的渠道策略问题；面对成本信息不对称的双渠道零售商时，电商平台的契约设计问题；在线平台销售模式整个系统中，电商平台博弈结构策略与零售商信息共享策略的博弈问题。在理论方面，上述实践问题所涉及的运作作为传统供应链内部的一些关键性运作（渠道竞争决策、成本信息不对称下契约设计、供应链成员间的博弈结构），都会因在线平台销售模式中各个成员的纵向竞争关系产生一系列新的实践与科学问题。因此，本书首先研究了零售商自建平台下电商平台的多渠道竞争策略；其次研究了自营物流型电商平台的多渠道竞争策略；接着在考虑成本信息不完全的情况下研究电商平台的契约设计；最后在考虑需求信息不完全的情况下研究了电商平台与第三方物流的博弈结构策略及零售商的信息共享策略。本书的主要结论如下。

第3章针对“电商平台—零售商”在线平台销售模式，考虑到电商平台有意引入自营渠道、零售商有意自建平台销售，研究此在线平台销售模式的渠道策略问题。此章分别分析了电商平台不自营、零售商不自建平台，电商平台自营、零售商不自建平台，电商平台不自营、零售商自建平台、电商平台自营、零售商自建平台四种情境下电商平台和零售商的最优决策。在此基础上，利用博弈论基本原理，得到了电商平台和零售商渠道竞争策略的最终均衡结果，并对此均衡结果进行了分析。研究结果表明，零售商自建平台成本较低时，电商平台应自营，零售商将自建平台且通过电商平台销售；此时如果零售商两条渠道竞争力都强，双方陷入囚徒困境，否则，电商平台利润改善，零售商利润降低。自建平台成本适中时，电商平台应自营，零售商将只经营自建平台渠道；此时，如果零售商两条销售渠道竞争力都强，或平台渠道竞争力适中但自建平台渠道竞争力强，双方陷入囚徒困境，否则，电商平台利润改善，零售商利润降低。自建平台成本较高时，如果自建平台渠道竞争力强，双方将陷入斗鸡博弈。否则，电商平台应自营，零售商将不自建平台；此时，电商平台利润改善，零售商利润下降。

第4章针对“电商平台—零售商”在线平台销售模式，考虑到电商平台自营物流且可以自营产品，零售商目前通过外包物流型电商平台销售其产品，但可以选择与自营物流型电商平台签订合同，在自营物流型电商平台上销售并使用自营物流配送，通过自营物流配送产品可以降低消费者的网上购物心理成本，但会带来一定的成本。首先，本章利用消费者效用模型找出潜在情形，并分别对不同分销渠道之间的需求分配进行了描述。其次，利用这些需求特征，分析了潜在情形存在的条件和平衡结果。最后，通过比较得到的均衡结果，推导出逻辑树，得到自营物流型电商平台的渠道策略。结论如下：自营物流竞争力不强时，销售方面，自营物流型电商平台始终有动力自营商品；而物流方面，自营物流型电商平台没有动力向零售商开放自营物流，而自营物流的单位成本成为自营物流型电商平台是否用自营物流配送自营产品的重要参考，自营物流单位成本偏低时，电商平台应选择用自营物流配送自营产品，否则应用外包物流配送自营产品。自营物流竞争力强时，最终均衡变得更加复杂，需同时考虑各渠道的竞争力及自营物流的单位成本。但是，无论出现哪种情况，此时自营物流型电商平台的最佳选择都在以下三种情形中，即“电商平台自营且用外包物流配送，不开放自营物流”“电商平台自营且用自营物流配送，不开放自营物流”及“电商平台自营且用外包物流配，开放自营物流”。

第5章在“电商平台—双渠道零售商”在线平台销售模式中，考虑到双渠道零售商拥有私有成本信息，研究电商平台应如何设计最优服务契约以同时解决其面临的两个问题：双渠道零售商成本信息不对称及服务契约类型选择问题。因此，基于电商平台企业的两个典型的收入模式（广告模式和经纪人模式），此章中设计了两种类型的契约：广告型契约和经纪人型契约。广告型契约下，服务水平和包干服务费被事先约定；经纪人型契约下，单位服务费和固定服务费被事先约定。首先，根据两种类型契约，分别构建了信息对称和不对称下的优化模型，对最优契约进行了分析，并在这两种契约下分别考察了双渠道零售商成本信息不对称对契约参数、双渠道零售商、电商平台及供应链整体的影响。其次，在两种信息结构下，分别对比分析了两种类型契约，以考察契约类型对双渠道零售商、电商平台及供应链整体的影响。研究发现，两种契约下，双渠道零售商成本信息不对称的存在都会使最优契约参数发生变化，且总是造成电商平台和供应链整体绩效损失，而仅低成本双渠道零售商能够获得额外的信息租金。成本信息对称时，契约类型对双渠道零售商和电商平台的收益均没有影响。但成本信息不对称时，高成本双渠道零售商收益在两种契约下绩效相同；低成本零售商在广告型契约下绩效较优，且优势程度随着市场中低成本双渠道零售商占比的增加而增加；对于电商平台而言，经纪人型契约下绩效始终较优，且优势程度随低成本零售商比例的增加而增加；对于供应链整体而言，广告型契约下收益始终较优，且优势程度随低成本双渠道零售商比例的增加而增加。

第6章在“电商平台—第三方物流—零售商”在线平台销售模式中，考虑到零售商拥有私有需求预测信息、电商平台与第三方物流间存在多种博弈结构，分别在三种博弈结构下（电商平台与3PL NASH均衡博弈、电商平台领导的Stackelberg博弈、3PL领导的Stackelberg博弈）建立了四种需求预测信息共享策略（不共享、只与电商平台共享、只与3PL共享、都共享）的优化模型，并通过模型求解得到了各方收益，并对零售商需求预测信息共享策略与电商平台博弈结构策略进行博弈分析。首先，在不同博弈结构下，研究了零售商的需求预测信息共享策略。其次，在不同信息共享策略下，研究了电商平台的最优博弈结构策略。最后，结合以上研究结果，得出了零售商需求预测信息共享策略和电商平台博弈结构策略的纳什均衡。研究表明，零售商的需求预测信息共享策略方面，NASH均衡博弈或3PL领导的Stackelberg博弈下，若电商平台服务效率较高，零售商与电商平台共享信息而对3PL隐藏信息时获益最多；若电商平台服务效率较低，零售商对电商平台和3PL都隐藏信息时获益最多；电商平台领导的Stackelberg博弈下，零售商对电商平台和3PL都隐藏信息时始终获益最多。电商平台的最优博弈结构策略方面，当零售商对电商平台和3PL都隐藏信息或都共享信息时，当其服务效率较高时，电商平台让3PL先于自身决策时获益最多；当其服务效率较低时，电商平台让自身先于3PL决策时获益最多。当零售商与电商平台共享信息而对3PL隐藏信息时，当电商平台成本服务效率较低且需求预测准确性较高时，电商平台选择与3PL同时进行决策时获益最多；当电商平台服务效率不高且需求预测准确性较低时，电商平台让自身先于3PL决策时获益最多；当电商平台服务效率较高时，或者电商平台服务效率适中且需求预测准确性较高时，电商平台让3PL先于自身决策时获益最多。当零售商与3PL共享信息而对电商平台隐藏信息时，当电商平台服务效率较低且需求预测准确性较低时，电商平台让自身先于3PL决策时获益最多；当电商平台服务效率较高时，或者电商平台服务效率较低且零售商需求预测准确性较高时，电商平台让3PL先于自身决策时获益最多。当零售商与电商平台和3PL都共享信息时，若电商平台服务效率较高，电商平台让3PL先于自身决策时获益最多；否则，电商平台让自身先于3PL决策时获益最多。零售商需求预测信息共享策略和电商平台博弈结构策略的纳什均衡为，当电商平台服务效率较低时，纯战略纳什均衡为{零售商选择对电商平台和3PL隐藏信息，电商平台选择先于3PL决策}；当电商平台服务效率较高，或电商平台服务效率适中且需求预测信息准确性较高时，纯战略纳什均衡为{零售商选择与电商平台共享信息而对3PL隐藏信息，电商平台选择后于3PL决策}。

7.2 研究展望

本书的研究可以在以下几个方面进行扩展：

（1）在线平台销售模式渠道策略方面。本书在第3章和第4章的研究中，在消费者对产品的接受程度方面，均假设平台自营产品的接受程度大于零售商在平台上销售产品的接受程度，而零售商在平台上销售产品的接受度大于零售商自建平台上销售产品的接受度，但是现实生活中，消费者的偏好呈多样化，比如品牌忠诚度较大的消费者会始终对零售商售卖的产品接受程度较高。因此，后续可以进一步研究在其他偏好下，在线平台销售模式的渠道策略。

（2）成本信息不对称下契约设计方面。本书的研究假设是零售商传统渠道的成本只有两个类型，后续可进一步研究当电商平台面临多种成本类型或连续成本类型零售商时的契约设计。另外，本书是基于双渠道零售商进行研究，后续也可以考虑在多渠道情况下电商平台的契约设计问题。

（3）需求信息不对称下的博弈策略和共享策略方面。本书研究中只考虑了单一电商平台、3PL 和电商的情况，并没有考虑竞争者对博弈结构策略以及信息共享决策的影响，未来可以在引入竞争电商平台或卖家的情况下研究该问题。另外，本书在研究中只考虑了价格和服务，以后的研究可同时考虑其他因子，如广告等。

参考文献

［1］艾兴政，唐小我，马永开．传统渠道与电子渠道预测信息分享的绩效研究［J］．管理科学学报，2008，11（1）：12－21.

［2］曹柬，胡强，吴晓波，等．基于EPR制度的政府与制造商激励契约设计［J］．系统工程理论与实践，2013，33（3）：610－621.

［3］曹宗宏，赵菊，张成堂．品牌与渠道竞争下的定价决策与渠道结构选择［J］．系统工程学报，2015，30（1）.

［4］陈国鹏，张旭梅，肖剑．在线渠道折扣促销下的双渠道供应链合作广告协调研究［J］．管理工程学报，2016，30（4）：203－209.

［5］陈琳，李田．存在竞争性制造商的需求预测信息的共享研究［J］．中国管理科学，2016，24（S1）.

［6］陈忠，艾兴政．双渠道信息共享与收益分享合同选择［J］．系统工程理论与实践，2008，28（12）：42－51.

［7］但斌，唐国锋，宋寒．成本信息不对称下的应用服务外包菜单式合约［J］．中国管理科学，2012，20（5）：142－151.

［8］“顺丰战队”再添一员：丁磊也表态支持，网易同其合作升级［EB/OL］．(2017－06－02)．http：//tech.sina.com.cn/roll/2017－06－03/doc－ifyfuzym7756986.shtml.

［9］范小军，陈宏民．零售商导入自有品牌对渠道竞争的影响研究［J］．中国管理科学，2011，19（6）：79－87.

［10］范小军，刘艳．制造商引入在线渠道的双渠道价格与服务竞争策略［J］．中国管理科学，2016，24（7）：143－148.

［11］冯芷艳，郭迅华，曾大军，等．大数据背景下商务管理研究若干前

沿课题［J］．管理科学学报，2013，16（1）：1－9.

［12］顾巧论，陈秋双．不完全信息下逆向供应链中制造商的最优合同［J］．计算机集成制造系统，2007，13（3）.

［13］桂云苗，龚本刚，程永宏．双边努力情形下电子商务平台质量保证策略研究［J］．中国管理科学，2018，26（1）：163－169.

［14］韩小花，薛声家．不对称信息下闭环供应链的合作机制分析［J］．计算机集成制造系统，2008，14（4）.

［15］与京东到家合并之后，新达达如何进一步布局本地生活配送？［EB/OL］．（2016－08－30）．https：//www. geekpark. net/news/216571.

［16］李海，崔南方，徐贤浩．制造商自有品牌与制造商直销渠道的互动博弈问题研究［J］．中国管理科学，2016，24（1）：107－115.

［17］李佩，魏航．基于信誉的B2C电商平台开放和网络零售商进驻策略研究［J］．中国管理科学，2017，25（3）：147－155.

［18］李佩．基于竞争性产品的零售商双渠道策略研究［J］．管理工程学报，2018（1）.

［19］李晓静，艾兴政，唐小我．电子商务环境下交叉竞争供应链的渠道策略研究［J］．管理学报，2017，14（3）：459－465.

［20］李新然，蔡海珠，牟宗玉．政府奖惩下不同权力结构闭环供应链的决策研究［J］．科研管理，2014，35（8）：134－144.

［21］鲁其辉，朱道立．质量与价格竞争供应链的均衡与协调策略研究［J］．管理科学学报，2009，12（3）：56－64.

［22］罗春林，毛小兵，田歆．网络平台销售模式中的需求信息分享策略研究［J］．中国管理科学，2017，25（8）.

［23］马飞，杨华，孙宝凤．制造商的最优合同设计——基于不对称信息条件下的闭环供应链系统［J］．吉林大学社会科学学报，2009（1）：126－132.

［24］聂佳佳．零售商信息分享对闭环供应链回收模式的影响［J］．管理科学学报，2013，16（5）：69－82.

［25］聂佳佳．需求信息预测对制造商回收再制造策略的价值［J］．管理

科学学报，2014，17（1）：35 –47.

［26］聂佳佳．预测信息分享对制造商开通直销渠道的影响［J］．管理工程学报，2012，26（2）：106 –112.

［27］孙自来，王旭坪，阮俊虎，等．考虑直销成本和平台交易费的制造商销售模式选择［J］．管理学报，2018（1）：111 –117.

［28］滕文波，庄贵军．基于电子渠道需求预测的渠道模式选择［J］．中国管理科学，2011，19（5）：71 –78.

［29］滕文波，庄贵军．基于需求预测的店中店模式决策［J］．系统工程理论与实践，2012，32（7）：1391 –1399.

［30］田林，徐以汎．基于顾客行为的企业动态渠道选择与定价策略［J］．管理科学学报，2015，18（8）：39 –51.

［31］王磊，戴更新，孙浩．零售商提供服务且具有公平偏好的供应链博弈研究［J］．系统工程，2015（6）：1 –9.

［32］王滔，颜波．博弈视角下的在线渠道决策研究［J］．管理科学学报，2017，20（6）：64 –77.

［33］王新辉，汪贤裕，苏应生．双边成本信息不对称的供应链协调机制［J］．管理工程学报，2013，27（4）：196 –204.

［34］王玉燕，申亮．基于消费者需求差异和渠道权力结构差异的 MT-CLSC 定价、效率与协调研究［J］．中国管理科学，2014，22（6）：34 –42.

［35］王玉燕，于兆青．考虑网络平台服务、消费者需求差异的混合供应链决策［J］．系统工程理论与实践，2018，38（6）：1465 –1478.

［36］吴忠和，陈宏，赵千．非对称信息下闭环供应链回购契约应对突发事件策略研究［J］．中国管理科学，2013，21（6）：97 –106.

［37］徐鸿雁，黄河，陈剑．针对不同类型销售商的长期激励合同设计研究［J］．中国管理科学，2012（6）：118 –124.

［38］颜波，刘艳萍，李鸿媛．成本信息不对称下零售商主导的混合渠道供应链决策分析［J］．中国管理科学，2015，23（12）：124 –134.

［39］杨善林，周开乐．大数据中的管理问题：基于大数据的资源观［J］．管理科学学报，2015，18（5）：1 –8.

[40] 姚树俊，陈菊红．考虑零售商竞争的产品售后服务能力运营策略研究［J］．管理工程学报，2016，30（1）：88－95.

[41] 张旭梅，陈国鹏．存在品牌差异的双渠道供应链合作广告协调模型［J］．管理工程学报，2016，30（2）．

[42] 赵连霞．制造商开辟网络直销下的混合渠道供应链定价决策［J］．中国管理科学，2015（S1）．

[43] Abhishek，V.，K. Jerath，Z. J. Zhang. To platform-sell or resell? Channel structures in electronic retailing ［J］. Management Science，2016，62（8）：2259－2280.

[44] Alaei S，Alaei R，Salimi P. A game theoretical study of cooperative advertising in a single-manufacturer-two-retailers supply chain ［J］. The International Journal of Advanced Manufacturing Technology，2014，74（1－4）：101－111.

[45] Aldin N，Stahre F. Electronic commerce，marketing channels and logistics platforms-a wholesaler perspective ［J］. European Journal of Operational Research，2003，144（2）：270－279.

[46] Armstrong M. Competition in two-sided markets ［J］. Rand Journal of Economics，2010，37（3）：668－691.

[47] Arya A，Löffler C，Mittendorf B，et al. The middleman as a panacea for supply chain coordination problems ［J］. European Journal of Operational Research，2015，240（2）：393－400.

[48] Arya A，Mittendorf B，Sappington D E M. The bright side of supplier encroachment ［J］. Marketing Science，2007，26（5）：651－659.

[49] Arya A，Mittendorf B，Yoon D H. Friction in related-party trade when a rival is also a customer ［J］. Management Science，2008，54（11）：1850－1860.

[50] Bakos Y. The emerging landscape for retail E-Commerce ［J］. Journal of Economic Perspectives，2001，15（1）：69－80.

[51] Bakos Y，Katsamakas E. Design and ownership of two-sided networks：Implications for internet platforms ［J］. Journal of Management Information Systems，2008，25（2）：171－202.

[52] Bernstein F, Federgruen A. Decentralized Supply Chains with Competing Retailers Under Demand Uncertainty [J]. Management Science, 2005, 51 (1): 18-29.

[53] Bian J, Lai K K, Hua Z. Service outsourcing under different supply chain power structures [J]. Annals of Operations Research, 2016, 248 (1-2): 1-20.

[54] Bian W, Shang J, Zhang J. Two-way information sharing under supply chain competition [J]. International Journal of Production Economics, 2016, 178: 82-94.

[55] Bretthauer, K. M., Mahar, S., Venakataramanan, M. A. Inventory and distribution strategies for retail/e-tail organizations [J]. Computers & Industrial Engineering, 2010, 58 (1): 119-132.

[56] Brynjolfsson E, Hu Y, Rahman M S. Battle of the retail channels: How product selection and geography drive cross-channel competition [J]. Management Science, 2009, 55 (11): 1755-1765.

[57] Cachon G P. Supply chain coordination with contracts [J]. Handbooks in Operations Research and Management Science, 2003, 11: 227-339.

[58] Cai G. Channel selection and coordination in dual-channel supply chains [J]. Journal of Retailing, 2010, 86 (1): 22-36.

[59] Cai G, Zhang Z G, Zhang M. Game theoretical perspectives on dual-channel supply chain competition with price discounts and pricing schemes [J]. International Journal of Production Economics, 2009, 117 (1): 80-96.

[60] Çakanyıldırım, M, Feng Q, Gan X, et al. Contracting and coordination under asymmetric production cost information [J]. Production & Operations Management, 2010, 21 (2): 345-360.

[61] Cao E, Ma Y, Wan C, et al. Contracting with asymmetric cost information in a dual-channel supply chain [J]. Operations Research Letters, 2013, 41 (4): 410-414.

[62] Cao K, Xu X, Bian Y, et al. Optimal trade-in strategy of business-to-

consumer platform with dual-format retailing model [J]. Omega, 2019, 82.

[63] Carro A. New product demand forecasting and distribution optimization: A case study at Zara [D]. Cambridge: Massachusetts Institute of Technology, 2011.

[64] Cattani K, Gilland W, Heese H S, et al. Abstract Boiling Frogs: Pricing Strategies for a Manufacturer Adding a Direct Channel that Competes with the Traditional Channel [J]. Production & Operations Management, 2005, 15 (1): 40 - 56.

[65] Cattani K, Gilland W, Heese H S, et al. Boiling frogs: Pricing strategies for a manufacturer adding a direct channel that competes with the traditional channel [J]. Production and Operations Management, 2006, 15 (1): 40.

[66] Chen B, Chen J. When to introduce an online channel, and offer money back guarantees and personalized pricing? [J]. European Journal of Operational Research, 2017, 257 (2): 614 - 624.

[67] Chen F. Information sharing and supply chain coordination [J]. Handbooks in Operations Research and Management Science, 2003, 11: 341 - 421.

[68] Chen J M, Cheng H L, Chien M C. On channel coordination through revenue-sharing contracts with price and shelf-space dependent demand [J]. Applied Mathematical Modelling, 2011, 35 (10): 4886 - 4901.

[69] Chen J, Fan M, Li M. Advertising versus brokerage model for online trading platforms [J]. Management Information Systems Quarterly, 2016, 40 (3): 575 - 596.

[70] Chen J, Guo Z. Online advertising, retailer platform openness, and long tail sellers [J]. Social Science Electronic Publishing, 2015.

[71] Chen J, Zhang H, Sun Y. Implementing coordination contracts in a manufacturer Stackelberg dual-channel supply chain [J]. Omega, 2012, 40 (5): 571 - 583.

[72] Chen J., Liang L., Yao D., et al. Price and Quality Decisions in Dual-channel Supply Chains [J]. European Journal of Operational Research, 2017, 259

(3): 935 – 948.

[73] Chen L, Nan G, Li M. Wholesale pricing or agency pricing on online retail platforms: The effects of customer loyalty [J]. International Journal of Electronic Commerce, 2018, 22 (4): 576 – 608.

[74] Chen Y C, Fang S C, Wen U P. Pricing policies for substitutable products in a supply chain with Internet and traditional channels [J]. European Journal of Operational Research, 2013, 224 (3): 542 – 551.

[75] Chen, X., Wang, X., Jiang, X. The impact of power structure on the retail service supply chain with an o2o mixed channe [J]. Journal of the Operational Research Society, 2016, 67 (2): 294 – 301.

[76] Chiang W K, Chhajed D, Hess J D. Direct marketing, indirect profits: A strategic analysis of dual-channel supply-chain design [J]. Management Science, 2003, 49 (1): 1 – 20.

[77] Cho J K, Ozment J, Sink H. Logistics capability, logistics outsourcing and firm performance in an E-commerce market [J]. International Journal of Physical Distribution & Logistics Management, 2008, 38 (5): 336 – 359.

[78] Choi S C, Coughlan A T. Private label positioning: Quality versus feature differentiation from the national brand [J]. Journal of Retailing, 2006, 82 (2): 79 – 93.

[79] Chu J, Chintagunta P K, Vilcassim N J. Assessing the economic value of distribution channels: An app lication to the personal computer industry [J]. Journal of Marketing Research, 2007, 44 (1): 29 – 41.

[80] Clarke R N. Collusion and the incentives for information sharing [J]. The Bell Journal of Economics, 1983: 383 – 394.

[81] Corbett C J, Zhou D, Tang C S. Designing supply contracts: Contract type and information asymmetry [J]. Management Science, 2004, 50 (4): 550 – 559.

[82] Dan B, Xu G, Liu C. Pricing policies in a dual-channel supply chain with retail services [J]. International Journal of Production Economics, 2012, 139 (1): 312 – 320.

[83] David A, Adida E. Competition and coordination in a two-channel supply chain [J]. Production and Operations Management, 2015, 24 (8): 1358 – 1370.

[84] Desrochers D M, Gundlach G T, Foer A A. Analysis of antitrust challenges to category captain arrangements [J]. Journal of Public Policy & Marketing, 2003, 22 (2): 201 – 215.

[85] Dou G, He P, Xu X. One-side value-added service investment and pricing strategies for a two-sided platform [J]. International Journal of Production Research, 2016: 1 – 14.

[86] Dukes A, Gal-Or E, Geylani T. Bilateral information sharing and pricing incentives in a retail channel [M]. Berlin: Springer, Cham, 2017: 343 – 367.

[87] Dukes A, Gal-Or E, Geylani T. Who benefits from bilateral information exchange in a retail channel? [J]. Economics Letters, 2011, 112 (2): 210 – 212.

[88] Dumrongsiri A, Fan M, Jain A, et al. A supply chain model with direct and retail channels [J]. European Journal of Operational Research, 2008, 187 (3): 691 – 718.

[89] Ertek G, Griffin P M. Supplier-and buyer-driven channels in a two-stage supply chain [J]. Iie Transactions, 2002, 34 (8): 691 – 700.

[90] Gal-Or E. Information sharing in oligopoly [J]. Econometrica: Journal of the Econometric Society, 1985: 329 – 343.

[91] Gal-Or E. Information transmission—Cournot and Bertrand equilibria [J]. The Review of Economic Studies, 1986, 53 (1): 85 – 92.

[92] Gao J, Han H, Hou L, et al. Pricing and effort decisions in a closed-loop supply chain under different channel power structures [J]. Journal of Cleaner Production, 2016, 112: 2043 – 2057.

[93] Ghezzi A, Mangiaracina R, Perego A. Shaping the e-commerce logistics strategy: a decision framework [J]. International Journal of Engineering Business Management, 2012, 4 (12): 4 – 13.

[94] Giri B C, Sarker B R. Coordinating a two-echelon supply chain under production disruption when retailers compete with price and service level [J]. Oper-

ational Research, 2016, 16 (1): 71 –88.

[95] Gupta A, Su B C, Walter Z. An empirical study of consumer switching from traditional to electronic channels: A purchase-decision process perspective [J]. International Journal of Electronic Commerce, 2004, 8 (3): 131 –161.

[96] Ha A Y. Supplier-buyer contracting: Asymmetric cost information and cutoff level policy for buyer participation [J]. Naval Research Logistics, 2015, 48 (1): 41 –64.

[97] Ha A Y, Tang C S. Handbook of information exchange in supply chain management [J]. Springer, 2017, 5.

[98] Ha A Y, Tong S, Zhang H. Sharing demand information in competing supply chains with production diseconomies [J]. Management Science, 2011, 57 (3): 566 –581.

[99] Ha A Y, Tong S. Contracting and information sharing under supply chain competition [J]. Management Science, 2008, 54 (4): 701 –715.

[100] Ha, Albert Y. , Christopher S. Handbook of information exchange in supply chain management [M]. Berlin: Springer International Publishing, 2017.

[101] Hagiu A. Pricing and commitment by two-sided platforms [J]. The RAND Journal of Economics, 2006, 37 (3): 720 –737.

[102] Hagiu A. Two-sided platforms: Pricing and social efficiency-extensions [R]. Research Institute of Economy, Trade and Industry (RIETI), 2004.

[103] Hagiu A, Wright J. Marketplace or reseller? [J]. Management Science, 2016, 61 (1): 184 –203.

[104] Hagiu A, Wright J. The status of workers and platforms in the sharing economy [J]. Journal of Economics & Management Strategy, 2019, 28 (1): 97 –108.

[105] Hagiu A. Merchant or two-sided platform? [J]. Review of Network Economics, 2007, 6 (2): 115 –133.

[106] Han S, Fu Y, Cao B, et al. Pricing and bargaining strategy of e-retail under hybrid operational patterns [J]. Annals of Operations Research, 2018, 270 (1 –2): 179 –200.

[107] He C, Marklund J, Vossen T. Research note—Vertical information sharing in a volatile market [J]. Marketing Science, 2008, 27 (3): 513 – 530.

[108] He Y, Huang H, Li D. Inventory and pricing decisions for a dual-channel supply chain with deteriorating products [J]. Operational Research, 2018.

[109] Hendershott T, Zhang J. A model of direct and intermediated sales [J]. Journal of Economics & Management Strategy, 2006, 15 (2): 279 – 316.

[110] Hsiao L, Chen Y J. Strategic motive for introducing internet channels in a supply chain [J]. Production and Operations Management, 2014, 23 (1): 36 – 47.

[111] Huang G, Ding Q, Dong C, et al. Joint optimization of pricing and inventory control for dual-channel problem under stochastic demand [J]. Annals of Operations Research, 2018 (3).

[112] Huang H, Ke H, Wang L. Equilibrium analysis of pricing competition and cooperation in supply chain with one common manufacturer and duopoly retailers [J]. International Journal of Production Economics, 2016, 178: 12 – 21.

[113] Huang S, Yang C, Liu H. Pricing and production decisions in a dual-channel supply chain when production costs are disrupted [J]. Economic Modelling, 2013, 30: 521 – 538.

[114] Huang Z, Nie J, Zhang J. A differential game model of competing retailers with negative promotional effects on brand image [J]. Computers & Industrial Engineering, 2018, 118: 291 – 308.

[115] Jiang B, Jerath K, Srinivasan K. Firm strategies in the "mid tail" of platform-based retailing [J]. Marketing Science, 2011, 30 (5): 757 – 775.

[116] Jiang B, Tian L, Xu Y, et al. To share or not to share: Demand forecast sharing in a distribution channel [J]. Marketing Science, 2016, 35 (5): 800 – 809.

[117] Jiang L, Hao Z. Incentive-driven information dissemination in two-tier supply chains [J]. Manufacturing & Service Operations Management, 2016, 18 (3): 393 – 413.

[118] Jiang L, Hao Z. On the value of information sharing and cooperative

price setting [J]. Operations Research Letters, 2014, 42 (6 - 7): 399 - 403.

[119] Jie W, Govindan K, Li Y, et al. Pricing and collecting decisions in a closed-loop supply chain with symmetric and asymmetric information [J]. Computers & Operations Research, 2015, 54 (C): 257 - 265.

[120] Jin Y, Wang S, Hu Q. Contract type and decision right of sales promotion in supply chain management with a capital constrained retailer [J]. European Journal of Operational Research, 2015, 240 (2): 415 - 424.

[121] Jing Z, Jie W, Sun X. Coordination of fuzzy closed-loop supply chain with price dependent demand under symmetric and asymmetric information conditions [J]. Annals of Operations Research, 2016, 257 (1 - 2): 1 - 21.

[122] Johari M, Hosseini-Motlagh S. Coordination of cooperative promotion efforts with competing retailers in a manufacturer-retailer supply chain [J]. Uncertain Supply Chain Manag, 2018, 6 (1): 25 - 48.

[123] Jye-Chyi Lu, Yu-Chung Tsao, Chayakrit Charoensiriwath. Competition under manufacturer service and retail price [J]. Economic Modelling, 2011, 28 (3): 1256 - 1264.

[124] Kalnins A. Pricing variation within dual-channel-distribution chains: The different implications of externalities and signaling for high and low-quality brands [J]. Management Science, 2017, 63 (1): 139 - 152.

[125] Khouja M, Park S, Cai G G. Channel selection and pricing in the presence of retail-captive consumers [J]. International Journal of Production Economics, 2010, 125 (1): 84 - 95.

[126] Kirby A J. Trade associations as information exchange mechanisms [J]. The RAND Journal of Economics, 1988: 138 - 146.

[127] Kong G., Rajagopalan S., Zhang H., Information leakage In Supply chain [M]. Handbook of Information Exchange in Supply Chain Management. Berlin: Spring, 2017: 313 - 341.

[128] Kuo C W, Yang S J S. The role of store brand positioning for appropriating supply chain profit under shelf space allocation [J]. European Journal of Oper-

ational Research, 2013, 231 (1): 88 –97.

[129] Kwark Y, Chen J, Raghunathan S. Online Product Reviews: Implications for Retailers and Competing Manufacturers [J]. Information Systems Research, 2014, 25 (1): 93 –110.

[130] Kwark Y, Chen J, Raghunathan S. Platform or wholesale? a strategic tool for online retailers to benefit from third – party information [J]. MIS Quarterly, 2017, 41 (3): 763 –785.

[131] Li L. Information Sharing in a Supply Chain with Horizontal Competition [J]. Management Science, 2002, 48 (9): 1196 –1212.

[132] Li Q, Li B, Chen P, et al. Dual-channel supply chain decisions under asymmetric information with a risk-averse retailer [J]. Annals of Operations Research, 2017, 257 (1 –2): 423 –447.

[133] Li T, Zhang H. Information sharing in a supply chain with a make-to-stock manufacturer [J]. Omega, 2015, 50: 115 –125.

[134] Li X, Chen J, Ai X. Contract design in a cross-sales supply chain with demand information asymmetry [J]. European Journal of Operational Research, 2019, 275 (3): 939 –956.

[135] Li X, Li Y, Govindan K. An incentive model for closed-loop supply chain under the EPR law [J]. Journal of the Operational Research Society, 2014, 65 (1): 88 –96.

[136] Li Z, Gilbert S M, Lai G. Supplier encroachment under asymmetric information [J]. Management Science, 2014, 60 (2): 449 –462.

[137] Liang T P, Huang J S. An empirical study on consumer acceptance of products in electronic markets: a transaction cost model [J]. Decision Support Systems, 1998, 24 (1): 29 –43.

[138] Lin M, Li S, Whinston A B. Innovation and price competition in a two-sided market [J]. Journal of Management Information Systems, 2011, 28 (2): 171 –202.

[139] Liu H, Sun S, Lei M, Deng H, et al. The impact of retailers' alliance

on manufacturer's profit in a dual-channel structure [J]. International Journal of Production Research, 2017, 55 (22): 1 - 16.

[140] Lu J C, Tsao Y C, Charoensiriwath C. Competition under manufacturer service and retail price [J]. Economic Modelling, 2011, 28 (3): 1256 - 1264.

[141] Lu Q, Liu N. Effects of e-commerce channel entry in a two-echelon supply chain: A comparative analysis of single - and dual-channel distribution systems [J]. International Journal of Production Economics, 2015, 165: 100 - 111.

[142] Luo Z, Chen X, Chen J, et al. Optimal pricing policies for differentiated brands under different supply chain power structures [J]. European Journal of Operational Research, 2017, 259 (2): 437 - 451.

[143] Ma P, Wang H, Shang J. Contract design for two-stage supply chain coordination: Integrating manufacturer-quality and retailer-marketing efforts [J]. International Journal of Production Economics, 2013, 146 (2): 745 - 755.

[144] Mantin B, Krishnan H, Dhar T. The strategic role of third-party marketplaces in retailing [J]. Production & Operations Management, 2014, 23 (11): 1937 - 1949.

[145] Matsui K. When should a manufacturer set its direct price and wholesale price in dual-channel supply chains? [J]. European Journal of Operational Research, 2017, 258 (2): 501 - 511.

[146] Mills D E. Why retailers sell private labels [J]. Journal of Economics & Management Strategy, 1995, 4 (3): 20.

[147] Mills D E. Private labels and manufacturer counter-strategies [J]. European Review of Agricultural Economics, 1999, 26 (2): 125 - 145.

[148] Mishra B K, Raghunathan S, Yue X. Demand forecast sharing in supply chains [J]. Production & Operations Management, 2010, 18 (2): 152 - 166.

[149] Mukhopadhyay S K, Zhu X, Yue X. Optimal contract design for mixed channels under information asymmetry [J]. Production & Operations Management, 2010, 17 (6): 641 - 650.

[150] Natarajan K, Kostamis D, Merserean A. Strategic demand information

sharing between competitors [R]. Working Paper, 2013.

[151] Özer Ö, Zheng Y, Chen K Y. Trust in forecast information sharing [J]. Management Science, 2011, 57 (6): 1111 - 1137.

[152] Özer Ö, Zheng Y, Ren Y. Trust, trustworthiness, and information sharing in supply chains bridging China and the United States [J]. Management Science, 2014, 60 (10): 2435 - 2460.

[153] Rabinovich E. Why do internet commerce firms incorporate logistics service providers in their distribution channels? The role of transaction costs and network strength [J]. Journal of Operations Management, 2007, 25 (3): 661 - 681.

[154] Raith M. A general model of information sharing in oligopoly [J]. Journal of economic theory, 1996, 71 (1): 260 - 288.

[155] Ramanathan R. The moderating roles of risk and efficiency on the relationship between logistics performance and customer loyalty in e-commerce [J]. Transportation Research Part E: Logistics and Transportation Review, 2010, 46 (6): 0 - 962.

[156] Roy A, Sana S S, Chaudhuri K. Optimal pricing of competing retailers under uncertain demand-a two layer supply chain model [J]. Annals of Operations Research, 2018, 260 (1 - 2): 481 - 500.

[157] Ryan J K, Sun D, Zhao X. Competition and Coordination in Online Marketplaces [J]. Production & Operations Management, 2012, 21 (6): 997 - 1014.

[158] Sayman S, Raju H J S. Positioning of store brands [J]. Marketing Science, 2002, 21 (4): 378 - 397.

[159] Setak M , Kafshian Ahar H, Alaei S. Incentive mechanism based on cooperative advertising for cost information sharing in a supply chain with competing retailers [J]. Journal of Industrial Engineering International, 2017 (2): 1 - 16.

[160] Shamir N, Shin H. Incentives for forecast information sharing under simple pricing mechanisms [M]. Handbook of Information Exchange in Supply Chain Management. Switzerland: Springer, Cham, 2017: 263 - 284.

[161] Shamir N, Shin H. Public forecast information sharing in a market with

competing supply chains [J]. Management Science, 2016, 62 (10): 2994 -3022.

[162] Shang W., Yang L. Contract negotiation and risk preferences in dual-channel supply chain coordination [J]. International Journal of Production Research, 2015, 53 (16): 4837 -4856.

[163] Shang W, Ha A Y, Tong S. Information sharing in a supply chain with a common retailer [J]. Management Science, 2015, 62 (1): 245 -263.

[164] Shen Y. Platform retailing with slotting allowance and revenue sharing [J]. Journal of the Operational Research Society, 2018, 69 (7): 1033 -1045.

[165] Shi R, Zhang J, Ru J. Impacts of power structure on supply chains with uncertain demand [J]. Production and operations Management, 2013, 22 (5): 1232 -1249.

[166] Shi Y, Guo X, Yu Y. Dynamic warehouse size planning with demand forecast and contract flexibility [J]. International Journal of Production Research, 2018 (11): 1 -13.

[167] Singh R, Sandhu H S, Metri B A. Supply chain management practices, competitive advantage and organizational performance: A confirmatory factor model [J]. International Journal of Information Systems and Supply Chain Management, 2014, 7 (2): 22 -46.

[168] Tan Y, Carrillo J E, Cheng H K. The agency model for digital goods [J]. Decision Sciences, 2016, 47 (4): 628 -660.

[169] Tan Y, Carrillo J E. Strategic analysis of the agency model for digital goods [J]. Production and Operations Management, 2017, 26 (4): 724 -741.

[170] Tian, L., Vakharia, A., Tan, Y. R., et al. Marketplace, reseller, or hybrid: a strategic analysis of emerging e-commerce model [J]. Production & Operations Management, 2018, 27 (8): 1595 -1610.

[171] Tsay A A, Agrawal N. Channel conflict and coordination in the e-commerce age [J]. Production and operations management, 2004, 13 (1): 93 -110.

[172] Tsay A A, Agrawal N. Channel dynamics under price and service competition [J]. Manufacturing & Service Operations Management, 2000, 2 (4):

372 – 391.

[173] Vives X. Duopoly information equilibrium: Cournot and Bertrand [J]. Journal of economic theory, 1984, 34 (1): 71 – 94.

[174] Wang L, Song H, Wang Y. Pricing and service decisions of complementary products in a dual – channel supply chain [J]. Computers & Industrial Engineering, 2017, 105: 223 – 233.

[175] Wang Z, Wright J. Ad valorem platform fees, indirect taxes, and efficient price discrimination [J]. The RAND Journal of Economics, 2017, 48 (2): 467 – 484.

[176] Wangaba J C. When should a manufacturer share truthful manufacturing cost information with a dominant retailer? [J]. European Journal of Operational Research, 2009, 197 (1): 266 – 286.

[177] Wei, Jie, Zhao, et al. Pricing decisions for complementary products with firms' different market powers [J]. European Journal of Operational Research, 2013, 224 (3): 507 – 519.

[178] Wu C. Cross sales in supply chains: An equilibrium analysis [J]. International Journal of Production Economics, 2011, 126 (2): 158 – 167.

[179] Wu J, Zhai X, Huang Z. Incentives for information sharing in duopoly with capacity constraints [J]. Omega, 2008, 36 (6): 963 – 975.

[180] Xia Y, Xiao T, Zhang G P. The impact of product returns and retailer's service investment on manufacturer's channel strategies [J]. Decision Sciences, 2016, 48 (5).

[181] Xiao T, Yang D. Price and service competition of supply chains with risk-averse retailers under demand uncertainty [J]. International Journal of Production Economics, 2008, 114 (1): 187 – 200.

[182] Xiao T, Choi T M, Cheng T C E. Product variety and channel structure strategy for a retailer-Stackelberg supply chain [J]. European Journal of Operational Research, 2014, 233 (1): 114 – 124.

[183] Xiao T, Shi J. Consumer returns reduction and information revelation

mechanism for a supply chain [J]. Annals of Operations Research, 2016, 240 (2): 661-681.

[184] Xie W, Jiang Z, Zhao Y, et al. Contract design for cooperative product service system with information asymmetry [J]. International Journal of Production Research, 2014, 52 (6): 1658-1680.

[185] Xue W, Demirag OC, Niu B. Supply chain performance and consumer-surplus under alternative structures of channel dominance [J]. European Journal of Operational Research, 2014, 239 (1): 130-145.

[186] Yan R, Cao Z, Pei Z. Manufacturer's cooperative advertising, demand uncertainty, and information sharing [J]. Journal of Business Research, 2015, 68 (12): 1-9.

[187] Yan R, Pei Z. Incentive information sharing in various market structures [J]. Decision Support Systems, 2015, 76: 76-86.

[188] Yan R. Profit sharing and firm performance in the manufacturer-retailer dual-channel supply chain [J]. Electronic Commerce Research, 2008, 8 (3): 155.

[189] Yan Y, Zhao R, Liu Z. Strategic introduction of the marketplace channel under spillovers from online to offline sales [J]. European Journal of Operational Research, 2018, 267 (1): 65-77.

[190] Yan Y, Zhao R, Xing T. Strategic introduction of the marketplace channel under dual upstream disadvantages in sales efficiency and demand information [J]. European Journal of Operational Research, 2019, 273 (3): 968-982.

[191] Yang J Q, Zhang X M, Fu H Y, et al. Inventory competition in a dual-channel supply chain with delivery lead time consideration [J]. Applied Mathematical Modelling, 2017, 42: 675-692.

[192] Yao Y, Zhang J. Pricing for shipping services of online retailers: Analytical and empirical approaches [J]. Decision Support Systems, 2012, 53 (2): 368-380.

[193] Yoo W S, Lee E. Internet channel entry: A strategic analysis of mixed

channel structures [J]. Marketing Science, 2011, 30 (1): 29 -41.

[194] Yu Y, Wang X, Zhong R Y, et al. E-commerce logistics in supply chain management: implementations and future perspective in furniture industry [J]. Industrial Management & Data Systems, 2017: 1 -10.

[195] Yue X, Liu J. Demand forecast sharing in a dual-channel supply chain [J]. European Journal of Operational Research, 2006, 174 (1): 646 -667.

[196] Zhang H. , Yang K. Multi-objective optimization for green dual-channel supply chain network design considering transportation mode selection [J]. International Journal of Information Systems and Supply Chain Management, 2018, 11 (3): 1 -21.

[197] Zhang M, Pratap S, Huang G Q, et al. Optimal collaborative transportation service trading in B2B e-commerce logistics [J]. International Journal of Production Research, 2017: 1 -17.

[198] Zhang M, Qin J. Coordinate the express delivery supply chain with option contracts [J]. International Journal of Information Systems and Supply Chain Management, 2016, 9 (4): 1 -21.

[199] Zhang P, Xiong Y, Xiong Z. Coordination of a dual-channel supply chain after demand or production cost disruptions [J]. International Journal of Production Research, 2015, 53 (10): 3141 -3160.

[200] Zhang P, Xiong Z. Information sharing in a closed-loop supply chain with asymmetric demand forecasts [J]. Mathematical Problems in Engineering, 2017 (4): 1 -12.

[201] Zhang R, Liu B, Wang W. Pricing decisions in a dual channels system with different power structures [J]. Economic Modelling, 2012, 29 (2): 523 -533.

[202] Zhao J, Tang W, Wei J. Pricing decision for substitutable products with retail competition in a fuzzy environment [J]. International Journal of Production Economics, 2012, 135 (1): 144 -153.

[203] Zhao J, Wei J, Li Y. Pricing decisions for substitutable products in a two-echelon supply chain with firms' different channel powers [J]. International

Journal of Production Economics, 2014, 153: 243 -252.

[204] Zheng B, Yang C, Yang J, et al. Dual-channel closed loop supply chains: forward channel competition, power structures and coordination [J]. International Journal of Production Research, 2017, 55 (12): 3510 -3527.

[205] Zhou Y W, Guo J, Zhou W. Pricing/service strategies for a dual-channel supply chain with free riding and service-cost sharing [J]. International Journal of Production Economics, 2018, 196: 198 -210.

[206] Zhu X, Mukhopadhyay S K. Optimal contract design for outsourcing: pricing and quality decisions [J]. International Journal of Revenue Management, 2009, 3 (2): 197 -217.

附　录

A. 第 3 章引理及定理的证明

引理 3.1 的证明

首先，零售商决定渠道 ER 的产品价格 p_{ER}；整理零售商的利润函数式（3.3），由于式（3.3）关于 p_{ER} 的二阶导为 $\partial^2\pi_R/\partial p_{ER}^2 = -2/\theta_{ER} < 0$，故存在最优 p_{ER}：

$$p_{ER} = \frac{\theta_{ER} + p_s}{2} \tag{A.3.1}$$

其次，电商平台根据零售商的价格决策，制订服务价格，将式（A.3.1）代入电商平台的利润函数式（3.2）中，并求得关于 p_s 的二阶导为 $\partial^2\pi_p/\partial p_s^2 = -1/\theta_{ER} < 0$，故存在最优的 p_s：

$$p_s = \frac{1}{4}\theta_{ER} \tag{A.3.2}$$

将式（A.3.2）代入式（A.3.1）中可得均衡定价，并将均衡定价代入式（3.1）、式（3.2）、式（3.3）中可求得均衡需求及利润。

引理 3.2 的证明

（1）若 $p_{ER}/\theta_{ER} < p_{EP} \leqslant p_{ER} + 1 - \theta_{ER}$。首先，零售商决定渠道 ER 的零售价格 p_{ER}；整理零售商的利润函数式（3.7），式（3.7）关于 p_{ER} 的二阶导为 $\partial^2\pi_R/\partial p_{ER}^2 = -2/[\theta_{ER}(1-\theta_{ER})] < 0$，故存在最优的 p_{ER}：

$$p_{ER} = \frac{\theta_{ER} p_{EP} + p_s}{2} \tag{A.3.3}$$

其次，电商平台根据零售商的价格决策，制订服务价格，将式（A.3.3）代入电商平台的利润函数式（3.6）中，并求得关于 p_s 和 p_{EP} 的海塞矩阵为：

$$\begin{bmatrix} -\dfrac{2-\theta_{ER}}{1-\theta_{ER}} & -\dfrac{1}{1-\theta_{ER}} \\ -\dfrac{1}{1-\theta_{ER}} & -\dfrac{1}{(1-\theta_{ER})\theta_{ER}} \end{bmatrix}$$

因为 $D_1=-(2-\theta_{ER})/(1-\theta_{ER})<0$ 和 $D_2=2/[(1-\theta_{ER})\theta_{ER}]>0$，所以海塞矩阵负定，电商平台的利润函数是关于 p_s、p_{EP} 的凹函数，故存在最优的 p_s、p_{EP}。令：

$$\frac{\partial\pi_P(p_{EP},p_s)}{\partial p_{EP}}=0,\ \frac{\partial\pi_P(p_{EP},p_s)}{\partial p_s}=0$$

同时结合（A.3.3），可以得到零售商和平台的最优定价。将最优定价代入式(3.4)～式(3.7)中，可以得到此情境的均衡需求及利润，引理3.2①得证。

（2）若 $p_{EP}\leqslant p_{ER}/\theta_{ER}$。由于式（3.8）关于 p_{EP} 的二阶导 $\partial^2\pi_P/\partial p_{EP}^2=-2<0$，故存在最优的 p_{EP}：

$$p_{EP}=\frac{1}{2} \tag{A.3.4}$$

将式（A.3.4）代入式（3.8）、式(3.9)中，可以得到此情况下的均衡需求及利润，引理3.2②得证。

引理3.3的证明

当零售商对渠道ER和er的定价满足 $p_{ER}\geqslant(p_{er}+\theta_{ER}-\theta_{er})$ 时，$D_{ER}=0$，此时零售商必然会关闭渠道ER，因此将此情境看作零售商只经营er渠道而关闭了ER渠道；当零售商对ER和er渠道的定价满足 $p_{er}\theta_{ER}/\theta_{er}\leqslant p_{ER}<(p_{er}+\theta_{ER}-\theta_{er})$ 时，渠道ER和er的产品需求均不为零，因此将此情境看作零售商同时经营渠道ER和er。

（1）零售商只经营渠道er时，式（3.11）关于 p_{er} 的二阶导为 $\partial^2\pi_{er}/\partial p_{er}^2=-2/\theta_{er}<0$，故存在最优的 p_{er}：

$$p_{er}=\frac{c_{er}+\theta_{er}}{2} \tag{A.3.5}$$

将式（A. 3. 5）代入式（3. 10）、式（3. 11）中，可以得到此种情况下的均衡结果，如引理 3. 3①所示。

（2）零售商同时经营渠道 ER 和 er 时，首先，零售商决定渠道 ER 和 er 的零售价格 p_{ER}、p_{er}，分析式（3. 15）关于 p_s 和 p_{ER} 的海塞矩阵，可得海塞矩阵负定，电商平台的利润函数是关于 p_s、p_{ER} 的凹函数，故存在最优的 p_{er}、p_{ER}。由一阶条件可得：

$$p_{er} = \frac{c_{er} + \theta_{er}}{2} \tag{A. 3. 6}$$

$$p_{ER} = \frac{p_s + \theta_{ER}}{2} \tag{A. 3. 7}$$

其次，电商平台根据零售商的反应函数制订服务价格，将式（A. 3. 6）、式（A. 3. 7）代入式（3. 15）中，并求得关于 p_s 的二阶导为 $\partial^2 \pi_P / \partial p_s^2 = -1/(\theta_{ER} - \theta_{er}) < 0$。故存在最优的 p_s：

$$p_s = \frac{\theta_{ER} - \theta_{er} + c_{er}}{2}$$

同时结合式（A. 3. 6）、式（A. 3. 7），可以得到最优定价，将最优定价代入式（3. 12）~式(3. 15）中，可以得到此情景的均衡需求及利润，如引理 3. 3②所示。

为了保证此均衡存在，需满足 $p_{er}\theta_{ER}/\theta_{er} \leqslant p_{ER} \leqslant (p_{er} + \theta_{ER} - \theta_{er})$，将最优价格代入此式中，可以得到：

$$\frac{\theta_{er} + c_{er}}{2} \frac{\theta_{ER}}{\theta_{er}} \leqslant \frac{3\theta_{ER} - \theta_{er} + c_{er}}{4} \leqslant \frac{\theta_{er} + c_{er}}{2} + \theta_{ER} - \theta_{er} \tag{A. 3. 8}$$

求解式（A. 3. 8），可得：$c_{er} \leqslant \theta_{er}(\theta_{ER} - \theta_{er})/(2\theta_{ER} - \theta_{er})$。

引理 3. 4 的证明

（1）零售商只经营渠道 er。首先，零售商决定渠道 er 的产品价格 p_{er}，求得式（3. 19）关于 p_{er} 的二次导数为 $\partial^2 \pi_R / \partial \theta_{er}^2 = -2/[(1 - \theta_{er})\theta_{er}] < 0$。

故存在最优的 p_{er}：

$$p_{er} = \frac{p_{EP}\theta_{er} + c_{er}}{2} \tag{A. 3. 9}$$

其次，电商平台根据零售商的价格决策，制订自营产品的价格，将式（A.3.9）代入式（3.18）中，并求得关于 p_{EP} 的二阶导为 $\partial^2\pi_P/\partial\theta_{EP}^2=-(2-\theta_{er})/(1-\theta_{er})<0$，故存在最优的 p_{EP}：

$$p_{EP}=\frac{2-2\theta_{er}+c_{er}}{4-2\theta_{er}} \tag{A.3.10}$$

同时结合式（A.3.9），可以得到最优定价，将这些最优定价代入式(3.16)~式(3.19）中，可以得到此情景的均衡需求及利润，如引理3.4①所示。

将最优价格代入 $p_{er}/\theta_{er}\leq p_{EP}<p_{er}+1-\theta_{er}$ 中，可以得到，均衡需满足 $c_{er}\leq 2\theta_{er}(1-\theta_{er})/(4-3\theta_{er})$。引理3.4①得证。

（2）零售商同时经营渠道er和ER。首先，零售商决定渠道er和ER的价格 p_{er}、p_{ER}。分析式（3.24）可知，零售商利润函数是关于 p_s、p_{ER} 的凹函数，令 $\partial\pi_R(p_{EP},p_{er},p_{ER})/\partial p_{ER}=0$，$\partial\pi_P(p_{EP},p_{er},p_{ER})/\partial p_{er}=0$，可得：

$$p_{ER}=\frac{p_{EP}\theta_{ER}+p_s}{2} \tag{A.3.11}$$

$$p_{er}=\frac{p_{EP}\theta_{er}+c_{er}}{2} \tag{A.3.12}$$

其次，电商平台根据零售商的价格决策，制订服务价格，将式（A.3.11）、式（A.3.12）代入电商平台的利润函数式（3.23）中，分析其关于 p_s、p_{EP} 的海塞矩阵可知，电商平台利润函数是关于 p_s、p_{EP} 的凹函数，故存在最优 p_s、p_{EP}。令 $\partial\pi_P(p_{EP},p_{er},p_{ER})/\partial p_{EP}=0$，$\partial\pi_R(p_{EP},p_{er},p_{ER})/\partial p_s=0$，可得：

$$p_{EP}=\frac{2-2\theta_{er}+c_{er}}{2(1-\theta_{er})} \tag{A.3.13}$$

$$p_s=\frac{(1-\theta_{ER})c+2(\theta_{er}-\theta_{ER})}{2(2-\theta_{er})} \tag{A.3.14}$$

同时结合式（A.3.11）、式（A.3.12），可以得到最优定价，将这些最优定价代入式（3.20）~式(3.24）可得此情景的均衡结果，如引理3.4②所示。将最优定价代入均衡存在条件 $[p_{ER}+(p_{ER}-p_{er})(1-\theta_{ER})]/(\theta_{ER}-\theta_{er})\leq p_{EP}\leq p_{ER}+1-\theta_{ER}$ 中，可以得到，均衡存在需满足 $c_{er}\leq 2\theta_{er}(\theta_{ER}-\theta_{er})/(\theta_{ER}\theta_{er}-2\theta_{er}-4\theta_{ER})$，引理3.4②得证。

定理 3.1 的证明

(1) 定理3.1①的证明。

①比较 $c_{er}^{3(2)}$，$c_{er}^{4(1)}$，$c_{er}^{4(2)}$，可得：$c_{er}^{4(1)}-c_{er}^{4(2)}=\frac{2\theta_{er}^2(2-\theta_{er})(1-\theta_{ER})}{(4-3\theta_{er})(4\theta_{ER}-\theta_{ER}\theta_{er}-2\theta_{er})}>0$，$c_{er}^{4(2)}-c_{er}^{3(2)}=\frac{2\theta_{ER}\theta_{er}^2(\theta_{ER}-\theta_{er})}{(2\theta_{ER}-\theta_{er})(4\theta_{ER}-\theta_{ER}\theta_{er}-2\theta_{er})}>0$；所以，可得 $c_{er}^{4(1)}>c_{er}^{4(2)}>c_{er}^{3(2)}$。结合引理3.3，很容易可以得到，当 $c_{er}\leqslant c_{er}^{3(2)}$ 时，博弈矩阵可简化如下：

	不自建	自建
不自营	1	3(2)
自营	2	4(2)

②比较 π_R^1 和 $\pi_R^{3(2)}$ 可得：

$$\pi_R^1-\pi_R^{3(2)}=\frac{3\theta_{er}-4\theta_{ER}}{16(\theta_{ER}-\theta_{er})}c_{er}^2+\frac{3}{8}c_{er}-\frac{3\theta_{er}}{16}$$

此结果可以看作是一个关于 c_{er} 的一元二次方程，且：

$$A=(3\theta_{er}-4\theta_{ER})/[16(\theta_{ER}-\theta_{er})],B=3/8,C=-3\theta_{er}/16$$

因为 $A<0$，$B^2-4AC=-3\theta_{ER}/[64(\theta_{ER}-\theta_{er})]<0$，根据一元二次方程的特点可得证 $\pi_R^1-\pi_R^{3(2)}<0$。

③比较 π_R^2 和 $\pi_R^{4(2)}$ 可得，$\pi_R^2-\pi_R^{4(2)}=-\pi_R^{4(2)}<0$。

④比较 π_P^1 和 π_P^2 可得，$\pi_P^1-\pi_P^2=(\theta_{ER}-2)/8<0$。

⑤比较 $\pi_P^{3(2)}$ 和 $\pi_P^{4(2)}$ 可得：

$$\pi_P^{3(2)}-\pi_P^{4(2)}=\frac{c_{er}^2\theta_{ER}-2\theta_{er}c_{er}-4+2(\theta_{ER}+\theta_{er})-\theta_{er}(\theta_{ER}-\theta_{er})}{8(2-\theta_{er})}$$

从前面的假设可知，在本情境中 $0<c_{er}\leqslant c_{er}^{3(2)}$，由

$$\frac{\partial(\pi_P^{3(2)}-\pi_P^{4(2)})}{\partial c_{er}}=-\frac{\theta_{er}-c_{er}}{4(2-\theta_{er})}<0$$

$$(\pi_P^{3(2)}-\pi_P^{4(2)})|_{c_{er}=0}=\frac{-4+2(\theta_{ER}+\theta_{er})-\theta_{er}(\theta_{ER}-\theta_{er})}{8(2-\theta_{er})}<0$$

可知 $\pi_P^{3(2)}-\pi_P^{4(2)}$ 随 c_{er} 单调递减，且最大值小于0，$\pi_P^{3(2)}-\pi_P^{4(2)}<0$ 得证。

⑥由 $c_{er}^{4(1)} > c_{er}^{4(2)} > c_{er}^{3(2)}$ 和引理 3.3 可知，$c_{er}^{3(2)} < c_{er} \leqslant c_{er}^{4(2)}$ 时，博弈矩阵可简化如下：

	不自建	自建
不自营	1	3(1)
自营	2	4(2)

⑦比较 π_R^2 和 $\pi_R^{4(2)}$ 可得，$\pi_{ER}^2 - \pi_{ER}^{4(2)} = -\pi_{ER}^{4(2)} < 0$。

⑧比较 π_P^1 和 π_P^2 可得，$\pi_P^1 - \pi_P^2 = (\theta_{ER} - 2)/8 < 0$。

⑨比较 $\pi_P^{3(1)}$ 和 $\pi_P^{4(2)}$ 可得，$\pi_P^{3(1)} - \pi_P^{4(2)} = 0 - \pi_P^{4(2)} < 0$。

⑩$\pi_R^1 - \pi_R^{3(1)}$ 的正负结果不会影响最后的博弈均衡策略，因此省略分析过程。

综合①－⑩，定理 3.1①可证。

（2）定理 3.1②的证明。

$c_{er}^{4(1)} > c_{er}^{4(2)} > c_{er}^{3(2)}$，所以当 $c_{er}^{4(2)} \leqslant c_{er} < c_{er}^{4(1)}$ 时，博弈矩阵可简化如下：

	不自建	自建
不自营	1	3(1)
自营	2	4(1)

又易得，$\pi_P^1 - \pi_P^2 = (\theta_{ER} - 2)/8 < 0$，$\pi_P^{3(1)} - \pi_P^{4(1)} = 0 - \pi_P^{4(1)} < 0$，$\pi_R^2 - \pi_R^{4(1)} = -\pi_R^{4(1)} < 0$。所以，定理 3.1②得证。

（3）定理 3.1③的证明。

①因为 $c_{er}^{4(1)} > c_{er}^{4(2)} > c_{er}^{3(2)}$，所以当 $c \geqslant c_{er}^{4(1)}$ 时，博弈矩阵可简化如下：

	不自建	自建
不自营	1	3(1)
自营	2	0

②由引理 3.1 和引理 3.3 可得：

$$\pi_R^1 - \pi_R^{3(1)} = -\frac{c_{er}^2}{4\theta_{er}} + \frac{c_{er}}{2} + \frac{\theta_{ER} - 4\theta_{er}}{16}$$

分析 $\pi_R^1 - \pi_R^{3(1)}$ 关于 c_{er} 的单调性，可得：

$$\frac{\partial(\pi_R^1-\pi_R^{3(1)})}{c_{er}}=\frac{\theta_{er}-c_{er}}{16}>0$$

说明 $\pi_R^1-\pi_R^{3(1)}$ 随 c_{er}递增。

分析 $c_{er}\geqslant c_{er}^{4(1)}$ 情形下 $\pi_R^1-\pi_R^{3(1)}$ 的最大值，可得：

$$\pi_R^1-\pi_R^{3(1)}\mid_{c_{er}=\theta_{er}}=\frac{\theta_{ER}}{16}>0$$

说明 $\pi_R^1-\pi_R^{3(1)}$ 的最大值始终为正。

分析 $c\geqslant c_{er}^{4(1)}$ 情形下 $\pi_R^1-\pi_R^{3(1)}$ 的最小值，可得：

$$\pi_R^1-\pi_R^{3(1)}\mid_{c_{er}=c_{er}^{4(1)}}=\frac{-4\theta_{er}^3+(9\theta_{ER}+16)\theta_{er}^2-8(3\theta_{ER}+2)\theta_{er}+16\theta_{ER}}{16(4-3\theta_{er})^2}$$

易知其分母为正，将分子看作是关于 θ_{er} 的一元三次方程，分析后发现，存在 $\theta_{er1}\in(0,\theta_{ER})$，若 $\theta_{er}<\theta_{er1}$，$\pi_R^1-\pi_R^{3(1)}\mid_{c_{er}=c_{er}^{4(1)}}>0$；若 $\theta_{er}>\theta_{er1}$，$\pi_R^1-\pi_R^{3(1)}\mid_{c_{er}=c_{er}^{4(1)}}<0$。

通过以上分析可知，$\pi_R^1-\pi_R^{3(1)}\mid_{c_{er}=c_{er}^{4(1)}}>0$ 时，$\pi_R^1-\pi_R^{3(1)}>0$；$\pi_R^1-\pi_R^{3(1)}\mid_{c_{er}=c_{er}^{4(1)}}<0$ 时，存在唯一阈值 c_{er1}，若 $c_{er}<c_{er1}$，则 $\pi_R^1-\pi_R^{3(1)}<0$；若 $c_{er}>c_{er1}$，则 $\pi_R^1-\pi_R^{3(1)}>0$。求解 $\pi_R^1-\pi_R^{3(1)}$，易得：$c_{er1}=\theta_{er}-\sqrt{\theta_{ER}\theta_{er}}/2$。

综上所述，满足以下任一条件，$\pi_R^1-\pi_R^{3(1)}>0$：a. $\theta_{er}<\theta_{er1}$；b. $\theta_{er}>\theta_{er1}$，$c_{er}>c_{er1}$；满足以下条件，$\pi_R^1-\pi_R^{3(1)}<0$：$\theta_{er}>\theta_{er1}$，$c<c_{er1}$。

③从引理 3.4 可知，当 $c_{er}\geqslant c_{er}^{4(1)}$ 时，电商平台自营产品、零售商自建平台的情境均衡不存在，因此电商平台和零售商皆不会选择此情境。

④比较 π_P^1 和 π_P^2 可得，$\pi_P^1-\pi_P^2=(\theta_{ER}-2)/8<0$。

⑤比较 π_R^1 和 π_R^2 可得，$\pi_R^1-\pi_R^2=\theta_{ER}/16>0$。

综合结合①~⑤，定理 3.1③可证。定理 3.1 证毕。

定理 3.2 的证明

（1）由引理 3.1 和引理 3.4 所得结果可得：

$$\pi_P^{4(2)}-\pi_P^1=\frac{(2-\theta_{ER})c_{er}^2}{8(2-\theta_{er})(\theta_{ER}-\theta_{er})}+\frac{c_{er}}{2(2-\theta_{er})}+\frac{(4-\theta_{ER})\theta_{er}+2(2-\theta_{ER})}{8(2-\theta_{er})},$$

$\pi_P^{4(2)}-\pi_P^1$ 可以看作是关于 c_{er} 的开口朝上的一元二次方程。由 $\frac{\partial(\pi_P^{4(2)}-\pi_P^1)}{\partial c_{er}}=\frac{(2-\theta_{ER})c_{er}}{4(2-\theta_{er})(\theta_{ER}-\theta_{er})}+\frac{1}{2(2-\theta_{er})}>0$

可知，$(\pi_P^{4(2)}-\pi_P^1)$ 随 c_{er} 的增加而递增。因为在本情境中 $c_{er}<c_{er}^{4(2)}$，所以接下来分别讨论最小值（$c_{er}=0$ 时）和最大值（$c_{er}=c_{er}^{4(2)}$ 时）。

首先，分析最小值，可得：

$$\pi_P^{4(2)}-\pi_P^1\mid_{c_{er}=0}=\frac{\Delta_1}{8(2-\theta_{er})}$$

其中，$\Delta_1=4-2\theta_{ER}+\theta_{ER}\theta_{er}-4\theta_{er}$。将 Δ_1 看作是关于 θ_{er} 的一元一次方程进行分析可得：$\theta_{ER}<(3-\sqrt{5})$ 时，$\Delta_1>0$；$\theta_{ER}>(3-\sqrt{5})$，$\theta_{er}>2(2-\theta_{ER})/(4-\theta_{ER})$ 时，$\Delta_1<0$；$\theta_{ER}>(3-\sqrt{5})$，$\theta_{er}<2(2-\theta_{ER})/(4-\theta_{ER})$ 时，$\Delta_1>0$。

其次，分析最大值，可得：

$$\pi_P^{4(2)}-\pi_P^1\mid_{c_{er}=c_{er}^{4(2)}}=\frac{(2-\theta_{ER})}{[(\theta_{er}-4)\theta_{ER}+2\theta_{er}]^2}\times\Delta_2$$

其中，$\Delta_2=(\theta_{ER}^2+2\theta_{ER}+4)\theta_{er}^2-8\theta_{ER}\theta_{er}(\theta_{ER}+2)+16\theta_{ER}^2$。将 Δ_2 看作是关于 θ_{er} 的一元二次方程，分析可得：$\theta_{ER}<(3-\sqrt{5})$ 时，$\Delta_2>0$；$\theta_{ER}>(3-\sqrt{5})$，$\theta_{er}>4\theta_{ER}(2+\theta_{ER}-\sqrt{2\theta_{ER}})/(\theta_{ER}^2+2\theta_{ER}+4)$ 时，$\Delta_2<0$；$\theta_{ER}>(3-\sqrt{5})$ 时，$\theta_{er}<4\theta_{ER}(2+\theta_{ER}-\sqrt{2\theta_{ER}})/(\theta_{ER}^2+2\theta_{ER}+4)$ 时，$\Delta_2>0$。

若最大值小于零，则 $\pi_P^{4(2)}-\pi_P^1<0$；若最小值大于零，则 $\pi_P^{4(2)}-\pi_P^1>0$；若最大值大于零最小值小于零，则分析 $\pi_P^{4(2)}-\pi_P^1$。分析 $\pi_P^{4(2)}-\pi_P^1$ 易知，当 $0<c<c^{4(2)}$ 时，只存在一个解，即：$c_{er}=\frac{2(\theta_{er}-\theta_{ER})+\sqrt{(2-\theta_{er})(\theta_{er}^2-6\theta_{er}+4)(\theta_{er}+\theta_{ER})}}{2-\theta_{ER}}$。综上所述，定理3.2①得证。

（2）由引理3.1和引理3.4所得结果可得：

$$\pi_R^{4(2)}-\pi_R^1=\frac{[(8+\theta_{ER})\theta_{er}^2-12(1+\theta_{ER})\theta_{er}+16\theta_{ER}]}{16(2-\theta_{er})^2(\theta_{ER}-\theta_{er})\theta_{er}}c_{er}^2+\frac{(3\theta_{er}-4)}{4(2-\theta_{er})^2}c_{er}-\frac{(4+\theta_{er})\theta_{er}^2-4(1+\theta_{ER})\theta_{er}+4\theta_{ER}}{16(2-\theta_{er})^2}$$

将 $\pi_R^{4(2)} - \pi_R^1$ 看作为关于 c_{er} 的一元二次方程进行分析可得：

$$\frac{\partial^2(\pi_R^{4(2)} - \pi_R^1)}{\partial c_{er}^2} = \frac{[(8+\theta_{ER})\theta_{er}^2 - 12(1+\theta_{ER})\theta_{er} + 16\theta_{ER}]}{8(2-\theta_{er})^2(\theta_{ER}-\theta_{er})\theta_{er}} > 0$$

$$\pi_R^{4(2)} - \pi_R^1 \Big|_{c_{er}=0} = -\frac{(4+\theta_{er})\theta_{er}^2 - 4(1+\theta_{ER})\theta_{er} + 4\theta_{ER}}{16(2-\theta_{er})^2} < 0$$

$$\left.\frac{\partial(\pi_R^{4(2)} - \pi_R^1)}{\partial c_{er}}\right|_{c_{er}=0} = \frac{3\theta_{er} - 4}{4(2-\theta_{er})^2} < 0$$

$$\pi_R^{4(2)} - \pi_R^1 \Big|_{c_{er}=c_{er}^{4(2)}} = -\frac{\theta_{ER}^2[(4+\theta_{er})^2\theta_{ER} + 8\theta_{er}^2 - 16\theta_{er}]}{[2\theta_{er} + (\theta_{er}-4)\theta_{ER}]} < 0$$

$$\left.\frac{\partial(\pi_R^{4(2)} - \pi_R^1)}{\partial c_{er}}\right|_{c_{er}=c_{er}^{4(2)}} = -\frac{\theta_{er}(1-\theta_{ER})}{4(2-\theta_{er})[4\theta_{ER} - (2+\theta_{ER})\theta_{er}]} < 0$$

根据一元二次方程图形特点可得 $c_{er} < c_{er}^{4(2)}$ 下，$\pi_R^{4(2)} - \pi_R^1 < 0$，定理 3.2②得证。

定理 3.3 的证明

将分析 $\pi_P^{4(1)} - \pi_P^1$，由引理 3.1 和引理 3.4 的结果可得：

$$\pi_P^{4(1)} - \pi_P^1 = \frac{c_{er}^2}{8(1-\theta_{er})(2-\theta_{er})} + \frac{c_{er}}{2(2-\theta_{er})} - \frac{(4-\theta_{ER})\theta_{er} + 2(2-\theta_{ER})}{8(2-\theta_{er})}$$

$\pi_P^{4(1)} - \pi_P^1$ 可以看作是关于 c_{er} 的开口朝上的一元二次方程，且 $\frac{\partial(\pi_P^{4(1)} - \pi_P^1)}{c_{er}} = \frac{2 + c_{er} - 2\theta_{er}}{(2-\theta_{er})(1-\theta_{er})} > 0$。

所以，$\pi_P^{4(1)} - \pi_P^1$ 关于 c_{er} 单调递增。当 $c_{er} = c_{er}^{4(2)}$ 时，$\pi_P^{4(1)} - \pi_P^1$ 取最小值，即：

$$\pi_P^{4(1)} - \pi_P^1 \Big|_{c_{er}=c_{er}^{4(2)}} = \frac{\Delta_3}{8(1-\theta_{er})[(2+\theta_{ER})\theta_{er} - 4\theta_{ER}]^2}$$

$$\Delta_3 = (\theta_{ER}^3 - 4\theta_{ER} - 4)\theta_{er}^3 - (9\theta_{ER}^3 - 4\theta_{ER}^2 - 28\theta_{ER} - 8)\theta_{er}^2 + 8\theta_{ER}(3\theta_{ER}^2 - 4\theta_{ER} - 4\theta_{ER})\theta_{er} - 16\theta_{ER}^2(\theta_{ER} - 2)$$

将 Δ_3 看作一个关于 θ_{er} 的一元三次方程，分析可得，若 $\theta_{ER} < 0.76$ 时，$\Delta_3 > 0$；若 $\theta_{ER} > 0.76$，必存在一个值 $\theta_{er4} \in (0, \theta_{ER})$，使得当 $\theta_{er} \leqslant \theta_{er}^4$ 时，$\Delta_3 >$

0，否则 $\Delta_3<0$。

当 $c_{er}=c_{er}^{4(1)}$ 时，$\pi_P^{4(1)}-\pi_P^1$ 取最大值，即 $(\pi_P^{4(1)}-\pi_P^1)\mid_{c_{er}=c_{er}^{4(1)}}=\frac{\Delta_4}{8(4-3\theta_{er})^2}$，其中，$\Delta_4=(16-9\theta_{ER})\theta_{er}^2+24(\theta_{ER}-2)\theta_{er}-16(\theta_{ER}-2)$。将 Δ_4 看作一个关于 θ_{er} 的一元二次方程，分析可得，若 $\theta_{ER}<0.92$ 时，$\Delta_4>0$；若 $\theta_{ER}>0.92$，必存在一个值 $\theta_{er}^5\in(0,\theta_{ER})$，使得当 $\theta_{er}<\theta_{er5}$ 时，$\Delta_4>0$，否则 $\Delta_4<0$。且求得 $\theta_{er5}=4(3\theta_{ER}-6+\sqrt{4-2\theta_{ER}})/(9\theta_{ER}-16)$。

若最大值小于零，则 $\pi_P^{4(1)}-\pi_P^1<0$；若最小值大于零，则 $\pi_P^{4(1)}-\pi_P^1>0$；若最大值大于零最小值小于零，则分析 $\pi_P^{4(2)}-\pi_P^1$。分析 $\pi_P^{4(2)}-\pi_P^1$ 易知，当 $c_{er}^{4(2)}\leqslant c_{er}<c_{er}^{4(1)}$ 时，只存在一个解，即 $c_{er3}=2\theta_{er}-2+\sqrt{\theta_{ER}(\theta_{er}-1)(\theta_{er}-2)}$。

B. 第 4 章引理及定理的证明

引理 4.1 的证明

由 $\partial^2\pi_R^{0r}/\partial p_{er}^2=-2/T_{er}<0$ 可知 π_R^{0r} 关于 p_{er} 的凹函数，根据一阶条件，可得零售商最优定价

$$p_{er}^{0r}=v/2 \tag{B.4.1}$$

将式（B.4.1）代入式（4.2），引理 4.1 得证。

引理 4.2 的证明

根据逆向求解法，先求解零售商的最优反应函数。R0 情形下，易知零售商的最优反应函数为：

$$p_{ER}=(v+p_s)/2 \tag{B.4.2}$$

然后，求解电商平台的决策问题，在知晓零售商的最优反应函数的情况下，电商平台在确保零售商会接受合同的同时以最大化利润为目标制订合约参数。将式（B.4.2）代入式（4.4）中，电商平台的决策模型可转换为：

$$\begin{aligned}&\max_{p_s,k}\ \pi_P^{R0}=(p_s-L_s)[v-(v+p_s)/2]/T_{ER}+k\\&\text{s.t.}\ [(v+p_s)/2-p_s][v-(v+p_s)/2]/T_{ER}-k\geqslant\pi_R^{0r}\end{aligned} \tag{B.4.3}$$

其中，π_R^{0r} 代表 0r 情形中零售商利润。很明显，k 不影响电商平台决策 p_s，即不会影响 p_{ER} 和 D_{ER}，而且 π_P^{R0} 随 k 单调递增。所以约束条件可转化为：

$$k \leqslant \left(\frac{v+p_s}{2}-p_s\right)\left(v-\frac{v+p_s}{2}\right)\Big/T_{ER}-\pi_R^{0r}$$

易得最优的固定费用决策应满足：

$$k=\left(\frac{v+p_s}{2}-p_s\right)\left(v-\frac{v+p_s}{2}\right)\Big/T_{ER}-\pi_R^{0r}$$

将上述最优 k 代入式（B.4.3）中，电商平台的优化问题则变为：

$$\underset{p_s}{\text{Max}}\ \pi_P^{R0}=\left(\frac{v+p_s}{2}-L_s\right)\left(v-\frac{v+p_s}{2}\right)\Big/T_{ER}-\pi_R^{0r}$$

求解并代入最优 k 值中可得平台的最优决策 p_s^*、k^*：

$$p_s^*=L_s \tag{B.4.4}$$

$$k^*=\frac{(v-L_s)^2}{4}-\frac{v^2}{4T_{er}} \tag{B.4.5}$$

根据以上最优价格，易得均衡利润如下：

$$\pi_R^{R0}=\frac{v^2}{4T_{er}},\pi_P^{R0}=\frac{(v-L_s)^2}{4T_{ER}}-\frac{v^2}{4T_{er}}$$

为保证自营物流型电商平台的利润不为负，需 $L_s<v(T_{er}-\sqrt{T_{ER}T_{er}})/T_{er}$，引理 4.2 得证。

引理 4.3 的证明

根据逆向求解法，先求解零售商的最优反应函数。Rr 情形下，易得 π_R^{Rr} 是关于 p_{ER}、p_{er} 的联合凹函数，由

$$\begin{cases}\dfrac{\partial\pi_R^{Rr}}{\partial p_{er}}=\dfrac{2p_{er}+p_s-2p_{ER}}{T_{ER}(T_{ER}-T_{er})}\\[2ex]\dfrac{\partial\pi_R^{Rr}}{\partial p_{ER}}=\dfrac{(v-2p_{er})T_{ER}-T_{er}(v+p_s-2p_{ER})}{T_{ER}(T_{ER}-T_{er})}\end{cases}$$

可得零售商的最优反应函数为：

$$p_{ER}=(v+p_s)/2, p_{er}=v/2 \tag{B.4.6}$$

然后，求解电商平台的决策问题，在知晓零售商的最优反应函数的情况下，电商平台在确保零售商会接受合同的同时以最大化利润为目标制订合约参数，可得：

$$k=(p_{ER}-p_s)\left(\frac{v-p_{ER}}{T_{ER}}-\frac{p_{ER}-p_{er}}{T_{er}-T_{ER}}\right)+p_{er}\frac{p_{ER}-p_{er}}{T_{er}-T_{ER}}-\pi_R^{0r} \tag{B.4.7}$$

将式（B.4.6）、式（B.4.7）代入式（4.7）中，电商平台的决策模型可转换为：

$$\underset{p_s}{\text{Max}}\ \pi_P^{Rr}=\left(\frac{v}{2}+\frac{p_s}{2}-L_s\right)\left(\frac{v-p_s}{2T_{ER}}-\frac{p_s}{2T_{er}-T_{ER}}\right)+\frac{vp_s}{4(T_{er}-T_{ER})}+\pi_R^{0r} \tag{B.4.8}$$

求解（B.4.8）可得，平台存在唯一最优决策 p_s^*：

$$p_s^*=L_s \tag{B.4.9}$$

将式（B.4.9）代入式（B.4.7）可得：

$$k^*=\frac{vT_{ER}(v-2L_s)-(v-L_s)^2T_{er}}{4T_{ER}(T_{ER}-T_{er})}-\pi_R^{0r} \tag{B.4.10}$$

将式（B.4.6）、式（B.4.9）、式（B.4.10）代入式（4.5）、式（4.6）可得：

$$D_{er}=\frac{L_s}{2(T_{er}-T_{ER})} \quad D_{ER}=\frac{vT_{ER}-(v-L_s)T_{er}}{2T_{ER}(T_{ER}-T_{er})}$$

易得，为了保证渠道 ER 的需求不为负，需 $L_s<v(T_{er}-T_{ER})/(2T_{er})$。

引理 4.4 的证明

将分两步证明引理 4.4，第一步，根据式（4.8）给出的产品需求函数，求出可能的均衡。第二步，论证 pr 情形存在唯一均衡，即电商平台和零售商都没有从该均衡偏离的动机。

（1）三种情况下的均衡结果如下：

① $p_{ep}<p_{er}$时，均衡结果为：

$$p_{ep}=v/2, p_{er}>v/2, \pi_P\geqslant 0, \pi_R=0$$

② $p_{er} < p_{ep} < v - T_{ep}(v - p_{er})/T_{er}$时，均衡结果为：

$$p_{ep} = \frac{2v(T_{er} - T_{ep})}{4T_{er} - T_{ep}}, p_{er} = \frac{v(T_{er} - T_{ep})}{4T_{er} - T_{ep}}, \pi_P = \frac{4v^2(T_{er} - T_{ep})T_{er}}{(4T_{er} - T_{ep})^2 T_{ep}}, \pi_R = \frac{v^2(T_{er} - T_{ep})}{(4T_{er} - T_{ep})^2}$$

③ $[v - T_{ep}(v - p_{er})]/T_{er} < p_{ep}$时，均衡结果为：

$$p_{er} = v/2, p_{ep} > v - T_{ep}v/2T_{er}, \pi_P \geqslant 0, \pi_R = 0$$

(1) 的证明如下。

① $p_{ep} < p_{er}$时，电商平台和零售商的利润函数分别为：

$$\pi_P = p_{ep}(v - p_{ep})/T_{ep}, \pi_M = 0$$

根据一阶条件可得，$p_{ep} = v/2$ 时 π_P 最大。另外，为确保满足本情况的条件，需要满足以下条件：$p_{er}^* > v/2$。

② $p_{er} < p_{ep} < v - T_{ep}(v - p_{er})/T_{er}$时，电商平台和零售商的利润函数分别为：

$$\pi_P = p_{ep}\left(\frac{v - p_{ep}}{T_{ep}} - \frac{p_{ep} - p_{er}}{T_{er} - T_{ep}}\right) \tag{B.4.11}$$

$$\pi_R = p_{er}\frac{p_{ep} - p_{er}}{T_{er} - T_{ep}} \tag{B.4.12}$$

由于 $\partial^2\pi_P/\partial p_{ep}^2 = 2T_{er}/[T_{ep}(T_{ep} - T_{er})] < 0$、$\partial^2\pi_R/\partial p_{er}^2 = 2/(T_{ep} - T_{er}) < 0$，故通过求解：

$$\begin{cases} \partial\pi_P/\partial p_{ep} = [(v - p_{er})T_{ep} - T_{er}(v - 2p_{ep})]/[T_{ep}(T_{ep} - T_{er})] = 0 \\ \partial\pi_R/\partial p_{er} = (2p_{er} - p_{ep})/(T_{ep} - T_{er}) = 0 \end{cases}$$

可得此情况下的均衡价格：

$$p_{ep} = \frac{2v(T_{er} - T_{ep})}{4T_{er} - T_{ep}} \tag{B.4.13}$$

$$p_{er} = \frac{v(T_{er} - T_{ep})}{4T_{er} - T_{ep}} \tag{B.4.14}$$

将均衡价格式代入 $p_{er} < p_{ep} < [v - T_{ep}(v - p_{er})]/T_{er}$ 中可得：$p_{ep} - p_{er} = \frac{v(T_{ep} - T_{er})}{T_{ep} - 4T_{er}} > 0, v - \frac{T_{ep}}{T_{er}}(v - p_{er}) - p_{ep} = \frac{2v(T_{ep} - T_{er})}{T_{ep} - 4T_{er}} > 0$。

所以，均衡点总是存在。

③ $v - T_{ep}(v - p_{er})/T_{er} < p_{ep}$下，电商平台和零售商的利润函数分别为：

$$\pi_R = p_{er}\frac{v - p_{er}}{T_{er}}, \pi_P = 0$$

根据一阶条件可得，$p_{er} = v/2$ 时 π_R 最大。另外，为确保满足本情况的条件，需要满足以下条件：$p_{ep}^* > v - T_{ep}(v - p_{er})/T_{er}$。

（2）电商平台没有动机从情形②的均衡定价变成其余情形的均衡定价。

首先，先证明电商平台没有动机从情形②变为情形①。如果电商平台想要从情形②变为情形①，电商平台的定价需满足 $p_{ep} < p_{er}^*$，其中 $p_{er}^* = v(T_{er} - T_{ep})/(4T_{er} - T_{ep})$。根据①可知，$p_{ep} < p_{er}$的情况下，$p_{ep} = v/2$ 时电商平台利润最大。但发现：

$$p_{er}^* - \frac{1}{2}v = \frac{v(T_{ep} + 2T_{er})}{2(T_{ep} - 4T_{er})} < 0 \tag{B.4.15}$$

式（B.4.15）说明 p_{ep}的取值上限小于最优值 p_{ep}的最优值，所以，π_P 的最大值在上限值处获得（π_P 是关于 p_{ep}的凹函数）。另外，易发现，此界限值也为情形②的一部分，所以可知电商平台没有动机从情形①变为情形②。

接下来，将证明电商平台没有动机从情形①变为情形③。由于电商平台在情形③中无法获利，因此他没有动机从情形②变为情形③。

（3）零售商没有动机从情形②的均衡定价变成其余情形的均衡定价。首先，将证明电商平台没有动机从情形②变为情形①。由于零售商在情形①中无法获利，因此没有动机从情形②变为情形①。

然后，将证明电商平台没有动机从情形②变为情形③。如果零售商想要从情形②变为情形③，零售商的定价需满足以下条件：$p_{er} < v - T_{er}(v - p_{ep}^*)/T_{ep}$，其中 $p_{ep}^* = v(T_{er} - T_{ep})/(4T_{er} - T_{ep})$。根据③可知，$p_{er} < [v - T_{er}(v - p_{ep})]/T_{ep}$的情况下，$p_{er} = v/2$ 时电商平台利润最大，但发现：

$$v - \frac{T_{er}}{T_{ep}}(v - p_{ep}^*) - \frac{1}{2}v = \frac{v(T_{ep}^2 - 2T_{ep}T_{er} + 4T_{er}^2)}{2(T_{ep} - 4T_{er})} < 0 \tag{B.4.16}$$

式（B.4.16）说明 p_{er}的取值上限小于最优值 p_{er}的最优值，所以，π_R 的最大值在上限值处获得（π_R 是关于 p_{er} 的凹函数）。另外，易发现，此界限值也为情形②的一部分，所以可知零售商没有动机从情形②变为情形③。综上所述，引理 4.4 证毕。

引理 4.5 的证明

$T_{ep} \leqslant T_{ER}$ 时，由 π_R^{pR} 的一阶条件可得，零售商的最优反应函数为：

$$p_{ER} = \frac{p_{ep} + p_s}{2} \tag{B.4.17}$$

将其代入产品需求函数可得：

$$D_{ER} = \frac{p_{ep} - p_s}{2(T_{ER} - T_{ep})} \tag{B.4.18}$$

$$D_{ep} = \frac{v - p_{ep}}{T_{ep}} - \frac{p_{ep} - p_s}{2(T_{ER} - T_{ep})} \tag{B.4.19}$$

要令 $D_{ER} > 0$，需保证 $p_s < p_{ep}$。

将式（B.4.17）代入式（4.12）π_P^{pR}，可得：

$$\frac{\partial \pi_P^{pR}}{\partial p_s} = \frac{p_s - p_{ep} - L_s}{2(T_{ep} - T_{ER})}$$

显然，$p_s < p_{ep}$ 时，$\partial \pi_P^{pR} / \partial p_s < 0$，即 π_P^{pR} 随 p_s 的增加而递增。因此电商平台最优的单位服务收费为 $p_s = p_{ep}$，此时 $D_{ER} = 0$，所以，若 $T_{ep} \leqslant T_{ER}$，情形 pR 均衡不存在。

$T_{ep} > T_{ER}$ 时，根据逆向求解法，先求解零售商的最优反应函数。在此情形下，零售商的均衡定价为：

$$p_{ER} = \frac{(v + p_s)T_{ep} - (v - p_{ep})T_{ER}}{T_{ep}} \tag{B.4.20}$$

然后，求解电商平台的决策问题，在知晓零售商的最优反应函数的情况下，电商平台在确保零售商会接受合同的同时以最大化利润为目标制订合约参数。类似于引理 4.2 的证明，可得：

$$k = (p_{ER} - p_s)\left(\frac{v - p_{ER}}{T_{ER}} - \frac{p_{ER} - p_{ep}}{T_{ep} - T_{ER}}\right) - \pi_R^{pr} \tag{B.4.21}$$

将式（B. 4. 20）、式（B. 4. 21）代入式（4. 15）中，电商平台的决策模型可转换为：

$$
\begin{aligned}
&\underset{p_{ep},p_s}{\text{Max}}\ \pi_P^{pR} = (p_{ER} - L_s)\left(\frac{v - p_{ER}}{T_{ER}} - \frac{p_{ER} - p_{ep}}{T_e - T_{ER}}\right) + p_{ep}\frac{p_{ER} - p_{ep}}{T_{ep} - T_{ER}} - \pi_R^{pr} \\
&\text{s. t. } p_{ER} = \frac{(v + p_s)T_{ep} - (v - p_{ep})T_{ER}}{T_{ep}}
\end{aligned} \tag{B. 4. 22}
$$

求解式（B. 4. 22）可得：

$$
p_s^{pR} = \frac{2L_sT_{ep} + vT_{ER}}{2T_{ep}} \quad p_{ep}^* = \frac{v}{2} \tag{B. 4. 23}
$$

将式（B. 4. 23）代入式（B. 4. 21）可得：

$$
k^* = \frac{[vT_{ER} - T_{ep}(v - L_s)]^2}{T_{ep}T_{ER}(T_{ep} - T_{ER})} - \pi_R^{pr} \tag{B. 4. 24}
$$

将式（B. 4. 23）和式（B. 4. 24）代入相应函数及利润函数，易得其余均衡结果。最后，得到均衡价格后，将所得结果代入式（4. 13）、式（4. 14）可得：

$$
D_{ep} = L_s/[2(T_{ep} - T_{ER})] > 0, D_{ER} = [vT_{ER} - (v - L_s)T_{ep}]/[2T_{ER}(T_{ER} - T_{ep})]
$$

为保证渠道 ER 产品需求不为负，需 $L_s < v(T_{ep} - T_{ER})/T_{ep}$。综上所述，引理 4. 5 证毕。

引理 4. 6 的证明

$T_{ep} \leqslant T_{ER}$时，由 π_R^{pRr} 的一阶条件可得，零售商的最优反应函数为：

$$
p_{ER} = \frac{p_{ep} + p_s}{2}, p_{er} = \frac{p_{ep}}{2} \tag{B. 4. 25}
$$

将式（B. 4. 25）代入产品需求函数式（4. 17）可得：

$$
D_{ER} = \frac{T_{ep}p_{ep} + T_{er}(p_s - p_{ep}) - T_{ep}p_s}{2(T_{ER} - T_{ep})(T_{ER} - T_{er})} \tag{B. 4. 26}
$$

要令 $D_{ER} > 0$，需保证 $p_s < p_{ep}(T_{er} - T_{ER})/(T_{er} - T_{ep})$。将式（B. 4. 25）代入式（4. 19）中，可得，$p_s < p_{ep}(T_{er} - T_{ER})/(T_{er} - T_{ep})$时，$\partial\pi_P^{pRr}/\partial p_s < 0$，即 π_P^{pRr} 随 p_s 增加而递增。因此电商平台最优的单位服务收费为 $p_s = p_{ep}(T_{er} -$

$T_{ER})/(T_{er}-T_{ep})$，此时 $D_{ER}=0$，故 $T_{ep}\leqslant T_{ER}$时，pRr 均衡不存在。

$T_{ep}>T_{ER}$时，类似于引理 4.2 的证明，可得均衡定价及合约参数如引理 4.6 所示。将引理 4.6 中的均衡价格代入式（4.20）、式（4.21）可得：

$$D_{ep}=\frac{v(T_{ER}-T_{ep})-(3T_{ep}-4T_{er})L_s}{2(3T_{ep}-4T_{er})(T_{ER}-T_{ep})},D_{ER}=\frac{vT_{ER}-(v-L_s)T_{ep}}{2T_{ER}(T_{ER}-T_{ep})},$$

$$D_{er}=-\frac{1}{2(3T_{ep}-4T_{er})}$$

易知 $D_{er}>0$，若需 D_{ep}和 D_{ER}均为正，L_s 需满足 $v(T_{ER}-T_{ep})/(3T_{ep}-4T_{er})<L_s<v(T_{ep}-T_{ER})/T_{ep}$。

综上所述，引理 4.6 证毕。

引理 4.7 的证明

证明逻辑同引理 4.4，故不予赘述。

引理 4.8、引理 4.9 的证明

证明逻辑同引理 4.6 情况中 $T_{ep}\leqslant T_{ER}$情形的证明，故不予赘述。

定理 4.1 的证明

第一步，论证 $T_{EP}<T_{ep}<T_{ER}<T_{er}$时，情形 R0 的均衡不会是最终均衡。对比分析情形 R0 和 Rr 均衡时发现：

$$L_{R0}-L_{Rr}=\frac{v(T_{ER}-\sqrt{T_{ER}T_{er}})}{T_{er}}<0 \tag{B.4.27}$$

$$\pi_P^{R0}-\pi_P^{Rr}=\frac{L_s^2}{4(T_{ER}-T_{er})}<0 \tag{B.4.28}$$

式（B.4.27）说明只要 R0 的均衡存在，Rr 的均衡也必定存在。式（B.4.28）说明如果情形 R0 和 Rr 均衡都存在，电商平台选择情形 Rr 更优。所以，$T_{EP}<T_{ep}<T_{ER}<T_{er}$时，情形 R0 的均衡不会是最终均衡。

第二步，论证 $T_{EP}<T_{ep}<T_{ER}<T_{er}$时，情形 Rr 的均衡不会是最终均衡。对比分析情形 Rr 和 pr 均衡时发现：

$$\frac{\partial(\pi_P^{pr}-\pi_P^{Rr})}{\partial L_s}=\frac{1}{2T_{ER}(T_{er}-T_{ER})}\left[\frac{v(T_{er}-T_{ER})}{T_{er}}-L_s\right] \tag{B.4.29}$$

$$\frac{\partial(\pi_P^{pr}-\pi_P^{Rr})\big|_{L_s=0}}{\partial T_{ER}}=\frac{v^2}{4T_{ER}^2}>0 \tag{B.4.30}$$

$$\pi_P^{pr} - \pi_P^{Rr}\big|_{L_s=0且T_{ER}=T_{ep}} = \frac{v^2(T_{ep}-T_{er})(T_{ep}-8T_{er})}{4T_{er}(T_{ep}-4T_{er})^2} > 0 \qquad (B.4.31)$$

由式（B.4.29）可知，情形 Rr 和 pr 均衡都存在时，即 $L_s < L_{Rr}$时，$\partial(\pi_P^{pr} - \pi_P^{Pr})/\partial L_s > 0$，即说明当情形 Rr 和 pr 均衡都存在时，（$\pi_P^{pr} - \pi_P^{Pr}$）随 L_s 的增加而递增。式（B.4.30）说明（$\pi_P^{pr} - \pi_P^{Pr}$）的最小值随 T_{ER} 的增加而递增，式（B.4.31）说明（$\pi_P^{pr} - \pi_P^{Pr}$）最小值的最大值大于 0 所以可得，$\pi_P^{pr} - \pi_P^{Pr} > 0$。由于 pr 情形均衡始终存在，可得 $T_{EP} < T_{ep} < T_{ER} < T_{er}$时，情形 Pr 的均衡不会是最终均衡。

第三步，比较分析情形 pr 和 Pr。首先，易知，$L_s \geqslant L_{Pr}$时，Pr 情形均衡不存在，所以情形 pr 是最终均衡。然后，讨论情形 pr 和 Pr 均衡都存在的情况，即 $L_s < L_{Pr}$时的情况。分析过程中可发现以下特点：

（1）$\partial(\pi_P^{Pr} - \pi_P^{pr})/\partial L_s < 0$，即说明当情形 Pr 和情形 pr 均衡都存在时，（$\pi_P^{Pr} - \pi_P^{pr}$）随 L_s 的减少而递减。证明如下：

$$\frac{\partial(\pi_P^{Pr} - \pi_P^{pr})}{\partial L_s} = \frac{4T_{er}(2T_{er}-T_{EP})}{2T_{EP}(T_{er}-T_{EP})(T_{EP}-4T_{er})^2}\left[L_s - \frac{2v(T_{er}-T_{EP})}{2T_{er}-T_{EP}}\right]$$

（2）$\pi_P^{Pr} - \pi_P^{pr}\big|_{L_s=0} > 0$，即说明$\pi_P^{Pr} - \pi_P^{pr}\big|_{L_s=0}$的最大值大于 0。证明如下：

$$\pi_P^{Pr} - \pi_P^{pr}\big|_{L_s=0} = \frac{4v^2T_{er}(T_{ep}-T_{EP})}{T_{EP}T_{ep}(T_{ep}-4T_{er})^2(T_{EP}-4T_{er})^2} \times \Lambda_1$$

其中，$\Lambda_1 = 16T_{er}^3 - (8T_{er}^2 + T_{EP}T_{ep})(T_{EP}+T_{ep}) + T_{er}(T_{EP}^2 + 9T_{EP}T_{ep} + T_{ep}^2)$。易知，（$\pi_P^{Pr} - \pi_P^{pr}$）的正负等价情形同 Λ_1。分析 Λ_1 可得，$\partial\Lambda_1/\partial T_{EP} < 0$；$\Lambda_1\big|_{T_{EP}=T_{ep}} > 0$。所以，$\Lambda_1$ 大于 0，即 $L_s = 0$ 时，$\pi_P^{Pr} - \pi_P^{pr} > 0$。

（3）$\pi_P^{Pr} - \pi_P^{pr}\big|_{L_s=L_{Pr}} < 0$，即说明$\pi_P^{Pr} - \pi_P^{pr}\big|_{L_s=0}$的最小值小于 0。证明如下：

$$\pi_P^{Pr} - \pi_P^{pr}\big|_{L_s=L_{Pr}} = \frac{4v^2(T_{ep}-T_{er})T_{er}}{T_{ep}(T_{ep}-4T_{er})^2} < 0$$

综合（1）~（3），并将 $\pi_P^{Pr} - \pi_P^{pr}$ 看作关于 L_s 的一元二次方程可得，在 $L_s \in (0, L_{Pr})$ 间，存在唯一临界值（此处将其定义为 L_{s1}），满足以下情形：

$$0 < L_s < L_{s1}时, \pi_P^{Pr} > \pi_P^{pr}; L_{s1} < L_s < L_{Pr}时, \pi_P^{Pr} < \pi_P^{pr}$$

综合第一步到第三步，定理 4. 1 证毕。

定理 4. 2 的证明

第一步，论证 $T_{EP}<T_{ER}<T_{ep}<T_{er}$时，情形 R0 的均衡不会是最终均衡。证明过程同定理 4. 1 的第一步，情形 R0 和情形 Rr 均衡都存在，电商平台选择情形 Rr 更优。

第二步，论证 $T_{EP}<T_{ER}<T_{ep}<T_{er}$时，情形 Rr 的均衡不会是最终均衡。

$L_s<L_{pR}$时对比分析情形 pR 和 Rr 时发现：

$$L_{pR}-L_{Rr}=\frac{vT_{ER}(T_{ep}-T_{er})}{T_{ep}T_{er}}<0 \tag{B. 4. 32}$$

$$\frac{\partial(\pi_{pR}-\pi_{Rr})}{\partial L_s}=\frac{L_s(T_{ep}-T_{er})}{2(T_{ep}-T_{er})(T_{ep}-T_{ER})}>0 \tag{B. 4. 33}$$

$$\pi_{pR}-\pi_{Rr}\big|_{L_s=0}=\frac{v^2(T_{ep}^2-4T_{ep}T_{er}+12T_{er}^2)}{4T_{er}(T_{ep}-4T_{er})^2}>0 \tag{B. 4. 34}$$

由式（B. 4. 32）可知，情形 pR 均衡存在时情形 Rr 的均衡也必定存在。此时，由式（B. 4. 33）、式（B. 4. 34）可知，$\pi_{pR}-\pi_{Rr}$的最小值大于零，所以 $\pi_{pR}-\pi_{Rr}>0$。所以可知 $L_s<L_{pR}$时，情形 Rr 的均衡不会是最终均衡。

$L_{pR}<L_s<L_{Rr}$时对比分析情形 pr 和情形 Rr 时发现：

$$\frac{\partial(\pi_P^{pr}-\pi_P^{Rr})}{\partial L_s}=\frac{1}{2T_{ER}(T_{er}-T_{ER})}[L_{Rr}-L_s]>0 \tag{B. 4. 35}$$

$$\pi_{pr}-\pi_{Rr}\big|_{L_s=L_{pR}}=\frac{v^2[16(T_{ep}-T_{ER})T_{er}^3+T_{ER}T_{ep}(8T_{er}-T_{ep})(T_{er}-T_{ep})](T_{er}-T_{ep})}{4T_{er}(T_{ep}-4T_{er})^2(T_{er}-T_{EP})}>0 \tag{B. 4. 36}$$

由式（B. 4. 35）、式（B. 4. 36）可知，$L_{pR0}<L_s<L_{Rr}$时 $\pi_{pr}-\pi_{Rr}$的最小值大于零，即 $\pi_{pr}-\pi_{Rr}>0$。所以，$L_{pR}<L_s<L_{Rr}$时，情形 Rr 的均衡不会是最终均衡。综上所述，情形 Rr 的均衡不会是最终均衡。

第三步，论证情形 pRr 的均衡不会是最终均衡。对比分析情形 pRr 和 pR 的均衡存在条件可发现，情形 pRr 均衡存在时情形 pR 的均衡也必定存在，且：

$$\pi_{pR}-\pi_{pRr}=\frac{v^2}{16T_{er}-12T_{ep}}>0$$

所以，情形 pRr 的不会是最终均衡。

通过第一步到第三步的证明，可知，$T_{EP}<T_{ER}<T_{ep}<T_{er}$时，最终均衡将只从情形 Pr、情形 pr 和情形 pR 中产生，接下来将对以上三种情形进行对比分析。

第四步，证明 $L_s>L_{Pr}$时，情形 pr 是最终均衡。对比情形 Pr 和 R0 均衡存在条件可得 $L_{Pr}-L_{pR}=\frac{v[(T_{ER}+T_{ep})-2T_{ER}T_{er}]}{(T_{EP}-2T_{er})T_{ep}}>0$，所以，$L_s>L_{Pr}$时，只有情形 pr 存在均衡，所以其为最终均衡。

第五步，证明 $L_{pR}<L_s\leqslant L_{Pr}$时，最终均衡如图 4.4 第二个分支所示。易知 $L_{pR}<L_s\leqslant L_{Pr}$时，均衡将从情形 Pr 和 pr 中产生。$L_{pR}<L_s\leqslant L_{Pr}$时对比情形 Pr 和情形 pr 均衡可发现以下特点：

（1）$\pi_P^{Pr}-\pi_P^{pr}$ 随 L_s 减少而单调递减。证明如下：

$$\frac{\partial(\pi_P^{Pr}-\pi_P^{pr})}{\partial L_s}=\frac{4T_{er}(T_{EP}-2T_{er})}{(T_{EP}-4T_{er})^2T_{EP}(T_{EP}-T_{er})}[L_s-L_{Pr}]<0$$

（2）$\pi_P^{Pr}-\pi_P^{pr}|_{L_s=L_{Pr}}<0$，即 $\pi_P^{Pr}-\pi_P^{pr}$ 最小值为负。证明如下：

$$\pi_P^{Pr}-\pi_P^{pr}|_{L_s=L_{Pr}}=\frac{4v^2(T_{ep}-T_{er})T_{er}}{4T_{ep}(T_{ep}-4T_{er})^2}<0$$

（3）若 $T_{ep}>T_{ep1}$，或 $T_{ep}<T_{ep1}$ 且 $T_{ER}>T_{ER1}$，$\pi_P^{Pr}-\pi_P^{pr}|_{L_s=L_{pR}}>0$，即 $\pi_P^{Pr}-\pi_P^{pr}$ 最大值为正；若 $T_{ep}<T_{ep1}$ 且 $T_{ER}<T_{ER1}$，$\pi_P^{Pr}-\pi_P^{pr}<0$，即最大值为负。其中，T_{ep1}、T_{ER1}唯一存在。证明如下：

$$\pi^{Pr}-\pi^{pr}|_{L_s=L_{pR}}=\frac{4v^2T_{er}}{T_{ep}^2T_{EP}(T_{er}-T_{EP})(T_{ep}-4T_{er})^2(T_{EP}-4T_{er})^2}\Lambda_2$$

其中，$\Lambda_2=\frac{1}{4}(T_{ep}+4T_{EP}T_{er}-4T_{er}^2)^2(T_{EP}-2T_{er})^2T_{ER}^2+\frac{1}{2}T_{EP}T_{ep}(T_{EP}-2T_{er})(T_{ep}-4T_{er})^2T_{ER}-T_{ep}T_{ER}[(T_{ep}-T_{er})(T_{EP}^3-9T_{ep}T_{EP}^2-16T_{er}^3)+\left(2T_{ep}^2T_{er}-\frac{1}{4}T_{ep}^3+20T_{ep}T_{er}^2-24T_{er}^3\right)$。

利用类似于分析 Λ_1 的方法分析 Λ_2，可发现，$\partial\Lambda_2/\partial T_{ER}>0$；$\Lambda_2|_{T_{ER}=T_{ep}}>$

0；存在唯一 T_{ep1}，$T_{ep}<T_{ep1}$时，$\Lambda_2|_{T_{ER}=T_{EP}}<0$，否则$\Lambda_2|_{T_{ER}=T_{EP}}>0$。

综合以上（1）~（3）可得，$T_{ep}<T_{ep1}$，$T_{ER}<T_{ER1}$时，$\pi_P^{Pr}-\pi_P^{pr}<0$；$T_{ep}>T_{ep1}$，或$T_{ep}<T_{ep1}$且$T_{ER}>T_{ER1}$时，L_s存在唯一阈值L_{s2}，当L_s高于此阈值时，$\pi_P^{Pr}-\pi_P^{pr}<0$，否则$\pi_P^{Pr}-\pi_P^{pr}>0$。第五步内容得证。

第六步，证明$L_s\leqslant L_{pR}$时，最终均衡如图 4.4 第三个分支所示。由同定理 4.1 的证明逻辑可得，$L_s\leqslant L_{pR}$时$\pi_P^{Pr}-\pi_P^{pr}>0$，所以均衡将从情形 Pr 和情形 pR 中产生。$L_s\leqslant L_{pR}$时，对比分析情形 Pr 和情形 pR，可得以下特点：

（1）$L_s\leqslant L_{pR}$时，$\pi_P^{pR}-\pi_P^{Pr}$随L_s增加而单调递增。证明如下：

$$\frac{\partial^3(\pi_P^{pR}-\pi_P^{Pr})}{\partial L_s^2\partial T_{ep}}=-\frac{1}{2(T_{ER}-T_{ep})^2}<0$$

这说明$\partial^2(\pi^{pR}-\pi^{Pr})/\partial L_s^2$随$T_{ep}$减少而递减。另外，

$$\left.\frac{\partial^2(\pi_P^{pR}-\pi_P^{Pr})}{\partial L_s^2}\right|_{T_{ep}=T_{EP}}=-\frac{T_{EP}}{2T_{ER}(T_{ER}-T_{EP})}-\frac{2T_{er}(2T_{er}-T_{EP})^2}{T_{EP}(4T_{er}-T_{EP})^2(T_{er}-T_{EP})}<0$$

这说明$\partial^2(\pi_P^{pR}-\pi_P^{Pr})/\partial L_s^2$的最大值为负，即可说明$\partial(\pi_P^{pR}-\pi_P^{Pr})/\partial L_s$随$L_s$减少而递减。又因，

$$\left.\frac{\partial(\pi_P^{pR}-\pi_P^{Pr})}{\partial L_s}\right|_{L_s=L_{pR}}=\frac{2vT_{er}(2T_{er}-T_{EP})[(T_{ep}+T_{ER})T_{EP}-2T_{er}T_{ER}]}{T_{ep}T_{EP}(4T_{er}-T_{EP})^2(T_{EP}-T_{er})}>0$$

这说明$\partial(\pi_P^{pR}-\pi_P^{Pr})/\partial L_s$最小值为正 。所以$L_s\leqslant L_{pR}$时，$\pi_P^{pR}-\pi_P^{Pr}$随$L_s$增加而单调递增。

（2）若$T_{EP}>T_{EP1}$，或$T_{EP}\leqslant T_{EP1}$且$T_{ER}\leqslant T_{ER2}$，$\pi^{pR}-\pi^{Pr}|_{L_s=0}>0$，即最小值大于 0；若$T_{EP}\leqslant T_{EP1}$且$T_{ER}>T_{ER2}$，$\pi^{pR}-\pi^{Pr}|_{L_s=0}<0$，即最小值小于 0。证明如下。

首先，分析可得：

$$\frac{\partial(\pi^{pR}-\pi^{Pr}|_{L_s=0})}{\partial T_{ER}}=-\frac{v^2}{4T_{ER}^2}<0$$

这说明$\pi^{pR}-\pi^{Pr}|_{L_s=0}$随$T_{ER}$减少而递减。

其次，分析$\pi^{pR}-\pi^{Pr}|_{L_s=0}$的最大值可得：

$$\pi^{pR}-\pi^{Pr}\big|_{L_s=0,T_{ER}=T_{EP}}=\frac{v^2\left[16T_{er}^3+12T_{EP}T_{er}^2+(2T_{ep}^2-T_{EP}^2-10T_{EP}T_{ep})+T_{EP}T_{ep}\left(T_{EP}+\frac{1}{2}T_{ep}\right)\right]}{(T_{ep}-4T_{er})^2(T_{EP}-4T_{er})^2}$$

>0。

最后，分析$\pi^{pR}-\pi^{Pr}|_{L_s=0}$的最小值，最小值可表示为：

$$\pi^{pR}-\pi^{Pr}\big|_{L_s=0,T_{EP}=T_{ep}}=\frac{v^2}{4T_{EP}T_{ep}(T_{EP}-4T_{er})^2(T_{ep}-4T_{er})}\times\Lambda_3$$

其中，$\Lambda_3=(5T_{ep}^2-12T_{ep}T_{er}+16T_{ep}^2)T_{EP}^3+(96T_{ep}T_{er}^2-40T_{ep}^2T_{er}+128T_{er}^3)T_{EP}^2+16(T_{ep}^3T_{er}-3T_{ep}^2T_{er}^2+4T_{ep}T_{er}^3+16T_{er}^4)T_{EP}-16T_{ep}T_{er}^2(T_{ep}-4T_{er})^2$。

分析 Λ_3 算式可得，$\partial\Lambda_3/\partial T_{EP}>0$，$\Lambda_2|_{T_{EP}=0}<0$，$\Lambda_2|_{T_{EP}=T_{ep}}>0$；所以可知，存在 T_{EP}唯一阈值（设为 T_{EP1}），若小于此阈值，$\pi^{pR}-\pi^{Pr}|_{L_s=0}$的最大值小于0，否则大于0。

综上可得，当 $\pi^{pR}-\pi^{Pr}|_{L_s=0}$ 的最小值大于 0 时，即 $T_{EP}>T_{EP1}$ 时，$\pi^{pR}-\pi^{Pr}|_{L_s=0}>0$；当$\pi^{pR}-\pi^{Pr}|_{L_s=0}$的最小值小于 0 时，即 $T_{EP}<T_{EP1}$时，T_{ER}存在一阈值（设为 T_{ER2}），$T_{ER}<T_{ER2}$ 时 $\pi^{pR}-\pi^{Pr}|_{L_s=0}>0$，$T_{ER}>T_{ER2}$ 时 $\pi^{pR}-\pi^{Pr}|_{L_s=0}<0$。

（3）若 $T_{EP}>T_{EP1}$，或 $T_{EP}\leqslant T_{EP1}$且 $T_{ER}\leqslant T_{ER3}$，$\pi^{pR}-\pi^{Pr}|_{L_s=L_{pR}}>0$，即最大值大于0；若 $T_{EP}\leqslant T_{EP1}$且 $T_{ER}>T_{ER3}$，$\pi^{pR}-\pi^{Pr}|_{L_s=L_{pR}}<0$，即最小值小于0。分析方法类似于（2），故不予赘述。

综合以上（1）~（3）可得以下结果：若 $T_{EP}>T_{EP1}$，$\pi^{pR}>\pi^{Pr}$；若 $T_{EP}\leqslant T_{EP1}$且 $T_{ER}\leqslant T_{ER2}$，$\pi^{pR}>\pi^{Pr}$；若 $T_{EP}\leqslant T_{EP1}$且 $T_{ER}>T_{ER3}$，$\pi^{pR}<\pi^{Pr}$；若 $T_{EP}\leqslant T_{EP1}$且 $T_{ER2}<T_{ER}\leqslant T_{ER3}$，$L_s$ 存在唯一阈值 L_{s3}，$L_s<L_{s3}$时 $\pi^{pR}<\pi^{Pr}$，$L_s>L_{s3}$时$\pi^{pR}>\pi^{Pr}$。定理4.2 证毕。

C. 第5章引理及定理的证明

引理 5.1 的证明

根据 K－T 条件的标准形式，将式（5.16）、式（5.17）代入电商平台的决策模型（5.18），可将问题转化为：

$$\underset{s,F}{\text{Min}}\, f(F,s) = -(F - s^2)$$

$$\text{s.t.}\ (\text{IR})\, g(F,s) = \frac{\theta c^2 + 2\theta(\theta + rs - 1)c + r^2 s^2 - \theta^2 + \theta}{4\theta(1-\theta)} - F \geqslant 0$$

构造 K－T 条件可得：

条件 1：$\frac{\partial f(F,s)}{\partial F} - \lambda \frac{\partial g(F,s)}{\partial F} = 0, \frac{\partial f(F,s)}{\partial s} - \lambda \frac{\partial g(F,s)}{\partial s} = 0$

条件 2：$\lambda g(F,s) = 0$

条件 3：$\lambda \geqslant 0$

条件 4：$g(F,s) \geqslant 0$

联立求解上述条件，可得唯一一组满足上述条件的解（s^{AS}，F^{AS}），并分别代入式（5.16）、式（5.17）可得 p_{ER}^{AS}、p_{er}^{AS}，将所得结果代入式（5.3）~式（5.6）中，可得 D_{ER}^{AS}、D_{er}^{AS}、π_P^{AS}、π_R^{AS}。令 $D_{ER}^{AS} > 0$，$D_{er}^{AS} > 0$，可以得到均衡存在的条件为：

$$r^2 < 4\theta(1 - c - \theta)/(1 - c)\text{且}\ c < 1 - \theta$$

引理 5.2 的证明

由不等式（IR－H）和（IC－L）可得，（IR－L）一定成立，故可忽略。将式（5.21）、式（5.22）代入电商平台的决策模型（5.23）中，根据 K－T 条件的标准形式，此优化问题可转化为：

$$\underset{\bar{s},\bar{F},\underline{s},\underline{F}}{\text{Min}}\, f(\bar{s},\bar{F},\underline{s},\underline{F}) = -[\tau(\underline{F} - \underline{s}^2) + (1-\tau)(\bar{F} - \bar{s}^2)]$$

$$\text{s.t.}\begin{cases}(\text{IR}-\text{H})\, g_1(\bar{s},\bar{F},\underline{s},\underline{F}) = \dfrac{\theta\bar{c}^2 + 2\theta(\theta + r\bar{s} - 1)\bar{c} + r^2\bar{s}^2 - \theta^2 + \theta}{4\theta(1-\theta)} - \bar{F} \geqslant 0 \\ (\text{IC}-\text{H})\, g_2(\bar{s},\bar{F},\underline{s},\underline{F}) = \dfrac{r^2(\bar{s}^2 - \underline{s}^2) + 2r\theta(\bar{s} - \underline{s})\bar{c} + \theta(\bar{c} - \underline{c})^2}{4\theta(1-\theta)} + \bar{F} - \underline{F} \geqslant 0 \\ (\text{IC}-\text{L})\, g_3(\bar{s},\bar{F},\underline{s},\underline{F}) = \dfrac{r^2(\underline{s}^2 - \bar{s}^2) + 2r\theta(\underline{s} - \bar{s})\underline{c} + \theta(\bar{c} - \underline{c})^2}{4\theta(1-\theta)} + \underline{F} - \bar{F} \geqslant 0\end{cases}$$

构造 K－T 条件可得：

条件 1：$\frac{\partial f(\bar{s},\bar{F},\underline{s},\underline{F})}{\partial \bar{s}} - \lambda_i \frac{\partial g_j(\bar{s},\bar{F},\underline{s},\underline{F})}{\partial \bar{s}} = 0,$

$$\frac{\partial f(\bar{s},\bar{F},\underline{s},\underline{F})}{\partial \bar{F}}-\lambda_i\frac{\partial g_j(\bar{s},\bar{F},\underline{s},\underline{F})}{\partial \bar{F}}=0,$$

$$\frac{\partial f(\bar{s},\bar{F},\underline{s},\underline{F})}{\partial \underline{s}}-\lambda_i\frac{\partial g_j(\bar{s},\bar{F},\underline{s},\underline{F})}{\partial \underline{s}}=0,$$

$$\frac{\partial f(\bar{s},\bar{F},\underline{s},\underline{F})}{\partial \underline{F}}-\lambda_i\frac{\partial g_j(\bar{s},\bar{F},\underline{s},\underline{F})}{\partial \underline{F}}=0。$$

条件2：$\lambda_i g_j(\bar{s},\bar{F},\underline{s},\underline{F})\geqslant 0$。

条件3：$\lambda_i\geqslant 0$。

条件4：$g_j(\bar{s},\bar{F},\underline{s},\underline{F})\geqslant 0$。

其中，i，j = 1，2，3。联立求解可得唯一一组满足上述条件的解$\bar{s}^{AA}$，$\bar{F}^{AA}$，$\underline{s}^{AA}$，$\underline{F}^{AA}$，将其代入式（5.3）、式（5.4）、式（5.7）~式(5.9)、式（5.20）、式（5.21）中可得其他均衡结果。令 $D_{ER}^{AA}>0$，$D_{er}^{AA}>0$，可以得到均衡存在的条件为：

$$\tau<1-\frac{\theta_r^2(\bar{c}-\underline{c})}{(1-\bar{c}-\theta+\theta\underline{c})H_1-4\theta^2(1-\theta)\underline{c}},r<2\sqrt{\frac{\theta(1-\theta-\underline{c})}{1-\underline{c}}}\text{且 }c<1-\theta$$

定理 5.1 的证明

将引理 5.2 中的结果代入激励相容约束（IC－H）中可得：

$$\bar{\pi}_R^{AA}-[\underline{p}_{ER}^{AA}\underline{D}_{ER}^{AA}+(\underline{p}_{er}^{AA}-\bar{c})\underline{D}_{er}^{AA}]-\underline{F}^{AA}=\frac{\theta r^2+(1-\tau)H_1}{2(1-\theta)(1-\tau)H_1}>0$$

将引理 5.2 中的结果代入激励相容约束（IC－L）中可得：

$$\underline{\pi}_R^{AA}-[\bar{p}_{ER}^{AA}\bar{D}_{ER}^{AA}+(\bar{p}_{er}^{AA}-\underline{c})\bar{D}_{er}^{AA}-\bar{F}^{AA}]=0$$

定理 5.2 的证明

直接比较分析引理 5.1 和引理 5.2 中的最优契约参数可得：

（1）$\bar{s}^{AA}-\bar{s}^{AS}=\dfrac{r\tau\theta(\bar{c}-\underline{c})}{(1-\tau)H_1}>0,\dfrac{\partial(\bar{s}^{AA}-\bar{s}^{AS})}{\partial\tau}=\dfrac{r\theta(\bar{c}-\underline{c})}{(1-\tau)^2H_1}>0$。

$\bar{F}^{AA}-\bar{F}^{AS}=\dfrac{\tau\theta r^2(\bar{c}-\underline{c})}{4(1-\tau)^2(1-\theta)H_1^2}\times\Delta_1$，其中 $\Delta_1=[8(1-\tau)(1-\theta)]\bar{c}\theta+\tau r^2(\bar{c}-\underline{c})$，易知 $\Delta_1>0$，所以$\bar{F}^{AA}-\bar{F}^{AS}>0$。

$\frac{\partial(\overline{F}^{AA}-\overline{F}^{AS})}{\partial\tau}=\frac{\theta r^2(\overline{c}-\underline{c})}{2(1-\tau)^3(1-\theta)H_1^2}\times\Delta_2$，其中 $\Delta_2=4\theta(1-\theta)(\overline{c}-\tau\underline{c})-\tau(\overline{c}-\underline{c})H_1$，由均衡存在的条件可得 $\Delta_2>0$，所以，$\partial(\overline{F}^{CSA}-\overline{F}^{CSS})/\partial\tau>0$。

（2）$\underline{s}^{AA}-\underline{s}^{AS}=\frac{\theta r\underline{c}}{H_1}-\frac{\theta r\underline{c}}{H_1}=0$；$\underline{F}^{AA}-\underline{F}^{AS}=-\underline{\pi}_M^{AA}<0$；$\frac{\partial(\underline{F}^{AA}-\underline{F}^{AS})}{\partial\tau}=\frac{\theta r^2(\overline{c}-\underline{c})^2}{2(1-\tau)^2(1-\theta)H_1}>0$。

定理 5.3 的证明

直接对比分析引理 5.1 和引理 5.2 中电商平台、高成本及低成本双渠道零售商和供应链整体绩效可得：

$$\Delta\pi_P^A=-\frac{\theta r^2\tau^2(\overline{c}-\underline{c})^2}{2(1-\theta)(1-\tau)^3H_1}-(1-\tau)\underline{\pi}_R^{AS}<0;\Delta\overline{\pi}_R^A=0$$

$$\Delta\underline{\pi}_R^A=\underline{\pi}_R^{AA}>0;\Delta\pi_T^A=-\frac{\theta r^2\tau^2(\overline{c}-\underline{c})^2}{2(1-\theta)(1-\tau)H_1}<0$$

引理 5.3 的证明

根据 K－T 条件的标准形式，将式（5.25）、式（5.26）代入电商平台的决策模型式（5.27），可将问题转化为：

$$\min_{p_s,s,T}h(p_s,F,s)=-\left[\frac{p_s(c\theta-p_s)}{2\theta(1-\theta)}+F-s^2\right]$$

$$\text{s.t.}\ (IR)k(p_s,F,s)=\frac{\theta c^2+2\theta(\theta+rs-1)c+r^2s^2-\theta^2+\theta}{4\theta(1-\theta)}-F\geqslant0$$

类似于引理 5.1 的证明方法，构造 K－T 条件并求解，可得唯一一组满足上述条件的解 p_s^{CS}、F^{CS}、s^{CS}，分别代入式（5.25）、式（5.26）可得 p_{ER}^{CS}、p_{er}^{CS}。将 s^{CS}、F^{CS}、p_{ER}^{CS}、p_{er}^{CS} 代入式（5.3）、式（5.4）、式（5.10）、式（5.11）可得 D_{ER}^{CS}、D_{er}^{CS}、π_P^{CS}、π_R^{CS}，具体结果见引理 5.3。令 $D_{ER}^{CS}>0$，$D_{er}^{CS}>0$，可以得到均衡存在的条件为：$r<2\sqrt{\theta(1-c-\theta)/(1-c)}$ 且 $c<1-\theta$。引理 5.3 证毕。

引理 5.4 的证明

由不等式（IR－H）和（IC－L）可得，（IR－L）一定成立，故可忽略。将式（5.30）、式（5.31）代入电商平台的决策模型式（5.32），根据 K－T

条件的标准形式，此优化问题可转化为：

$$\underset{\bar{F},\bar{p}_s,\bar{s},\underline{F},\underline{p}_s,\underline{s}}{\mathrm{Min}}\ h(\bar{F},\bar{p}_s,\bar{s},\underline{F},\underline{p}_s,\underline{s}) = -\left\{\tau\left[\frac{(r\underline{s}+\theta\underline{c}-\underline{p}_s)\underline{p}_s}{(1-\theta)\theta}+\underline{F}-\underline{s}^2\right]\right.$$
$$\left.+(1-\tau)\left[\frac{(r\bar{s}+\theta\bar{c}-\bar{p}_s)\bar{p}_s}{(1-\theta)\theta}+\bar{F}-\bar{s}^2\right]\right\}$$

$$\text{s.t.}\begin{cases}(IR-H)k_1(\bar{F},\bar{p}_s,\bar{s},\underline{F},\underline{p}_s,\underline{s}) = \dfrac{\begin{array}{c}\theta\bar{c}^2+2\theta(\theta+r\bar{s}-1-\underline{p}_s)\bar{c}\\+(r\bar{s}-\underline{p}_s)^2-\theta^2+\theta\end{array}}{4\theta(1-\theta)}-\bar{F}\geqslant 0\\(IC-H)k_2(\bar{F},\bar{p}_s,\bar{s},\underline{F},\underline{p}_s,\underline{s}) = \dfrac{\begin{array}{c}\theta[(\bar{c}-\underline{c})^2+2r\underline{c}(\bar{s}-\underline{s})-2\underline{c}(\bar{p}_s-\underline{p}_s)]\\+(r\bar{s}-\bar{p}_s)^2-(r\underline{s}-\underline{p}_s)^2\end{array}}{4\theta(1-\theta)}+\bar{F}-\underline{F}\geqslant 0\\(IC-L)k_3(\bar{F},\bar{p}_s,\bar{s},\underline{F},\underline{p}_s,\underline{s}) = \dfrac{\begin{array}{c}\theta[(\bar{c}-\underline{c})^2-2r\underline{c}(\bar{s}-\underline{s})+2\underline{c}(\bar{p}_s-\underline{p}_s)]\\-(r\bar{s}-\bar{p}_s)^2+(r\underline{s}-\underline{p}_s)^2\end{array}}{4\theta(1-\theta)}+\underline{F}-\bar{F}\geqslant 0\end{cases}$$

类似于引理5.3的证明方法，构造K-T条件并联立求解，可得唯一一组满足上述条件的解 $\bar{p}_s^{CA}$、$\bar{F}^{CA}$、$\bar{s}^{CA}$、$\underline{p}_s^{CA}$、$\underline{F}^{CA}$、$\underline{s}^{CA}$，将其代入式（5.3）、式（5.4）、式（5.12）~式（5.14）、式（5.30）、式（5.31）中可得其他均衡结果，具体结果见引理5.4。

令 $D_{ER}^{CA}>0$，$D_{er}^{CA}>0$，可以得到均衡存在的条件为：

$$r^2<4\theta(1-\bar{c}-\theta)(1-\theta)(1-\tau)/\{[(1-\underline{c})\tau+\bar{c}-1]\theta$$
$$+(1-\theta)(1-\bar{c})\}\text{ 且 } c<1-\theta$$

定理5.5的证明

直接比较分析引理5.3和引理5.4中的最优契约参数可得：

（1）$\bar{p}_s^{CA}-\bar{p}_s^{CS}=\dfrac{\tau\theta(\bar{c}-\underline{c})}{1-\tau}<0,\dfrac{\partial(\bar{p}_s^{CS}-\bar{p}_s^{CS})}{\partial\tau}=\dfrac{\theta(\bar{c}-\underline{c})}{(1-\tau)^2}>0,$

$$\bar{F}^{CS}-\bar{F}^{CA}=-\frac{4\tau\theta^3(1-\theta)(\bar{c}-\underline{c})[2\bar{c}-\tau(\bar{c}-\underline{c})]}{(1-\tau)^2H_1^2}<0,$$

$$\frac{\partial(\bar{F}^{CA}-\bar{F}^{CS})}{\partial\tau}=\frac{8\theta^3(1-\theta)(\bar{c}-\underline{c})(\bar{c}-\tau\underline{c})}{(1-\tau)^3H_1^2}>0。$$

（2） $\underline{p}_s^{CA}-\underline{p}_s^{CS}=0$； $\underline{F}^{CS}-\underline{F}^{CA}=(\bar{c}-\underline{c})\overline{D}_{em}^{NSA}>0$，$\frac{\partial(\underline{F}^{CS}-\underline{F}^{CA})}{\partial\tau}=-\frac{2\theta^2(\bar{c}-\underline{c})^2}{(1-\tau)^2H_1}<0$。

定理 5.6 的证明

直接对比分析引理 5.3 和引理 5.4 中电商平台、高成本及低成本双渠道零售商和供应链整体绩效可得：

（1） $\Delta\pi_P^C=-\frac{\tau^2\theta^2(\bar{c}-\underline{c})^2}{(1-\tau)H_1}-(\bar{c}-\underline{c})\overline{D}_{er}^{CA}<0$；

（2） $\Delta\overline{\pi}_R^C=0,\Delta\underline{\pi}_R^C=(\bar{c}-\underline{c})\overline{D}_{er}^{CA}>0$；

（3） $\Delta\pi_T^C=-\frac{\theta^2\tau^2(\bar{c}-\underline{c})^2}{(1-\tau)H_1}<0$

定理 5.7 的证明

（1） 对比分析引理 3.1 和引理 3.3 中双渠道零售商的收益可得：

$$\pi_R^{AS}=\pi_R^{CS}=0$$

（2） 对比分析引理 3.2 和引理 3.4 中双渠道零售商的收益可得：

$$\overline{\pi}_R^{AA}-\overline{\pi}_R^{CA}=0;\underline{\pi}_R^{AA}-\underline{\pi}_R^{CA}=\frac{\tau\theta(\bar{c}-\underline{c})^2}{(1-\tau)(1-\theta)}>0$$

$$\frac{\partial(\underline{\pi}_R^{AA}-\underline{\pi}_R^{CA})}{\partial\tau}=\frac{\tau^2\theta(\bar{c}-\underline{c})^2}{2(1-\tau)^2(1-\theta)}>0$$

定理 5.8 的证明

（1） 对比分析引理 3.1 和引理 3.3 中电商平台的收益可得：

$$\pi_P^{AS}=\pi_P^{CS}=\frac{(1-c)^2H_1+4\theta^2c^2}{4H_1}$$

（2） 对比分析引理 3.2 和引理 3.4 中电商平台的收益可得：

$$\pi_P^{AA}-\pi_P^{CA}=-\frac{\tau^3\theta(\bar{c}-\underline{c})^2}{4(1-\tau)(1-\theta)}-\frac{\tau\theta(\bar{c}-\underline{c})^2}{2(1-\theta)}<0$$

另外可得：

$$\frac{\partial(\pi_P^{CA}-\pi_P^{AA})}{\partial\tau}=-\frac{\tau\theta(\bar{c}-\underline{c})^2(3\tau^3-9\tau^2+6\tau-2)}{(1-\tau)^3(1-\theta)}$$

易知当 $\tau \in (0, 1)$ 时，$3\tau^3 - 9\tau^2 + 6\tau - 2 < 0$，所以 $\partial(\pi_P^{CA} - \pi_P^{AA})/\partial\tau > 0$。定理 5.8 证毕。

定理 5.9 的证明

（1）由定理 5.7（1）和定理 5.8（1）可得：$\pi_T^{AS} = \pi_T^{CS}$；

（2）由引理 5.2 和引理 5.4 中电商平台和双渠道零售商的收益可得：

$$\pi_T^{AA} - \pi_T^{CA} = \frac{\theta\tau^2(\bar{c} - \underline{c})^2}{4(1-\tau)^2(1-\theta)} > 0;\ \frac{\partial(\pi_T^{AA} - \pi_T^{CA})}{\partial\tau} = \frac{\tau(2-\tau)\theta(\bar{c} - \underline{c})^2}{4(1-\tau)^2(1-\theta)} > 0$$

D. 第 6 章引理及定理的证明

表 6.3 的证明

（1）无信息共享情形。零售商的预期利润决策模型为：

$$\underset{p_R}{\mathrm{Max}} \prod\nolimits_{RN}^{NA} = E[(p_R - p_S - p_L)(a - bp_R + ks) \mid f] \qquad (D.6.1)$$

通过求解式（D.6.1）的一阶条件，可得零售商的价格决策模型为：

$$p_R(p_L, p_S, s) = \frac{A + b(p_L + p_S) + ks}{2b} \qquad (D.6.2)$$

由于零售商没有与 3PL 共享需求预测信息，因此 3PL 的预期利润决策模型为：

$$\underset{p_L}{\mathrm{Max}} \prod\nolimits_{LN}^{NA} = E[(p_L - c_L)(a - bp_R + ks)] \qquad (D.6.3)$$

把式（D.6.2）代入式（D.6.3）并求其一阶条件，可得 3PL 的物流价格决策模型为：

$$p_L(p_S, s) = \frac{a_0 - b(p_S - c_L) + ks}{2b} \qquad (D.6.4)$$

由于零售商没有与电商平台共享需求预测信息，因此电商平台的预期利润决策模型为：

$$\underset{p_S,s}{Max}\prod_{PN}^{NA} = E\left[p_S(a - bp_R + ks) - \frac{\eta}{2}s^2\right] \tag{D.6.5}$$

把式（D.6.2）代入式（D.6.5）不难得到，当 $\eta > k^2/4b$ 时，式（D.6.5）是一个关于 p_S 和 s 的联合凹函数，通过联立求解其一阶条件，可得到电商平台的平台服务价格和服务水平决策模型为：

$$p_S(p_L) = \frac{2\eta(a_0 - bp_L)}{4b\eta - k^2} \tag{D.6.6}$$

$$s(p_L) = \frac{k(a_0 - bp_L)}{4b\eta - k^2} \tag{D.6.7}$$

联立求解可得零售商定价、3PL 服务价格、电商平台服务价格、电商平台服务水平表达式，则供应链成员的利润表达式亦可得。

（2）只与电商平台共享信息情形。零售商的预期利润决策模型为：

$$\underset{p_R}{Max}\prod_{RP}^{NA} = E[(p_R - p_S - p_L)(a - bp_R + ks) \mid f] \tag{D.6.8}$$

通过求解式（D.6.8）的一阶条件，可得零售商的价格决策模型为：

$$p_R(p_L, p_S, s) = \frac{A + b(p_L + p_S) + ks}{2b} \tag{D.6.9}$$

由于零售商没有与 3PL 共享需求预测信息，因此 3PL 的预期利润决策模型为：

$$\underset{p_L}{Max}\prod_{LP}^{NA} = E[(p_L - c_L)(a - bp_R + ks)] \tag{D.6.10}$$

把式（D.6.9）代入式（D.6.10）并求其一阶条件，可得 3PL 的物流价格决策模型为：

$$p_L(p_S, s) = \frac{a_0 - b(p_S - c_L) + ks}{2b} \tag{D.6.11}$$

同样由于零售商与电商平台共享了需求预测信息，因此电商平台的预期利润决策模型为：

$$\underset{p_S,s}{Max}\prod_{PP}^{NA} = E\left[p_S(a - bp_R + ks) - \frac{\eta}{2}s^2 \mid f\right] \tag{D.6.12}$$

把式（D. 6. 9）代入式（D. 6. 12）可得，当 $\eta > k^2/4b$ 时，式（D. 6. 12）是一个关于 p_S 和 s 的联合凹函数，通过联立求解其一阶条件，可得到平台的服务价格和服务水平决策模型为：

$$p_S(p_L) = \frac{2\eta(A - bp_L)}{4b\eta - k^2} \tag{D. 6. 13}$$

$$s(p_L) = \frac{k(A - bp_L)}{4b\eta - k^2} \tag{D. 6. 14}$$

联立求解可得零售商定价、3PL 服务价格、电商平台服务价格、平台服务质量，将结果代入利润函数中可得供应链成员利润。

（3）只与 3PL 共享信息情形。零售商的预期利润决策模型为：

$$\underset{p_R}{Max}\prod{}_{RL}^{NA} = E[(p_R - p_S - p_L)(a - bp_R + ks) \mid f] \tag{D. 6. 15}$$

通过求解式（D. 6. 15）的一阶条件，可得零售商的价格决策模型为：

$$p_R(p_L, p_S, s) = \frac{A + b(p_L + p_S) + ks}{2b} \tag{D. 6. 16}$$

由于零售商与 3PL 共享了需求预测信息，因此 3PL 的预期利润决策模型为：

$$\underset{p_l}{Max}\prod{}_{LL}^{NA} = E[(p_L - c_L)(a - bp_R + ks) \mid f] \tag{D. 6. 17}$$

把式（D. 6. 16）代入式（D. 6. 17）并求其一阶条件，可得第三方物流的物流价格决策模型为：

$$p_L(p_S, s) = \frac{A - b(p_S - c_L) + ks}{2b} \tag{D. 6. 18}$$

由于零售商没有与电商平台共享需求预测信息，因此电商平台的预期利润决策模型为：

$$\underset{p_S, s}{Max}\prod{}_{PL}^{NA} = E[p_S(a - bp_R + ks) - \frac{\eta}{2}s^2] \tag{D. 6. 19}$$

把式（D. 6. 16）代入式（D. 6. 19）可得，$\eta > k^2/4b$ 时，式（D. 6. 19）是一个关于 p_S 和 s 的联合凹函数，通过联立求解其一阶条件，可得到电商平台的服务价格和服务水平决策模型为：

$$p_S(p_L)=\frac{2\eta(a_0-bp_L)}{4b\eta-k^2} \tag{D.6.20}$$

$$s(p_L)=\frac{k(a_0-bp_L)}{4b\eta-k^2} \tag{D.6.21}$$

联立求解可得零售商定价、3PL服务价格、电商平台服务价格、电商平台服务质量表达式，则供应链成员利润表达式也易得。

（4）都共享信息情形。零售商的预期利润决策模型为：

$$\underset{p_R}{Max}\prod_{RB}^{NA}=E[(p_R-p_S-p_L)(a-bp_R+ks)\mid f] \tag{D.6.22}$$

通过求解式（D.6.22）的一阶条件，可得零售商的价格决策模型为：

$$p_R(p_L,p_S,s)=\frac{A+b(p_L+p_S)+ks}{2b} \tag{D.6.23}$$

由于零售商与3PL共享了需求预测信息，因此3PL的预期利润决策模型为：

$$\underset{p_L}{Max}\prod_{LB}^{NA}=E[(p_L-c_L)(a-bp_R+ks)\mid f] \tag{D.6.24}$$

把式（D.6.23）代入式（D.6.24）并求其一阶条件，可得3PL的物流价格决策模型为：

$$p_L(p_S,s)=\frac{A-b(p_S-c_L)+ks}{2b} \tag{D.6.25}$$

由于零售商与电商平台共享了需求预测信息，因此电商平台的预期利润决策模型为：

$$\underset{p_S,s}{Max}\prod_{PB}^{NA}=E[p_S(a-bp_R+ks)-\frac{\eta}{2}s^2\mid f] \tag{D.6.26}$$

把式（D.6.23）代入式（D.6.26）可得，当$\eta>k^2/4b$，（D.6.26）是一个关于p_S和s的联合凹函数，通过联立求解其一阶条件，可得到电商平台的服务价格和服务水平决策模型为：

$$p_S(p_L)=2\eta(A-bp_L)/(4b\eta-k^2) \tag{D.6.27}$$

$$s(p_L)=k(A-bp_L)/(4b\eta-k^2) \tag{D.6.28}$$

联立求解可得零售商定价、3PL 服务价格、电商平台服务价格、电商平台服务水平表达式，则供应链成员的利润表达式亦可得。证毕。另，PS 博弈及 LS 博弈下证明类似，故表 6.4、表 6.5 的证明后续不予赘述。

定理 6.1 的证明

比较策略 NAD 和 NAP 下电商平台的预期利润可得：

$$E(\pi_{PB}^{NA})-E(\pi_{PP}^{NA})=-\frac{2b\eta^2(5b\eta-k^2)tv}{b(4b\eta-k^2)(6b\eta-k^2)^2} \tag{D.6.29}$$

比较策略 NAD 和 NAL 下第三方物流的预期利润可得：

$$E(\pi_{LB}^{NA})-E(\pi_{LL}^{NA})=\frac{2b\eta^2tv}{(6b\eta-k^2)^2} \tag{D.6.30}$$

易知，$\eta>k^2/4b$ 时，式（B.6.29）<0，式（B.6.30）>0，定理6.1 证毕。

定理 6.2 的证明

比较策略 NAN、NAP 和 NAD 下零售商的预期利润可得：

$$E(\pi_{RN}^{NA})-E(\pi_{RB}^{NA})=\frac{(4b\eta-k^2)(8b\eta-k^2)tv}{4b(6b\eta-k^2)^2} \tag{D.6.31}$$

$$E(\pi_{RN}^{NA})-E(\pi_{RP}^{NA})=\frac{(2b\eta-k^2)(6b\eta-k^2)tv}{4b(4b\eta-k^2)^2} \tag{D.6.32}$$

$$E(\pi_{RP}^{NA})-E(\pi_{RB}^{NA})=\frac{4b^2\eta^3(5b\eta-k^2)tv}{b(4b\eta-k^2)^2(6b\eta-k^2)^2} \tag{D.6.33}$$

易知，$\eta>k^2/2b$ 时，式（D.6.31）、式（D.6.33）的值始终大于0；$\eta\leqslant k^2/2b$ 时，式（D.6.32）的值小于等于0；$\eta>k^2/2b$ 时，式（D.6.32）的值大于0。定理6.2 证毕。

定理 6.3 的证明

比较策略 PSD 和 PSL 下第三方物流的预期利润可得：

$$E(\pi_{LB}^{PS})-E(\pi_{LP}^{PS})=-\frac{(12b\eta-k^2)(4b\eta-k^2)tv}{8b(8b\eta-k^2)^2} \tag{D.6.34}$$

易知，$\eta > k^2/4b$ 时，式（D.6.64）<0。定理6.3证毕。

定理6.4的证明

比较策略PSN、PSB（PSP）、PSL下零售商的预期利润可得：

$$E(\pi_{RN}^{PS}) - E(\pi_{RB}^{PS}) = \frac{(6b\eta - k^2)(10b\eta - k^2)tv}{4b(8b\eta - k^2)^2} \tag{D.6.35}$$

$$E(\pi_{RN}^{PS}) - E(\pi_{RL}^{PS}) = \frac{3tv}{16b} \tag{D.6.36}$$

$$E(\pi_{RB}^{PS}) - E(\pi_{RL}^{PS}) = -\frac{(4b\eta - k^2)(12b\eta - k^2)tv}{16b(8b\eta - k^2)^2} \tag{D.6.37}$$

在$\eta > k^2/4b$的前提下分析式（D.6.35）~式（D.6.37）的正负情况即可得定理6.4。定理6.5证毕。

定理6.5的证明

比较策略LSB和LSP下电商平台的预期利润可得：

$$E(\pi_{PB}^{LS}) - E(\pi_{PP}^{LS}) = -\frac{3\eta tv}{8(4b\eta - k^2)} \tag{D.6.38}$$

易知，$\eta > k^2/4b$时，式（D.6.38）的值小于0。定理6.5证毕。

定理6.6的证明

比较策略LSN、LSB（LSL）、LSP下零售商的预期利润可得：

$$E(\pi_{RN}^{LS}) - E(\pi_{RP}^{LS}) = \frac{(6b\eta - k^2)(2b\eta - k^2)tv}{4b(4b\eta - k^2)^2} \tag{D.6.39}$$

$$E(\pi_{RN}^{LS}) - E(\pi_{RB}^{LS}) = \frac{(3b\eta - k^2)(5b\eta - k^2)tv}{4b(4b\eta - k^2)^2} \tag{D.6.40}$$

$$E(\pi_{RP}^{LS}) - E(\pi_{RB}^{LS}) = \frac{3b\eta^2 tv}{4(4b\eta - k^2)^2} \tag{D.6.41}$$

在$\eta > k^2/4b$的前提条件下分析式（D.6.39）~式（D.6.41）的正负情况即可得定理6.6。

定理6.7的证明

比较策略NAN、PSN、LSN下电商平台的预期利润可得：

$$E(\pi_{PN}^{NA}) - E(\pi_{PN}^{PS}) = -\frac{2b^2\eta^3(a_0 - bc_1)^2}{(8b\eta - k^2)(6b\eta - k^2)^2} \tag{D.6.42}$$

$$E(\pi_{PN}^{NA}) - E(\pi_{PN}^{LS}) = \frac{\eta(14b\eta - 3k^2)(2b\eta - k^2)(a_0 - bc_1)^2}{8(4b\eta - k^2)(6b\eta - k^2)^2} \tag{D.6.43}$$

$$E(\pi_{PN}^{PS}) - E(\pi_{PN}^{LS}) = \frac{\eta(8b\eta - 3k^2)(a_0 - bc_1)^2}{8(4b\eta - k^2)(8b\eta - k^2)} \tag{D.6.44}$$

在 $\eta > k^2/4b$ 的前提条件下分析式（D.6.42）~式(D.6.44)的正负情况即可得定理6.7。

定理6.8的证明

比较策略NAP、PSP、LSP下电商平台的预期利润可得：

$$E(\pi_{PP}^{NA}) - E(\pi_{PP}^{PS}) = \frac{2b\eta^2 tv}{(8b\eta - k^2)(4b\eta - k^2)} - \frac{2b^2\eta^3(a_0 - bc_1)^2}{(8b\eta - k^2)(6b\eta - k^2)^2} \tag{D.6.45}$$

将式（D.6.45）看作是关于t的方程，分析可得，当 $t > b\eta(a_0 - gc_1)^2(4b\eta - k^2)/[v(6b\eta - k^2)]$ 时，（D.6.45）的值大于0；否则，（D.6.45）的值小于等于0。

$$E(\pi_{PP}^{NA}) - E(\pi_{PP}^{LS}) = \frac{\eta(14b\eta - 3k^2)(2b\eta - k^2)(a_0 - bc_1)^2}{(6b\eta - k^2)^2(4b\eta - k^2)} \tag{D.6.46}$$

将式（D.6.46）看作关于t的方程，分析可得，当 $\eta > k^2/2b$ 时，（D.6.46）的值大于0；否则，（D.6.46）的值小于等于0。

$$E(\pi_{PP}^{PS}) - E(\pi_{PP}^{LS}) = \frac{-16b\eta^2 tv + \eta(a_0 - bc_1)^2(8b\eta - 3k^2)}{8(8b\eta - k^2)(4b\eta - k^2)} \tag{D.6.47}$$

分析可知，当 $\eta > 3k^2/8b$ 且 $t < (a_0 - bc_1)^2(8b\eta - 3k^2)/16b\eta v$ 时，（D.6.47）的值大于0；当 $\eta \leqslant 3k^2/8b$，或 $\eta > 3k^2/8b$ 且 $t \geqslant (a_0 - bc_1)^2(8b\eta - 3k^2)/16b\eta v$ 时，式（D.6.47）的值小于等于0。综上所述，定理6.8得证。

定理6.9的证明

比较策略PSL，LSL下电商平台的预期利润可得：

$$E(\pi_{PL}^{PS}) - E(\pi_{PL}^{LS}) = \frac{-2\eta(8b\eta - k^2)tv + \eta(a_0 - bc_1)^2(8b\eta - 3k^2)}{8(8b\eta - k^2)(4b\eta - k^2)} \tag{D.6.48}$$

类似于定理 6.8 的分析过程，分析（D.6.48）的正负情况即可得定理 6.9。定理 6.9 证毕。

定理 6.10 的证明

比较策略 NAB，PSB，LSB 下电商平台的预期利润可得：

$$E(\pi_{PB}^{NA}) - E(\pi_{PB}^{PS}) = -\frac{2b^2\eta^3[(a_0 - bc_1)^2 + tv]}{(8b\eta - k^2)(6b\eta - k^2)^2} \tag{D.6.49}$$

$$E(\pi_{PB}^{NA}) - E(\pi_{PB}^{LS}) = \frac{\eta(2b\eta - k^2)(14b\eta - 3k^2)[(a_0 - bc_1)^2 + tv]}{8(4b\eta - k^2)(6b\eta - k^2)^2} \tag{D.6.50}$$

$$E(\pi_{PB}^{PS}) - E(\pi_{PB}^{LS}) = \frac{\eta(8b\eta - 3k^2)[(a_0 - bc_1)^2 + tv]}{8(4b\eta - k^2)(8b\eta - k^2)} \tag{D.6.51}$$

在 $\eta > k^2/4b$ 的前提条件下分析式（D.6.49）~式（D.6.51）的正负情况可得定理 6.10。